天
Borderless
下

天下，在乎正义和你

天
Borderless
下

博
观

LAWS

法律篇

[古希腊]柏拉图 著

高 咏 译

法律出版社 LAW PRESS · CHINA
北京

图书在版编目(CIP)数据

法律篇 / (古希腊) 柏拉图著 ; 高咏译. -- 北京 : 法律出版社, 2022
ISBN 978-7-5197-6844-7

Ⅰ. ①法… Ⅱ. ①柏… ②高… Ⅲ. ①法的理论 Ⅳ. ①D90

中国版本图书馆CIP数据核字(2022)第110612号

法律篇
FALÜ PIAN

作　　者：[古希腊] 柏拉图
译　　者：高　咏
责任编辑：黄倩倩　杨悦芊
装帧设计：贾丹丹
出版发行：法律出版社
编辑统筹：学术·对外出版分社
责任校对：晁明慧　王　皓
责任印制：陶　松
经　　销：新华书店
开　　本：A5
印　　张：12
字　　数：256千
版　　本：2022年8月第1版
印　　次：2022年8月第1次印刷
印　　刷：天津嘉恒印务有限公司
书　　号：ISBN 978-7-5197-6844-7
定　　价：68.00元

销售电话：010-83938349　客服电话：010-83938350　咨询电话：010-63939796
地　　址：北京市丰台区莲花池西里7号(100073)
网　　址：www.lawpress.com.cn
投稿邮箱：info@lawpress.com.cn
举报盗版邮箱：jbwq@lawpress.com.cn
凡购买本社图书，如有印装错误，我社负责退换。电话：010-83938349

作 者 简 介

［古希腊］**柏拉图**

柏拉图是古希腊哲学家，苏格拉底的学生，亚里士多德的老师；他们三人是西方哲学的奠基人，被称为古希腊三贤。柏拉图学识渊博，创作了很多哲学著作，并创办了著名的柏拉图学园，是西方哲学史上最耀眼、最具洞察力、影响最大的哲学家之一。

译 者 简 介

高　咏

北京第二外国语学院法学副教授，北京大学法学博士，美国杜克大学法学院访问学者。精通英语、俄语，主要研究方向为诉讼法学、法律翻译，出版专著、译著若干部，发表学术论文 20 余篇。

译者序

柏拉图是古希腊哲学家，以其哲学著作而闻名，被认为是西方哲学史上最耀眼、最具洞察力、影响最大的哲学家之一。柏拉图和其老师苏格拉底及学生亚里士多德被称为古希腊三贤，被公认为是西方哲学的奠基人。

柏拉图的具体出生日期不明，有人认为，他出生于公元前 428 年，但在研究了他的生活事件后，现代历史学家认为他出生的时间大约是公元前 424 年或公元前 423 年。柏拉图生于雅典一个富裕的贵族家庭，据说，其父亲阿里斯通是雅典国王的后代，其母亲伯里提俄涅也出身名门，是雅典著名改革家和政治家梭伦的后代。柏拉图幼年丧父，母亲改嫁给了柏拉图的堂叔皮里兰佩斯，此人是雅典民主派领袖伯里克利的好友。在伯罗奔尼撒战争后，古希腊成立了三十人的寡头政权，其被称为“三十僭主”，柏拉图的舅舅克里蒂亚斯是其中的主要领导人之一。柏拉图有两个兄弟、一个姐妹,但他们的年龄排序不明,还有一个同父异母的弟弟。他的兄弟阿得曼托斯和格劳孔同他一样,也是苏格拉底的学生,柏拉图把他们写进了自己的著作《理想国》,使他们成为里面的对话者。历史学家认为,柏拉图的家族成员出现在他的对话作品中,这表明柏拉图对其家族血统感到自豪。

柏拉图的原名是亚里斯多克勒斯,和其祖父同名,一些学者认为,这遵循了以祖父命名长子的传统。但没有确凿的证据证明这一点,也没有证据证明柏拉图是家中的长子。在希腊语中,"柏拉图"一词是"宽阔"的意思,所以有学者认为,"柏拉图"是他的摔跤老师给他起的绰号,可能是因为他身体魁梧、前额宽阔。也有学者认为,"柏拉图"这个名字的缘由是他口才流畅而宽广。古希腊人称颂柏拉图是太阳神阿波罗之子,据说,柏拉图在婴儿时有蜜蜂停留在他的嘴唇上,这使他言语流畅,口才出众。柏拉图终身未婚,关于他的外表、习惯和性格,我们知之甚少。

柏拉图年轻时在哲学、诗歌和体育方面受过良好的教育,他的老师是包括哲学家克拉提勒斯在内的杰出的雅典教师,他和当时的其他贵族子弟一样热衷于政治。柏拉图在伯罗奔尼撒战争(公元前 431 年至公元前 404 年)期间长大,在其成年时期,雅典被斯巴达击败并进入政治混乱的时期。

20 岁时,柏拉图成为著名哲学家苏格拉底的学生,从此爱上了哲学。公元前 399 年,苏格拉底被判处死刑后自杀,这使柏拉图对当时的政治体制彻底失望。为了逃避迫害,柏拉图逃离雅典来到麦加拉,后来又游历各地,在长达 12 年的时间内,他去了南意大利、西西里、埃及等地,结识了许多哲学家。期间,他仔细考察了各地的政治、法律、教育和宗教,学习研究了数学、天文学、音乐等理论。在西西里岛，柏拉图不幸被卖做奴隶，幸亏友人相助，他才得以脱险。

在大约40岁时，柏拉图结束旅行回到雅典，之后在雅典城外西北角一个以希腊英雄阿卡德穆命名的运动场附近创建了一所学校，世称柏拉图学园。这所学校被认为是西方最早的高等教育机构，学院（Academy）这个名词即由此而来。在那里，柏拉图不仅讲授哲学，还讲授数学、天文学等自然科学。学园的教学目标不是传授技艺，而是培养思辨的智慧。在柏拉图的余生中，除了两次去西西里讲学外，学园几乎是他的大本营。柏拉图学园吸引了各地的学子前来学习，培养出了许多杰出的人物，包括柏拉图最优秀的学生、著名哲学家亚里士多德。

柏拉图人生的最后几年是在学园的教学和写作中度过的。他在80多岁时，也就是公元前348年在雅典去世。一些学者认为，他是在参加婚礼时去世的，也学者认为，他是在睡梦中平静地死去的。

柏拉图聪慧勤奋、学识渊博，一生留下了很多著作。他主要通过对话的形式记录自己的政治哲学思想，这些对话生动活泼、语言严谨，论证层层深入、逻辑严密，内容深刻，耐人寻味，达到了哲学和文学的极高境界。一般认为，柏拉图的对话体著作可以分为四个阶段：一是早期阶段，即"苏格拉底时期"，其对话阐释的是苏格拉底的观点；二是过渡时期，此时柏拉图开始酝酿自己的观点；三是柏拉图观点的成熟期，著名的《理想国》即为此时创作；四是柏拉图著作的晚期，《法律篇》就是这个阶段创作的。

《法律篇》是柏拉图留下的最后一部和最长的一部对话体作品，是他在生命中的最后十年创作的。据说，柏拉图在去世时没有修改和完成这部作品,是他的学生菲利普完成了后续的整理和修订工作。但菲利普可能只是把柏拉图的思想拼接起来,并没有对文本做太多的改动,因为这部作品有不少细节和语句方面的问题,而经过重新写作和整理的作品绝不会是这样的。尽管如此,从整体上看,这部作品的结构和逻辑还是很清晰的。

这部著作的时间背景是公元前 4 世纪中期,在一年中最长最热的一天,三位老人在克里特岛的克诺索斯相遇,然后一起步行到伊达山上宙斯的神庙,他们途中的对话就是这部作品的内容。这一背景与《法律篇》的主题密切相关。三位对话者行走的路线是米诺斯走过的路线。据传说,米诺斯是克里特岛的立法者,为了接受宙斯的指导,每隔九年,米诺斯都会去请教宙斯,根据宙斯的神谕,为克里特制定法律。

三个老人称自己的谈话是老年人的游戏。但实际上,他们的谈话并不像游戏那么有活力。《法律篇》中的许多内容不像是对话,而更像是雅典人发表的演讲,其中少量的对话也比较呆板。虽然如此,这部作品中的一些语言还是比较生动的,包含许多形象的双关语和文字游戏。

对话的三位老人分别来自雅典、克里特和斯巴达。这种安排不是随意的,而是有一定用意的,原因是他们为虚拟的城邦制定的法律所依据的是雅典、斯巴达和克里特实际生效的法律。对话的主角是雅典人,几乎所有的谈话都是由他完成的。他的两位同伴,一位是来自斯巴达的平民梅吉卢,另一位是克里特的政治家克莱尼亚,他们不过是倾听者,几乎没有发表任何自己原创的观点。

对于不知名的雅典人是谁,人们有各种猜测。亚里士多德认为,这位雅典人是苏格拉底。西塞罗认为,雅典人是柏拉图的代言人。还有人推测,这里的雅典人是政治家梭伦。另一种解释是,柏拉图之所以没有为雅典人起名字,是有意为之的,原因是柏拉图不打算让这个雅典人代表任何特定的人物。

抛开"雅典人到底是谁"这个问题不谈,我们会问,雅典人的观点是不是就是柏拉图的观点?对此,至今没有大家一致认可的答案。有学者认为,雅典人的观点就是柏拉图自己的观点。而另一些学者认为,柏拉图的观点间接地体现在整个讨论中,与对话中的人物没有必然联系。对此,一些学者指出,柏拉图之所以将自己的观点排除在对话者的讨论之外,是因为他对其中的论题不感兴趣,他关注的是与这一系列问题相关的深层次的思考。

雅典人是谈话的主角。处于第二位的是克里特人克莱尼亚,他是新殖民地的领导人之一,因此对这些谈论有特殊的兴趣。斯巴达人梅吉卢是一个少言寡语的人,很少参与讨论。三位对话者虽然年龄相仿,但在谈话中,雅典人像大师,另外两位对话者则像是学生,整个谈话的风格像是老师对学生发表的演讲。

这部著作内容丰富,但也略显散漫,各个部分之间似乎没有明显的层次和联系。为了更好地理解本书的内容,最好的办法是逐卷分析,并尽力找出一条线索,从貌似无规律的篇章中找到研究的脉络。

这部对话体著作共有 12 卷,包含若干主题,涉及政治、法律、教育、宗教、哲学、婚姻、外交、贸易等诸多方面。

前两卷主要讨论了法律制度的基本原则,以及酒会、音乐和舞蹈对教育的影响等话题。第一卷开始于对法律起源的讨论,关于它是来自神还是人。第二卷围绕会饮和教育展开讨论。

第三卷探讨了历史上不同政治体制的成败及其对立法的启示。当然,柏拉图对历史的描述并不完全准确,这些内容只是被用来说明其哲学观点。在第三卷的结尾,克莱尼亚透露,他是受托为新殖民地起草法律的十个克里特人之一。

在第四卷,三位对话者开始讨论这个新殖民地的建设。第四卷介绍了即将新建的马格尼西亚城邦的情况,包括地点、人口以及为其制定法律的方法。三位对话者从黎明开始,边走边谈,大约中午时分,第四卷的内容就结束了。在第四卷的结尾,雅典人说,前面的论述是整个法律的序言。雅典人认为,法律应当包括两部分,即法律的序言和法律的内容。

接着,从第五卷开始,一直到结束,三位对话者讨论了一系列具体的法律制度,包括分配土地的程序、各种官员的选举、婚姻、教育、体育和军事训练、经济贸易、对外交往、犯罪等。

本书翻译的版本是柏拉图《法律篇》的英译本,翻译主要依据本杰明·乔伊特(Benjamin Jowett)的《柏拉图全集》五卷本,该版本于 1871 年首次出版,其第四版修订本由牛津大学出版社 1953 年出版。为提高译文的准确性,在翻译过程中,译者参考了柏拉图《法律篇》的其他英译本,主要包括伯里(R. G. Burry)的译本、泰勒(A. E. Taylor)的译本、桑德斯(T. J. Saunders)的译本和潘尔(T. L. Pangle)的译本。

高　咏

2022 年 4 月 22 日

目录

第一卷

雅典人:先生们,请告诉我,制定你们的法律是谁的功劳?是某位神,还是某个人? 624a

克莱尼亚:是某位神,先生,这是无疑的。克里特人认为这位神是宙斯,而在斯巴达——我们的这位朋友来自的地方,人们认为阿波罗是制定法律的神。是不是呢?

梅吉卢:完全正确。

雅典人:你的意思是,按照荷马的说法,
每隔九年,米诺斯都会去请教他的父亲宙斯, 624b
根据宙斯的神谕,为你们的城邦制定法律,是吗?

克莱尼亚:是的,我们克里特人是这么说的。补充一点,米诺斯* 的兄弟拉达曼迪
斯——毫无疑问你们知道他——绝对是正义 625a

---

* 米诺斯:克里特岛的统治者,宙斯和欧罗巴之子。——译者注

的典范。我们克里特人认为,他之所以赢得这一声誉,是因为他严格、公正地处理了当时有关正义的问题。

雅典人:是的,这是一个崇高的荣誉,特别适合宙斯的儿子。那么,既然你和你的同伴梅吉卢都是在如此神圣的法律体制下长大的,我想如果我们在今天的旅途中讨论政治和法律,
625b 并相互交换意见,你们会很高兴的。我听说从克诺索斯到宙斯的洞穴和神庙有很长的路要走,沿途高大的树木提供了荫凉的休息场所,在这种酷热的天气里,可以保护我们不受烈日的伤害。我们这个年龄的人,需要经常停下来在树下休息,以便通过谈话来提神。这样,我们就可以轻松走到旅程的终点,而不至于累得筋疲力尽。

克莱尼亚:你们继续往前走,就会在神圣的树林中发现高
625c 大而优雅的柏树,还有大片的草地,我们可以在那里停下来休息。

雅典人:太好了!

克莱尼亚:确实很好。我们看到这些景色后,会更加确信这一点。让我们祝自己一路顺风,愉快地出发吧!

雅典人:好的。现在,请回答一个问题,你们的法律规定了公餐、体育锻炼和军事装备的制度,这是为什么?

克莱尼亚:嗯,先生,我们这些制度的目的对任何人都是很
625d 容易理解的。你们可以看出来,克里特的整体地形不像色萨利*那样平坦,所以我们通常跑步锻炼,而色萨利人主要是骑马,因为我们的土地是多山的,更适合跑步。但是,跑步就必须

---

* 色萨利:位于希腊中东部,以马匹和骑兵而闻名。这里有斜缓的山坡和广阔的平原,山坡是饲养马匹的优良牧场,平原可以用来训练骑兵。——译者注

轻装上阵，因为没有人能在跑步时携带重物，而弓和箭很适合，因为它们很轻。这些安排都是为了备战，而且我认为，立法者在制定法律时考虑到了这一点。如果我没有弄错的话，立法者 625e
制定公餐制也是出于这一原因。他注意到，在打仗时，人们为了保护自己，必须一起吃饭。在我看来，他认为人们是愚蠢的，因为他们不明白，自己终身都卷入了城邦之间永无休止的战争之中。如果军队在战争期间为了保护自己而共同就餐并且指派人员轮流放哨的话，那么，在和平时期也应当这样做。立法 626a
者认为，人们所说的和平只是一个空名，而实际上，所有的城邦都处在与其他城邦不宣而战的状态中。如果你从这个角度观察，就一定会发现，克里特的立法者为我们制定的法律，无论在公共领域还是在私人领域，都着眼于战争。本着这一精神，立 626b
法者制定法律并要求我们遵守。他认为，如果我们在战争中不能取得胜利，那么，我们在和平时期拥有的财产和制定的制度都是毫无用处的，因为战败者的一切美好的东西都会落入胜利者的手中。

雅典人：在我看来，先生，你一定受到过很好的训练，所以你能够透彻深入地分析克里特的制度。但有一个问题请你进一步解释一下。你所界定的治理良好的城邦，在我看来，是要 626c
求它的组织和管理必须确保它在战争中获胜，是不是呢？

克莱尼亚：是的。我想我的这位朋友也会同意我的看法。

梅吉卢：啊，我的好朋友，斯巴达人难道会作出什么别的回答吗？

雅典人：这个标准适用于城邦之间的关系，但是乡村之间的关系呢？另有一个不同的标准吗？

克莱尼亚：没有不同的标准。

雅典人:适用同一个标准吗?

克莱尼亚:是的。

雅典人:那么,乡村里的各个家庭之间的关系,以及个人和个人之间的关系,是怎样的呢?也是一样的情况吗?

克莱尼亚:一样的。

626d **雅典人**:那一个人与自己的关系呢?应该把自己看作自己的敌人吗?这个问题该怎么回答呢?

克莱尼亚:啊,雅典朋友!我不愿意称你是阿提卡*人,因为我认为你配得上女神**的名称。你追根溯源,使我们的讨论更为清晰。现在你能够更容易理解我刚才的论断,那就是,在公共领域,大家互相为敌,而在私人领域,每个人都是自己的敌人。

626e **雅典人**:这真让我吃惊,你的意思是什么?

克莱尼亚:先生,这就是说,一个人首要的和最大的胜利是战胜自己,相反,被自己打败是最可耻和最糟糕的失败。这表明,我们每个人的内心里都有一场针对自己的战争。

雅典人:现在我们反过来论证一下。如果说每个人要么战
627a 胜自己,要么被自己打败,那么,我们是否可以说,这一论断同样适用于家庭、乡村和城邦?

克莱尼亚:你的意思是,战胜自己,或者被自己战胜?

雅典人:是的。

克莱尼亚:这是一个很好的问题。你的说法十分正确,尤其是对于城邦来说。在一个城邦里,如果优秀的阶层征服了大

---

* 阿提卡:位于古希腊中东部地区。——译者注

** 女神:这里指希腊女神雅典娜。——译者注

众的、劣等的阶层，那就可以说这个城邦战胜了自己，我们完全有理由称赞这一胜利。但如果出现了相反的情况，我们就作出相反的评判。

雅典人：优秀的阶层是否真的会被低劣的阶层征服，这个 627b
问题需要花很长时间来讨论，所以我们暂且把它放在一边。现在，在我看来，你的论断是这样的：在同族同邦的人中，有时邪恶的人会聚集在一起，借助暴力来征服和奴役正义的少数人。当邪恶的人占上风时，这个城邦就被自己征服了，因此是邪恶的；但如果邪恶的人被打败了，这个城邦就战胜了自己，就是好的城邦。

克莱尼亚：先生，这听起来有点古怪，可是我们不能否认这 627c
种说法。

雅典人：稍等一下，让我们再考虑一个问题。假设在一个家庭中一对夫妻有几个儿子，这些兄弟大多数是不正义的，只有少数是正义的，这是有可能的，是吗？

克莱尼亚：是的。

雅典人：如果邪恶的兄弟们占了上风，那么这个家庭或家族就被自己打败了，如果邪恶的兄弟们被制服了，这个家庭或
家族就战胜了自己。对于这一点，你们和我都不会提出用词方 627d
面的问题，因为我们现在考虑的不是什么样的用词是正确的或合适的，而是法律中本质上的正确与错误。

克莱尼亚：你说得非常正确，先生。

梅吉卢：在我看来，到目前为止，我们的讨论非常棒。

雅典人：那就接着讨论下一个要点。刚才提到的那些兄弟，我想，他们需要一个法官，是吗？

克莱尼亚：的确是的。

627e **雅典人**:那么,哪一个法官更好呢?一个法官消灭了邪恶的兄弟们,让正直的兄弟们管理自己,另一个法官让正直的兄弟们掌管统治权,让邪恶的兄弟们生存并服从统治。或许,我想,还有第三个而且是德性最好的法官,对于这个分裂的家庭,
628a 他没有消灭任何人,而是制定法律让他们遵守,使他们保持友好的关系并一直和睦相处。

克莱尼亚:第三位是最好的法官和立法者。

雅典人:但他制定法律的目的不是战争,而是正好与此相反。

克莱尼亚:的确是这样的。

雅典人:那么,想使城邦和睦的人会怎样做呢?在管理城
628b 邦的生活时,他会关注外部战争,还是被称为内讧的内部战争呢?没有人愿意在自己的城邦里出现内讧,如果一旦出现,人们都希望尽快平息它。

克莱尼亚:显然,他主要关注内部战争。

雅典人:如果需要全力以赴对付外敌,哪种方案更可取:是让这场内战以一方的毁灭、另一方的胜利而结束呢,还是通过
628c 和解获得和平和友谊?

克莱尼亚:考虑到自己城邦的利益,任何人都希望是后一种而不是前一种。

雅典人:立法者也这样认为吗?

克莱尼亚:当然了。

雅典人:每个立法者制定法律是不是都是为了最大的善?

克莱尼亚:是的。

雅典人:但是,最大的善,既不是内战,也不是外战,但愿这两者都不要有。而彼此和睦,心怀善意,才是最大的善。所以,

一个城邦战胜自己,并不是一件真正的好事,只是别无选择而 628d
已。一个人可能认为,吃了泻药后身体处于最好的状态,但是他忽视了一点,那就是,他的身体不需要这种药物的治疗。同样,只关注或首先关注外部战争,对城邦的或个人的幸福如此考虑的人,绝不能成为一个真正的政治家。不是为了和平而制定战争方面的法律,而是以战争为目的来制定和平时的法律, 628e
这样的人也永远不能成为真正的立法者。

克莱尼亚:先生,我觉得你的话是有道理的。但是,如果说我们克里特的制度和斯巴达的制度不是完全以战争为目标,我还是很惊讶。

雅典人:或许是这样的。但是,既然我们的和你们的立法 629a
者对此都是非常认真的,我们就不应当同你们的立法者无礼地争吵,而是应当温和地询问他们。请跟随我的论证吧。让我们先谈谈提尔泰奥斯*,他生于雅典,后来成了斯巴达人。他是一个极其热衷战争的人,他说:"不歌颂、不关注任何人,即使 629b
这个人是世界上最富有的人并且拥有所有的优点(他列出了几乎所有的优点),除非他在战争中是无与伦比的勇士。"**克莱尼亚,你一定也听过这几句诗,而我们的这位斯巴达朋友可能已经听腻了。

梅吉卢:是这样的。

克莱尼亚:这些诗的确从斯巴达传到了我们克里特。

雅典人:来吧,让我们一起来问提尔泰奥斯这个问题:"神圣的诗人啊,你对那些在战争中出类拔萃的人的赞扬足以证明 629c

* 提尔泰奥斯:公元前7世纪的希腊诗人,以写战歌和哀歌闻名。——译者注

** 雅典人引用了这首诗的第一行,总结了接下来的九行。——译者注

你的智慧和美德。我相信,我、梅吉卢和克莱尼亚完全同意你的看法。不过,我们得弄清楚,我们谈论的是不是同一类人。那么,请告诉我们,你是否同意我们的观点,认为战争有两种形
629d 式?或者你有别的观点?"我想,对于这个问题,远不及提尔泰奥斯聪慧的人也可以如实回答说,战争有两种。一种是大家都称为内讧的战争,正如我们刚才所说的那样,这是最糟糕的战争;另一种,我们都认为,是我们与其他城邦的争斗,这种战争与前者相比要温和得多。

克莱尼亚:是这样的。

雅典人:那么,当你赞扬或谴责战争时,你赞扬或谴责的是
629e 谁,指的是哪种战争?我猜你一定是指对外战争,因为在你的诗句里,你说你厌恶那些人,你说他们没有勇气:

"面对屠杀,
不敢击杀仇敌。"

接着,我们自然会对他说:"提尔泰奥斯,看来,你赞美的是那些在对外战争中出类拔萃的人。"他必然会承认这一点,是吗?

克莱尼亚:肯定是的。

630a **雅典人:**这些人的确很出色。但是我们认为,还有更优秀的人,他们的美德在最伟大的战斗中得到了体现。诗人西奥格尼斯*,他是西西里米加腊的公民,他的诗句可以证明这一点。他说:

"赛勒纳斯,一个在内战中忠诚的人,他的身价抵得上与他

---

* 西奥格尼斯:古希腊诗人,他的诗歌生动、激愤,描述了当时的社会和政治变化。——译者注

同等重量的金银。”

我们确信，在更为严酷的战争中作战的人，要比其他人强得多，这正如正义、节制、明智与勇敢结合在一起，要比单独的 630b
勇敢好得多。因为，一个人如果不具有所有的美德，就不能在内战中做到忠诚和可信。但是，在提尔泰奥斯所说的那种战争中，许许多多的雇佣兵坚守阵地，做好了战死的准备，然而他们中的大多数都是鲁莽的、不义的、粗野的，是最愚蠢的人，鲜有例外。

你们会问，结论是什么，我要证明什么？我认为，接受了宙 630c
斯教导的克里特的立法者，以及其他优秀的立法者，在制定法律时，总是以并且仅以最高的美德为目标。根据西奥格尼斯的说法，这是危难时刻的忠诚，也可以称其为完全的正义。提尔泰奥斯高度赞扬的美德的确是崇高的，诗人以适当的方式赞颂
了它。然而，这种美德，严格地说，是居于第四位的（也就是 630d
说，它排在正义、节制和明智之后）。

克莱尼亚：先生，我们把克里特的立法者排在了一个很低的位置。

雅典人：不，亲爱的朋友，不是这样的。如果我们认为吕库尔戈斯*和米诺斯在斯巴达和克里特制定法律的主要目的是战争，我们就把自己推到了很低的地位。

克莱尼亚：那我们该怎么说呢？

雅典人：当我们代表神圣的立法者时，我们要说出真实的 630e
和公正的话。我们要说，立法者在制定法律时，着眼于所有的美德，而不仅仅是美德的一部分而且恰恰又是最微不足道的部

---

* 吕库尔戈斯：斯巴达制度的制定者。——译者注

分。针对不同的美德,他们制定了不同类型的法律。这种分类与当今的立法者划分法律的方式不一样,当今的立法者只研究和制定自己需要的法律。于是,有人提出关于遗产和继承的法律,有人提出关于人身攻击的法律,还有人提出无数其他类型
631a 的法律。我们确信,立法者制定法律的正确方法,就是我们现在所做的这样。我很赞赏你对你们的法律的评价。你从美德出发,说这是你们的立法者制定法律的目的,这是正确的。但是,你又说他的一切立法都只着眼于部分的而且是最微不足道的美德,我认为你错了,这就引起了我之后的议论。那么,我希
631b 望听到什么样的解释,让我告诉你,好吗?

克莱尼亚:好啊。

雅典人:"先生,"你应该这样说,"克里特的法律在希腊人中享有盛名,是有道理的。因为它们是正确的法律,能够让遵守这些法律的人幸福,为人们带来许多善。这些善分为两类,一类是人的善,一类是神的善,人的善依赖于神的善。如果一
631c 个城邦得到了较大的善,也会随之得到较小的善。如果没有得到较大的善,就什么也得不到。在较小的善中,第一是健康;第二是美貌;第三是强壮,包括跑步和身体的其他运动;第四是财富,这种财富不是盲目的,而是目光敏锐的,要以明智为伴。在神的善中,明智是第一位的,其次是节制,而这两者与勇敢结合
631d 就是位于第三的正义,而第四位则是勇敢。所有这些自然优先于前一类的善,这是立法者必须遵循的顺序。之后立法者会嘱咐自己的公民,为他们制定的所有法律都着眼于这些善,人的善着眼于神的善,神的善着眼于居于首位的明智。立法者的职
631e 责是管理自己的公民,从男婚女嫁到生儿育女,从年轻到年老的一生,正确地为他们分配荣誉和耻辱。对于他们彼此之间的

交往，立法者应该关注他们的痛苦、快乐和欲望，以及他们激情 632a
的强烈程度，应当监管他们，借助法律，正确地谴责和赞扬他们。此外，愤怒、恐惧和厄运带来的灵魂的烦恼，好运降临带来的解脱，以及疾病、战争、贫穷或相反的情况带来的感受，对于所有这些情况，立法者应该明辨并教导人们，什么是好的，什么 632b
是坏的。其次，立法者必须关注公民如何赚钱，用什么方式花钱，监督他们以此为目的自愿或非自愿地结社和解社。他要注意人们在这些活动中的行为，观察哪些是正义的，哪些是非正义的。对那些守法的公民，应该给予荣誉；对那些不守法的，应该施加惩罚。最终，在实现了政治制度的全部目标后，立法者 632c
要考虑如何埋葬每一位死者，分别给他们什么荣誉。审视了自己的法律后，立法者要设置维护者，他们中一些人受明智的引导，另一些人仅凭正确的见解行事。这样，理智就会把所有的法律组合在一起，使其遵从节制和正义，而不是服从于财富或 632d
对荣誉的喜爱。"

先生们，这就是我的意思，我曾经希望并且现在依旧希望你们能解释这个问题：在那由米诺斯和吕库尔戈斯制定的、来自宙斯和皮提亚的阿波罗的法律中，为何包含了我们上面谈论的那些东西。我想知道，为什么那些凭技艺或经验获得法律知识的人很清楚他们的安排，而像我们这样的人对这个问题就完全不明白。

克莱尼亚：那么，下一步我们谈什么问题呢？

雅典人：我认为应当从头开始，如果你愿意的话，我们就像 632e
以前一样，首先谈论关于勇敢的制度，然后逐个讨论其他种类的美德。讨论完第一个后，我们就把它作为范例，以类似的方式讨论其他的美德，以此消磨我们的旅途时间。在我们讨论了所有的美德之后，蒙神的恩，我们要表明，我们刚才讨论的法律都是以美德为目标的。

633a **梅吉卢**：好主意！那我们从这位赞美宙斯的朋友开始，先来检验一下他的观点。

雅典人：我会的，但是我也会检验你的和我自己的观点，因为这是我们共同讨论的问题。请告诉我，我们是否可以认为，你们的立法者规定公餐和身体锻炼的制度，是为了战争？

梅吉卢：是的。

雅典人：那么，还有第三个和第四个制度吗？我认为，应该把美德的其余"部分"也一一列举出来，无论称它们为"部分"还是它们本身的名称，只要意思清楚就行。

633b **梅吉卢**：那么，我，以及任何一个斯巴达人都会回答说，狩猎是第三个。

雅典人：让我们看看，是否能说出第四个和第五个是什么。

梅吉卢：我想我可以找到第四个，那就是忍受痛苦。人们通过徒手搏斗和冒着被痛打的危险进行抢劫来顽强地训练忍

633c 受痛苦。还有所谓的"秘密服役"*，人们表现出了惊人的忍耐力。他们不分昼夜地在各地游荡，睡觉没有寝具，即使在冬天，脚上也没有鞋穿；他们没有侍从，只能自己照料自己。同样惊人的是，人们在裸体游戏中抵抗酷暑所表现出的忍耐力。还有很多类似的活动，举不胜举。

雅典人：我的斯巴达朋友，你说得非常好。但我们该如何

633d 定义勇敢呢？它仅仅是与恐惧和痛苦的斗争，还是也包括与欲望、快乐和奉承的斗争？而奉承有巨大的力量，能像蜡一样融

---

* 秘密服役：斯巴达的青年组织，其职责是控制斯巴达的奴隶阶层。——译者注

化人的心，即使是那些自视甚高的人也不例外。

梅吉卢：我认为，后一种定义是正确的，勇敢应当是与所有这些东西作斗争。

雅典人：你们应该还记得，我们这位来自克里特的朋友刚才说过，一个人或一个城邦是被自己打败的，克莱尼亚，是不是呢？

克莱尼亚：是的。

雅典人：那么，谁是坏的，是被痛苦打败的人还是被快乐打 633e
败的人？

克莱尼亚：我认为是被快乐打败的人，因为当我们说一个人可耻地被自己打败时，大家都会认为，他是被快乐而不是被痛苦打败。

雅典人：那么，受到宙斯和阿波罗指导的立法者通过法律
确立的不是那种蹩脚的勇敢，这种勇敢只能从左边保护自己， 634a
而不能抵御来自右边的狡诈的奉承。他们确立的是一种能够抵御两边的进攻的勇敢，是不是呢？

克莱尼亚：我认为，是这样的，两边的进攻都要抵御。

雅典人：那么，我再问一个问题。在你们两个城邦中，是什么制度让你们品尝快乐的滋味而不是回避它们？这就像不回避痛苦一样，让一个人置身于痛苦之中，以荣誉来强迫或说服
他去征服痛苦。在你们的法律中，哪里有针对快乐的类似的制 634b
度？请告诉我，你们的什么制度能使你们的公民同时面对快乐和痛苦，战胜应该战胜的，而不被那些最危险和最熟悉的敌人打败？

梅吉卢：先生，我可以告诉你许多对付痛苦的法律，但我可
能很难找到明确的和显著的与快乐有关的类似制度，也许我可 634c

以找到一些不重要的例子。

克莱尼亚:在克里特的法律中我也找不到类似的明确的例子。

雅典人:这并不令人惊讶,我亲爱的朋友们。那么,如果我们中的某个人为了探求真理和善,而要对其他同伴的城邦的某项法律吹毛求疵的话,让我们温和地对待彼此的评论,不要因此而生气。

克莱尼亚:雅典朋友,你说得对,我们应当这样做。

634d **雅典人**:克莱尼亚,我们这个年纪的人不应该产生恼怒的情绪。

克莱尼亚:的确不应该。

雅典人:那些对克里特或斯巴达的制度的批评是对还是错,这要另当别论。但是,无论如何,对于大多数人对此的看法,我比你们俩都更能说明白。你们有相当好的法律,其中最
634e 好的法律之一就是,禁止年轻人询问哪些法律是对的,哪些法律是错的。人们要一致认可,所有的法律都是好的,因为它们都是诸神的旨意。如果有人提出异议,大家要充耳不闻。但如果某位老年人想要说法律有什么瑕疵,他就可以在没有年轻人在场的时候,把自己的意见告诉官员或者同龄人。

635a **克莱尼亚**:非常正确,先生,你像是一个先知。虽然你与那些立法者时隔久远,但在我看来,你已经领会了他们的意思,说得完全正确。

雅典人:既然没有年轻人在场,立法者又给了老年人自由,我们自己讨论这些问题,就没有什么不妥之处。

克莱尼亚:的确是这样的。那么,你们可以毫无顾忌地指责我们的法律,因为被指出缺点并没有什么不光彩的。相反,

如果不是带着怨气而是以友好的心情接受批评，就会有补救的 635b
办法。

雅典人：非常好。不过，在我尽我所能研究了你们的法律之前，我不会批评你们的法律，我只是想提出自己的困惑。在我们所知道的城邦中，无论是希腊还是其他城邦，只有你们的立法者要求人们远离一切快乐和消遣，不去享受它们。关于我们刚才讨论过的痛苦和恐惧，你们的立法者认为，那些从小就 635c
躲避它们的人，一旦遇到不可避免的痛苦、恐惧和不幸，就会被那些受过这类训练的人打败并受其奴役。我想，这位立法者对快乐也应当持同样的看法。他应该对自己说："如果我们的公民从小就没有享受过极度的快乐，没有受过抵制快乐的诱惑和拒绝做不光彩的事的训练，那么，当他们置身于快乐之中时，快乐的甜蜜感就会战胜他们，他们将遭受与那些被恐惧打败的人 635d
同样的命运。也就是说，他们会以另一种可耻的方式，被这样一些人所奴役，那些人能够抵制快乐、主宰快乐，而且有时是极其邪恶的。他们的灵魂部分被奴役，部分是自由的，他们压根不配被称为勇敢者和自由人。"那么考虑一下，你们是否赞同我的这些评论。

克莱尼亚：乍一听，你所说的似乎是正确的，但是对于如此 635e
重要的事情，草率地得出结论是非常幼稚和不明智的。

雅典人：那么，我的朋友们，让我们来讨论下一个问题。在勇敢之后，我们来谈谈节制。在克里特和斯巴达，我们能找到什么与节制有关的制度，能像你们的军事制度一样，比其他城 636a
邦更为优越呢？

梅吉卢：这个问题并不容易回答。不过，我要说的是，公餐和体育锻炼是为培养节制和勇敢而精心设计的制度。

雅典人：我的朋友，要使城邦的制度如同它的理论一样无可置疑，这似乎是十分困难的。就像对于身体，某种养生法在
636b 一方面有益，在另一方面又有害。例如，公餐和体育锻炼的制度就是这样，虽然它们目前在许多方面对城邦有益，但也是内乱的根源，米利都、皮奥夏和图里的青年的例子证明了这一点。此外，这种由来已久的习俗损害了爱的乐趣，这种乐趣是人和
636c 兽都具有的天性。你们两个城邦应首先受到指责，其他热衷于体育锻炼的城邦也是如此。对这类事情，不论是轻松谈论还是严肃地看待，都要认识到，当男性与女性为生育而结合时，其所经历的快乐是自然的。但是，男性与男性的结合或女性与女性的结合是违反自然的，而最初这种大胆的尝试是由于对欲望的
636d 放纵。克里特人总是被指责编造了盖尼米德*的神话：克里特人相信自己的法律来源于宙斯，他们就把这个神话强加在宙斯头上，这样他们就可以追随神的先例，享受非自然的快乐。我们先不谈论这个神话本身，但我们可以观察到，任何关于法律的研究几乎都围绕着城邦和个人的快乐和痛苦。它们是两股
636e 泉水，大自然让它们喷涌而出，凡在适当的时间和地点取出适当的泉水的人都是幸福的，这适用于城邦、个人和所有的生物。而如果不明白这个道理、不合时宜地取水，结果就会适得其反。

梅吉卢：我承认，先生，你说得很对，我不知道如何反驳。不过，我认为，斯巴达的立法者规定回避快乐是正确的。至于克里特的法律，我们的朋友克莱尼亚，如果他愿意，可以为之辩
637a 护。但在我看来，就关于享乐的规定而言，斯巴达的法律是世

---

* 盖尼米德：希腊神话人物，特洛伊的一位王子，以英俊著称，深受宙斯喜爱，被宙斯带走成为神的斟酒者。——译者注

界上最好的，因为它彻底驱除了那些把人类引向疯狂的快乐和放纵以及其他愚蠢行为的东西。在斯巴达管辖的乡村和城镇，你不会看到酒宴和与之相伴的各种各样的狂欢。任何人遇到醉鬼，都会立即对其严加惩罚，即使酒神节也不是赦免的理由。 637b
我在你们所谓的“马车”表演中见到过醉汉，在我们的殖民地塔伦汀，我曾看见整个城邦的人在酒神节上都喝醉了，但在我们那里，这种事情是不可能发生的。

雅典人：我的斯巴达朋友，这些事情在有忍耐力的情况下是值得赞扬的，而在没有约束的情况下是非常愚蠢的。我们雅 637c
典人要想反唇相讥，就可以指出你们城邦的妇女的放纵。关于这些做法，无论是在塔伦坦、雅典还是斯巴达，有一个回答可以证明它们是恰当的。当一个外邦人对自己所看到的新奇事情表示惊讶时，当地居民会很自然地回答说：“不要奇怪，外邦人！这是我们的习俗，关于同样的事情，你们的习俗可能不 637d
同。”但是，我的朋友们，现在我们谈论的不是一般的人，而是立法者的优点和缺点。

那么，让我们详细地讨论一下醉酒的问题，这是一个非常重要的问题，低劣的立法者无法理解它。我说的不是饮酒或者禁酒，而是酗酒。问题是，我们是要遵循斯基泰人、波斯人、迦太基人、凯尔特人、伊比利亚人、色雷斯人的习俗吗？他们都是 637e
好战的民族。还是要像你们的同胞那样？正如你所说，你们是完全禁酒的。而斯基泰人和色雷斯人，无论男女，都喝不勾兑的纯酒，还把酒倒在衣服上，认为这是一个美好和高贵的习俗。波斯人也沉迷于饮酒和你们那里禁止的其他奢侈品，但比色雷斯人和斯基泰人要节制些。

梅吉卢：但是，我的朋友们，我们只要拿起武器，就能让他 638a

们溃不成军。

雅典人：不，我的朋友，不要这样说。事实上，过去有过、将来也会有许多无法明确解释的溃逃和追击。因此我们不能说，战争的胜利或失败是检验制度好坏的清晰和无争议的标准。
638b 大城邦战胜小城邦，比如叙拉古战胜洛克里斯，而洛克里斯似乎是那里管理得最好的地方，还有雅典人奴役科尔斯人，还有无数类似的例子。那么，让我们暂时把战胜和战败撇在一边，尽力去讨论每一种制度的特性，并解释为何一种制度是好的，而另一种制度是坏的。首先，请听我讲讲，我们应该如何正确地评估制度的优劣。

638c **梅吉卢：**你怎么看？

雅典人：在我看来，对于某种制度，随时准备赞扬或批评它，是错误的讨论方式。这种情况就像一个人，当他听到有人称赞奶酪是好食物时，就立刻开始贬低它，而并不去了解它的功能和用途，我的意思是，要了解以什么形式、对什么人、与什
638d 么搭配、在什么状况下以及如何使用。在我看来，我们现在的讨论就是这样。一提到"醉酒"这个词，一些人立即赞扬它，而另一些人则会指责它，这是很荒谬的。双方都有自己的证据，一方声称自己的陈述有说服力时，举出大量的证据，另一方认为自己说得对，理由是那些不喝酒的人在战斗中获胜了。然
638e 后，这就成了我们之间争论的话题。我认为，我们以同样的方式讨论其余的法律是没有意义的。关于我们现在讨论的醉酒这个话题，我想换一种我认为是正确的方式来讨论，并且尽力说明探究这类问题的正确方法。我要指出的是，对于你们两个城邦的制度，会有许多城邦反对并与你们争辩。

639a **梅吉卢：**我很希望知道探究这些事情的正确方法。

雅典人:那我们这样来研究。假设有人称赞饲养山羊,而且这种动物也是很好的财产,而另有人看到没有牧人看管的山羊在耕地上吃草,毁坏了庄稼,就谴责山羊和其他没有牧人看管或看管不善的动物,这样的谴责有意义吗?

克莱尼亚:当然没有。

雅典人:一个船长是否只要有航海知识就能成为一个好船 639b
长,不管他是否晕船?你怎么看?

梅吉卢:我认为,即使他有航海技能,如果他容易晕船,他也不是一个好船长。

雅典人:军队的指挥官呢?如果他是一个懦夫,当危险来临的时候,他会因为极度恐惧而晕船,难道他仅仅因为有军事技艺就可以胜任吗?

梅吉卢:不可以的。

雅典人:如果他不仅是个懦夫,而且还没有任何技艺,又怎样呢?

梅吉卢:那他就是个可怜的家伙,不配指挥男人,只能指挥娇滴滴的女人。

雅典人:现在以一个集会为例。这个集会天然地需要一个 639c
指挥官,并且在这个指挥官的领导下运行得很好。假设有一个人,他从未见过这个集会在指挥官领导下井然有序的情况,而只看到它没有指挥官或指挥官很糟糕的状况,他要赞扬或谴责这个集会,他的评价有价值吗?

梅吉卢:当然没有啦,因为他从来没有见到过或参加过那 639d
种井然有序的集会。

雅典人:稍等。我们是不是可以说,在各种集会中,酒会和会饮也是一种集会?

梅吉卢:当然可以。

雅典人:有谁见过举行得井然有序的会饮呢?你们俩当然会回答说,从来没有见过这样的集会,因为这在你们城邦既不符合习俗也不合法。但是我在许多地方遇到过这种集会,而且
639e 我对它们进行了考查。可以说,我从来没有见到过或听说过任何这样的集会是按照正确的方式举行的,少数的集会在一些细节上是正确的,但大多数的集会都在以完全错误的方式进行。

克莱尼亚:先生,你这话是什么意思?请解释一下。正如
640a 你所说,我们在这方面缺乏经验。即使我们遇到了这种集会,也很可能不能立即看出它们中什么是对的,什么是错的。

雅典人:这是很有可能的。那么,你们可以从我的解释中了解一下。你们明白,在所有的集会中,无论其目的是什么,都应该有一个指挥者。

克莱尼亚:那当然了。

雅典人:我们刚才说过,打仗的时候,指挥官应该是一个勇敢的人。

克莱尼亚:是的,我们说过。

雅典人:勇敢的人不像懦夫那样容易被恐惧所困扰,是不是呢?

640b **克莱尼亚**:是这样的。

雅典人:如果有可能让一个无所畏惧、不畏艰险的人成为军队的指挥官,我们是不是应该尽力这样做?

克莱尼亚:当然了。

雅典人:然而,现在我们讨论的不是战争时期与敌人奋战时指挥军队的指挥官,而是和平时期朋友相聚时组织集会的指挥者。

克莱尼亚:是的。

雅典人:这样的集会,如果有醉酒相伴,也不太平,是不是 640c
呢?

克莱尼亚:是的,的确会不太平。

雅典人:那么,这里的饮酒狂欢者需要一个指挥者,对吗?

克莱尼亚:这是肯定的,他们比任何人都需要指挥者。

雅典人:如果有可能,应当给他们配一位冷静的指挥者,是不是呢?

克莱尼亚:是的。

雅典人:当然,这个指挥者还应该懂得如何处理社交集会,
因为他既要保持同伴之间业已存在的友谊,又期望通过集会进 640d
一步增进这种友谊。

克莱尼亚:完全正确。

雅典人:难道我们不应该指派一个清醒而又有智慧的人来管理饮酒狂欢的人吗?因为,如果饮酒者的指挥者年轻、醉酒,又不太聪明,那么只有靠特殊的好运,他才能避免做出大坏事。

克莱尼亚:是的,他的确需要特别好的运气。

雅典人:那么,假设某人批评这种集会,即使是在以最好的
方式管理这类集会的城邦中,如果他针对的是集会本身,他也 640e
很可能是对的。但是,如果他指责这种集会仅仅是因为看到了它运行得极其糟糕的情况,那么他显然没有意识到,首先,这是因为管理不善;其次,任何这样的活动,如果没有清醒的统治者和指挥者,都会同样糟糕。你们一定明白,一名船长,或者其他
事情的指挥者,如果喝醉了,就会毁了一切,包括船只、战车、军 641a
队以及他指挥的任何其他东西。

克莱尼亚:是的,先生,你说得完全正确。下一步请你告诉

我们,如果管理得当,这种饮酒集会的习俗会给我们带来什么好处。以我们刚才提到的军队为例。如果有一个正确的指挥
641b 官,军队就会赢得战争的胜利,这是一个不小的好处。同样,其他事情也是如此。但是,对酒会的正确管理能给个人或城邦带来什么实实在在的好处呢?

雅典人:好吧,我们讨论一下。当一个孩子或一支合唱队受到正确引导时,这对城邦有什么实实在在的好处呢?对于这样提出的问题,我们应该回答说,城邦不会从中得到什么大的好处。但是,如果提出的是概括性的问题,即城邦从教育公民中能得到什么实在的利益,回答就很简单。教育造就好人,好
641c 人行为高尚,还能在战场上战胜敌人。教育带来胜利,但胜利有时导致教育的缺失,因为人们往往因为战争的胜利而变得傲慢,而这种傲慢会使他们做出许多坏事。尽管人们曾经在战争中赢得了,将来也还会赢得许多"卡德摩斯式的胜利"*,但是教育从未被证明是"卡德摩斯式的"。

641d **克莱尼亚**:在我们看来,我的朋友,你的意思是,集会饮酒,如果进行得正确,是对教育的重大贡献。

雅典人:当然。

克莱尼亚:那么,接下来,你能不能解释一下,你说的为什么是对的?

雅典人:朋友,对于有许多不同意见的事情,只有神才能确认什么是正确的。但如果需要的话,我很愿意说出我的想法,因为我们实际上已经开始了对法律和政治体制的讨论。

---

* 卡德摩斯式的胜利:源于希腊神话,比喻"付出惨重代价才获得的胜利",即"来之不易的胜利"。——译者注

克莱尼亚：嗯，先生，你对现在争论的问题的看法正是我们 641e
想要听到的。

雅典人：很好，那我们就这样做。你们尽力理解我的意思，我也尽力解释清楚。但是，首先我要声明一点。希腊人一般都认为，我们雅典人喜爱说话且说了很多话，而斯巴达人言语简
洁，克里特人机智而不多嘴多舌。所以，我担心，如果我滔滔不 642a
绝地谈论醉酒这个小话题，你们会认为我是一个在小事上唠叨的人。然而，离开音乐的问题，就不能合乎自然地管理醉酒的事情；而如果不涉及整个教育的问题，也不能对正确的音乐原则作出清晰、充分的解释。关于这些，有许多话要说。所以，想
一想我们现在该怎么办，暂且把这些事搁一搁，转到别的法律 642b
问题上去，好吗？

梅吉卢：噢，雅典客人，你也许不知道，我们家恰好是你们城邦的外邦代理人。我们的孩子们得知他们是某个城邦的"代理人"时，从小就对这个城邦怀有友好的感情，他们都把这个城邦看作是自己的第二故乡。这也发生在我的身上。每当斯
巴达人责备或者称赞雅典人时，我就会听到孩子们的叫喊： 642c
"你看，梅吉卢，你的城邦对我们做了好事或坏事。"听到这些话，我总是代表你们和那些谴责你们的人作斗争，因此我就对你们的城邦产生了深厚的感情。所以，现在我喜欢你们雅典的口音，而且，我认为这句俗语绝对正确——"好的雅典人总是无比的好"，因为他们的好，是自然真实的，不是因为外在的强
迫，而是出自本性，来自神的意旨。所以请放心，我愿意听你说 642d
你想说的任何话。

克莱尼亚：先生，你们听了我的话，就可以大胆说出心里的

想法。你一定听说过埃庇米尼得斯*这个神圣的人,他出生在
克里特,是我们家族的成员。他按照神谕的指示,在波斯战争
642e 爆发十年前来到雅典,按照神的指示献上了祭品。雅典人当时
担心波斯入侵,他预言说,波斯人十年之内不会来,而当他们来
的时候,他们将空手而归,而且,相比他们造成的灾难,他们将
遭受更多的痛苦。这样,我们的祖先就成了你们的朋友,从那
643a 时起直到现在,我的先辈们和我自己都对雅典怀有好感。

雅典人:你们看来很愿意听,就我而言,我也会尽我所能完成这一任务,虽然这很困难,但我必须尝试一下。在讨论的开始,我来界定一下教育的本质以及它的效力,这是我们的讨论向前延伸到狄俄尼索斯神应当遵循的路径。

克莱尼亚:如果你乐意,我们就这样做吧。

643b **雅典人:**好吧,那么,我告诉你们我对教育的界定,你们想
想是否能够接受我的说法。

克莱尼亚:请说下去。

雅典人:好的。我认为,一个人想要在某一方面有所专长,
必须从小就进行训练,无论是在游戏中还是在干正事时,他都
应该把时间花在与此相关的事情上。比如,想要成为一个好的
643c 建筑者,就应该玩盖玩具房子的游戏;要想成为一个好农夫,就
玩耕种土地的游戏。养育孩子的人应该为每个孩子提供模仿
实物的微型工具。此外,孩子们还应该学习必要的初级知识。
例如,未来的木匠应该在游戏中学习测量或估算,未来的士兵
应该在游戏中学习骑马或其他类似的技能,而教师应该努力通
过这些游戏把孩子们的爱好和快乐引导到他们将来从事的活

---

* 埃庇米尼得斯:克里特人,哲学家、预言家、诗人。——译者注

动上去。教育最重要的部分是在孩童时代正确的训练,应该在 643d
游戏中引导孩子的灵魂热爱他将来要从事并且精通的事情。就目前的谈论,你们同意我的观点吗?

克莱尼亚:当然同意。

雅典人:那么,我们不能对教育的界定模糊不清。当我们赞扬或谴责人们的教养时,我们说某人受过教育,而另一个人
没有受过教育,虽然后者往往在小买卖、海贸或其他类似事情 643e
上受过良好的教育。但我们目前所讨论的教育不是这种教育,而是从孩童时期起的美德教育,这种教育使一个人热切地渴望成为完美的公民,并教他如何正确地统治和服从。在我们看
来,这是唯一名副其实的教育;而那种仅仅为了获得金钱、强壮 644a
的体格和其他缺乏理性和正义的智慧的教育,是庸俗和狭隘的,完全不配被称为"教育"。不过,我们不要在名称上争论,而要把握住刚才大家都同意的观点,那就是,受过良好教育的
人一般都能成为好人。在任何情况下都不应轻视教育,因为它 644b
是最优秀的人所能拥有的首要的、最高贵的东西。教育虽然可能误入歧途,但却能够被修正,而每个人在一生中都应努力去完成这个任务。

克莱尼亚:非常正确,我们完全同意你的观点。

雅典人:我们之前一致同意,能够控制自己的人是好人,而不能控制自己的人是坏人。

克莱尼亚:你说得很对。

雅典人:现在,如果可以的话,我继续讲下去,给你们举一 644c
个例子来进一步说明这个问题。

克莱尼亚:请继续讲吧。

雅典人:我们认为,每个人都是单独的个体,是不是呢?

克莱尼亚：是的。

雅典人：我们每个人都有两个既愚蠢又对立的谋士，其中一个叫作快乐，另一个叫作痛苦，是吗？

克莱尼亚：正是这样。

雅典人：除此之外，还有关于未来的看法，一般称为“预
644d 感”。其中，对痛苦的预感称为“恐惧”，对快乐的预感是“希望”。此外，还有关于这些东西是好是坏的推理，当这种推理成为城邦的共同决议时，它就被称为“法律”。

克莱尼亚：我几乎跟不上了，不过，我们还是继续进行吧。

梅吉卢：我也是一样的。

雅典人：让我们这样来看待这个问题。假设每个生命都是神的傀儡，要么只是作为玩物，要么是为了某个特定目的被创
644e 造出来——对此我们并不知晓。但是我们知道，我们心中的这些情感，就像肌肉或绳索一样，把我们拉向相反的方向，牵引到相反的行动，善与恶的分界处就在这里。根据这个论点，在这些绳索中，有一条每个人都应该抓住，永远不要放开，而且要用
645a 它去对抗其他绳索。这就是金质的、神圣的推理之索，我们称之为城邦的公法。这根绳索是柔软的，因为它是金质的。还有其他几种绳索，它们是坚硬的、铁质的。我们应该始终配合最好的绳索——也就是法律——的牵引。推理是高贵的和温柔的，而不是暴力的，它需要助手来协助，这样它的牵引力就能使
645b 我们内心的黄金一族战胜其他类族。

这样，关于我们是傀儡的故事的寓意就形成了，“战胜自己或被自己打败”这一说法的意思更加清晰了。对于个人和城邦来说，更为清楚的是，个人应掌握自己内部这种绳索的真正推理，并在生活中据此行事；而城邦，从某位神或某个知晓这些事

情的人那里获得这种推理，应该据此制定法律，并用它来与自己和其他城邦打交道。这样，我们就能更清楚地分辨出美德和 645c
邪恶。当它们的区分变得清晰时，教育和其他习俗的区别也会变得清晰。关于饮酒集会的问题，似乎是一件微不足道的事，关于它我们说了太多不必要的话，但其实这是一个完全值得长时间讨论的问题。

克莱尼亚：你说得对。那我们就继续讨论这个话题吧。

雅典人：假如我们给这个傀儡喝酒，会对他有什么影响呢？ 645d

克莱尼亚：你这个问题的用意是什么？

雅典人：没有特别的用意。我只是想问，一般情况下，当这个傀儡饮酒时，会发生什么事。我会更清楚地解释我的意思。我现在要问的是，饮酒是否会使快乐、痛苦、愤怒和爱更强烈呢？

克莱尼亚：会更强烈。

雅典人：那感觉、记忆、意见和思想呢，也提高和增加了吗？ 645e
如果一个人喝醉了，这些东西会不会离他而去呢？

克莱尼亚：是的，他会完全失去这些东西。

雅典人：他的灵魂会回到小时候的状态，是吗？

克莱尼亚：是的。

雅典人：在那时，他的自我控制处于最弱的状态。

克莱尼亚：是的，最弱。 646a

雅典人：他会不会陷入非常糟糕的状态？

克莱尼亚：会的。

雅典人：那么，不仅老人，而且醉鬼也会第二次成为孩子。

克莱尼亚：说得对，先生。

雅典人：有没有什么理由能说服我们，应该鼓励饮酒，而不是尽可能地避免饮酒?

克莱尼亚:我想是有的。至少,你是这么说的,而且你刚才还准备为此争辩。

646b **雅典人:**是的。我准备这样,因为你们俩都说很想听我谈谈。

克莱尼亚:我们确实想听听,哪怕仅仅是因为你那个奇怪的悖论,即一个人会自愿陷入彻底的堕落。

雅典人:你指的是灵魂上的堕落,是吗?

克莱尼亚:是的。

雅典人:那你对身体上的堕落怎么看,我的朋友?有人自
646c 愿使自己处于残疾、瘦弱、丑陋和衰老的状态,对此你难道不感到惊讶吗?

克莱尼亚:当然惊讶了。

雅典人:但是,当一个人自愿去医生那里拿药吃时,难道他没有意识到,不久之后的许多天里,他的身体将处于这样的状态中,那就是,他宁愿死去也不愿永远这样活下去?我们难道不知道,那些进行体育锻炼的人,很快就精疲力竭了?

克莱尼亚:是的,这些都是众所周知的。

雅典人:也就是说,他们是为了以后的好处而自愿去的?

646d **克莱尼亚:**说得很对。

雅典人:我们可以认为,这种看法在其他活动中也是正确的,是吗?

克莱尼亚:当然。

雅典人:如果我们认为饮酒和上述活动一样会带来好处,那么我们的观点也适用于饮酒消遣。

克莱尼亚:的确是这样的。

雅典人:如果饮酒娱乐对我们来说和体育锻炼一样有益,那么它一开始时就比体育锻炼更受欢迎,因为它不会伴随痛苦。

克莱尼亚:是这样的。但是,如果我们能从中发现什么好 646e 处,那才怪呢!

雅典人:这正是我们必须设法弄清楚的。我问你们一个问题:我们能不能区分两种截然相反的恐惧?

克莱尼亚:哪两种?

雅典人:当我们预料到邪恶会发生时,会产生恐惧。

克莱尼亚:是的。

雅典人:还有对坏名声的恐惧。当我们做了或说了一些不体面的事,我们害怕被认为是邪恶的,这种恐惧我们大家都称 647a 之为羞耻。

克莱尼亚:的确是的。

雅典人:这就是我所说的两种恐惧。其中第二种与痛苦和其他恐惧相反,也与最大的和最常见的快乐相反。

克莱尼亚:非常正确。

雅典人:那么,是不是立法者和其他有地位的人,都会把这种恐惧视为最高的荣誉,并称之为"敬畏"?而与之相反的自信,被称为"羞耻",并被认为对个人和城邦都是非常邪恶的, 647b 是不是呢?

克莱尼亚:对的。

雅典人:这种恐惧,除了在许多重要方面拯救我们之外,在取得战争的胜利和确保安全方面,难道不是比其他任何东西都更有效吗?因为,有两样东西能使人胜利,一是在敌人面前自信,二是害怕在朋友面前丢脸。

克莱尼亚:是这样的。

647c **雅典人**：那么，我们每个人都应该既无所畏惧又有所畏惧，具体的原因，我们已经讲明白了。

克莱尼亚：是的。

雅典人：此外，当我们想使一个人无所畏惧时，我们就借助法律使他面对恐惧。

克莱尼亚：显然是这样的。

雅典人：那么，怎样才能借助正义使一个人感到恐惧呢？我们要让他享受无耻的乐趣，并训练他与无耻斗争，使他在与自己的斗争中取得胜利。只有对抗和战胜自己天生的怯懦，一
647d 个人在勇敢方面才可以变得完美。因为，一个对这类斗争不熟悉、没有经验的人，连自己潜在美德的一半也达不到。对于节制，也是这样的。如果一个人从未与使他陷入无耻和不义的快乐和欲望作斗争，并在干正事和游戏中，没有通过言语、行为和技艺征服它们，那么，在没有任何这种经验的情况下，他会获得完全的节制吗？

克莱尼亚：不大可能。

647e **雅典人**：那么，假设某位神给了人一种恐惧药，一个人喝得越多，就越觉得自己不幸，对现在和将来的事情都怀有恐惧，最
648a 后，即使是最勇敢的人也会陷入极端的恐惧之中，但当他睡了一觉，摆脱了药剂的影响后，就又恢复了原来的样子。

克莱尼亚：先生，人间真的有这种药吗？

雅典人：没有。但是，如果有的话，这种药是不是可以在立法者检验勇敢方面发挥作用呢？我们可以对立法者说："噢，
648b 立法者，无论你是为克里特还是为其他城邦立法，你是否愿意拥有一个检验公民勇敢还是怯懦的试金石？"

克莱尼亚："是的。"每个立法者都会这样回答。

雅典人:“你更喜欢安全、不冒险的那种,还是相反的呢?”

克莱尼亚:每个人都会选择安全的那种。

雅典人:“你是不是要这样做。用这种药把人们带入想象的恐惧之中,当恐惧的情感在他们身上产生时,通过鼓舞、劝说 648c
和赞扬,迫使他们变得无所畏惧。但是,若有人不听你的劝,在各种事情上不照你所吩咐的去行事,你就羞辱他。如果他顺利地、勇敢地经受了考验,你就让他毫发无损;但如果他表现得差,你就惩罚他。是不是这样呢?或者,尽管没有什么特别的理由,你还是会拒绝使用这种药?”

克莱尼亚:先生,他肯定会使用这种药。

雅典人:这种测试和训练的方法,与现在使用的方法相比,是非常容易的,可以适用于个人、小团体和人数多的大团体。 648d
如果一个人在没有达到完美状态之前,有一种羞耻感,不愿在公众面前露面,喜欢独自待在偏僻的地方,借助饮酒而不是其他方法来抵制自己的恐惧,那么,他就是正确的。如果他相信自己的禀性和教养具有强大的力量,相信自己已经受到了充分的训练,毫不犹豫地和许多人一起进行这种训练,在克服饮酒所造成的不可抗拒的变化方面显示自己的能力,那他也是正确 648e
的。他的美德使他不会去做不体面的事,不会像变了一个人似的,他在喝到最后一杯之前就停止了,因为他担心自己会像其他人一样,被这种魔药征服。

克莱尼亚:是的,先生,这个人这样做是很有节制的。

雅典人:我们再到立法者那里去问他:“噢,立法者,当然没 649a
有这种的恐惧药,既没有哪位神赐给我们,我们自己也没有发明它——我们没有把魔法师算在内。”但是,有没有一种药会使人无所畏惧、过度自信而在错误的时间做错事呢?或者,对此我们该怎样说呢？

克莱尼亚：我想他会说“有”，并指出酒就是这种药。

雅典人：酒和刚才提到的药物不是正好相反吗？当一个人
649b 喝酒的时候，他变得比平时快乐，他喝得越多，就越充满了大胆的希望和对自己力量的自负，直到后来，他口无遮拦，自以为聪明，无拘无束，无所畏惧，对自己的所说所做毫无顾忌。是不是这样呢？

克莱尼亚：我想每个人都会同意，你说的是正确的。

雅典人：现在，让我们回忆一下。我们刚才说过，在灵魂中
649c 应该培养两个东西：最大的勇敢和极度的恐惧。

克莱尼亚：如果我没记错的话，你说的是节制。

雅典人：你的记性真好。既然要在恐惧中培养勇敢和无畏，那么让我们考虑一下，是否要在相反的环境中培养相反的品质。

克莱尼亚：也许是这样的。

雅典人：在某些情形下，我们自然而然地会比平时鲁莽和大胆，那么，我们应该在这样的场合锻炼自己，使自己尽可能摆
649d 脱放肆和无耻，在说出、经受或做任何丢脸的事时，会感到恐惧。

克莱尼亚：是的。

雅典人：在受到愤怒、情欲、骄傲、无知、贪婪、怯懦的影响时，在财富、美貌、强壮和其他令人陶醉的快乐使我们发狂时，我们变得胆大妄为和不知羞耻，不是吗？如果首先是为了考验一个人，其次是为了训练一个人的性格，在小心谨慎使用的情
649e 况下，有没有比在节日期间饮酒更合适的方法呢？有没有更便宜、伤害更小的方法？我们考虑一下，哪一个风险更大。要考

验一个粗暴和野蛮(这是成千上万坏事的根源)的人,你是愿意冒着风险和他签订契约呢,还是愿意在酒神节上和他做伴 650a
呢?或者,如果你想考验一个好色之徒,为了观察他的灵魂,你会不会把自己的妻儿托付给他,让你最亲近的人去冒险呢?事实上,即使举出无数的例子来,也无法充分说明这种通过游戏检验的方法的全部好处,这种方法既不会带来伤害,也不会造成损失。我相信,无论克里特人还是其他人,都不会不同意,这 650b
种检验方法是恰当的,比其他任何方法都更安全、更简便、更快捷。

克莱尼亚:这当然是对的。

雅典人:这种对人的灵魂的天性和状态的洞察,在培育灵魂的技艺中,是最有用的。而这种技艺,如果我没有弄错的话,就是政治术。是不是呢?

克莱尼亚:的确是的。

第二卷

652a **雅典人**：接下来我们要思考的问题是，洞察人性是否是管理得当的酒会带来的唯一好处，这里是否还有其他值得考虑的好处？似乎是有的。但是，如何以及以什么方式获得
652b 这些好处，必须仔细考虑，否则我们就有可能犯错误。

克莱尼亚：请继续说下去。

653a **雅典人**：我们回顾一下正确教育的原则。如果我没有弄错的话，这就是，受到正确管理的酒会是教育的保障。

克莱尼亚：这是一个宏大的论断。

雅典人：我认为，快乐和痛苦是孩子们最初获得的感觉，是美德和邪恶最初呈现出来的形式。获得智慧和不动摇的正确信念，即使是在年事已高时，也是十分幸运的。我们
653b 可以说，拥有智慧和信念以及与之相伴的幸福的人，是完美的。所以，教育是通过良好的

习惯培养孩子最初的美德本能的训练。如果快乐、爱好、痛苦和憎恨,在一个人具备相应的理解能力之前就已经被正确地植入了他的灵魂,那么,当他理解其含义时,就能够与之和睦相处。这种灵魂作为一个整体的和谐,就是美德。而在快乐和痛苦方面的特殊训练可以从中分离出来,使一个人从生命的开始到结束时都能憎恨应该憎恨的,热爱应该热爱的,我认为,称之 653c
为"教育"就对了。

克莱尼亚:是的,先生,你现在的和先前的关于教育的观点都是正确的。

雅典人:我很高兴你同意我的看法。的确,对快乐和痛苦的正确训练,是教育的原则。但在人的一生中,这一原则逐渐松懈和消失。诸神怜悯人类生来要承受的劳苦,便设立了神圣 653d
的节日,让人们在劳作之余得以休闲。诸神请缪斯女神、缪斯之神阿波罗和酒神狄俄尼索斯做人们狂欢的伴侣,这样人类可以在与这些神共庆节日时、在他们的帮助下提高自己的教育水平。

现在,我需要弄清楚,一个公认的观点是否正确。人们说,无论多么幼小的生物,都不能做到静止不动或者不发出声音,它们总是想要活动或大叫。有的蹦蹦跳跳,欢快地嬉闹,有的 653e
则发出各种各样的叫声。动物在活动时感觉不到秩序与混乱,也就是没有我们所说的节奏与旋律的意识。而对于人类,情况则不同,赐给我们的那些神在舞蹈中是我们的同伴,给了我们 654a
愉悦的和谐感和节奏感。他们激发我们的热情,然后我们跟随他们,一起跳舞和唱歌,人们称之为合唱队,这个名词的意思就是自然地表达欢乐。那么,我们是否可以认为,教育最初来自阿波罗和缪斯？你们说呢？

克莱尼亚:我同意。

雅典人:那么,没有受过教育的人,就是没有受过合唱表演
654b 训练的人,受过教育的人则是受过良好的合唱表演训练的人,对吗?

克莱尼亚:当然啦。

雅典人:而且,合唱队的活动由两部分组成,跳舞和唱歌。

克莱尼亚:是的。

雅典人:这就是说,受过良好教育的人唱歌和跳舞都擅长。

克莱尼亚:我认为是的。

雅典人:那就让我们分析一下刚才的结论。

克莱尼亚:什么结论?

654c **雅典人**:这个人唱歌和跳舞都擅长。现在我们是不是要补充一点,他擅长唱的是什么歌,擅长跳的是什么舞?

克莱尼亚:那就加上这一点。

雅典人:我们假设这个人认为是好的东西的确是好的,他判定是坏的东西也确实是坏的,并且以此作为自己行为的依据。一个人能够用恰当的方式做出动作和发出声音,但是他没有从好的东西中得到快乐,也没有对坏的东西表示厌恶。另一
654d 个人虽然在动作和声音的运用方面并不正确,但是他能够恰当地感觉到快乐和痛苦,并且喜爱好的东西,厌恶坏的东西。这两个人中,在跳舞和唱歌方面,谁受到了更好的训练并且更为优秀呢?

克莱尼亚:先生,这两种教育差别很大。

雅典人:如果我们知道,唱歌和跳舞中好的东西是什么,我们就能真正明白,谁受过正确的教育,谁没受过教育。但如果
654e 我们不明白这一点,我们当然就不知道教育是否能提供保障,也不知道这种保障在哪里能找到。

克莱尼亚:是的。

雅典人:就像猎犬追踪气味一样,我们接着要讨论动作、旋律、歌曲和舞蹈中的好的东西。如果这些东西从我们眼前逃走,那么讨论正确的教育——无论是希腊式的还是非希腊式的——也就毫无意义了。

克莱尼亚:的确。

雅典人:那么,什么是好的动作和旋律?一个有男子汉气概的人和一个怯懦的人在遇到烦扰时,他们会做出相似的动 655a
作,发出相似的声音吗?

克莱尼亚:不会的。他们连表情都不一样,怎么可能呢?

雅典人:你说得对,朋友。音乐的主题是和谐和节奏,包括动作和曲调。所以,说曲调或者动作是和谐的或有节奏的,这样的表述是正确的,但用"五颜六色"这个比喻性词汇来描述合唱队大师的动作和曲调,就是不贴切的。而谈论勇敢者和懦
夫的动作和曲调,赞美一个,谴责另一个,这是可以的。我们不 655b
要讨论冗长乏味的细节了。我们是不是可以说,表现灵魂或身体的好的方面的动作和曲调,无一例外都是好的,而与邪恶有关的动作和曲调,都是坏的?

克莱尼亚:这个说法很好。我的回答是,事情就是这样的。

雅典人:下面我们讨论这个问题:对合唱队的各个表演,每
个人的喜爱程度是不是都一样呢? 655c

克莱尼亚:大不一样。

雅典人:那么,是什么使我们困惑呢?好的东西对于不同的人难道是不一样的吗?还是它们本身都是一样的,只是不同的人对它们的看法不同?没有人会说,表现邪恶的舞蹈比描述美德的舞蹈要好,也没有人会说,自己喜欢表现邪恶的东西,而

655d 其他人则喜爱有美德的缪斯。大多数人都会说,音乐的美妙之处在于给我们的灵魂带来快乐。但这种说法是不能容忍的,是不虔诚的。然而,对于这种错觉还有一种更可信的解释。

克莱尼亚:那是什么?

雅典人:合唱队的表演是用各种动作和场景对人物的行为方式的模仿,每个表演者都有自己的习惯和模仿能力。因此,
655e 一些人发现表演中的说、唱、舞符合自己的天性或习惯,或者两者都符合,他们就会感到愉悦,情不自禁地为它们鼓掌,称它们是好的。但是,那些发现表演与自己的天性、行为方式或习惯不一致的人,就不会感到快乐,也不会为之喝彩,而且会说它们是坏的。还有一些人,他们的天性是好的,但习惯是坏的,或者
656a 习惯是好的,但天性是坏的,那么,他们赞扬的东西和使他们快乐的东西就不一致。他们说,这些表演是令人愉快的,但却是邪恶的。在那些他们尊重的智者面前,他们羞于沉溺于这种歌舞,其实他们内心很喜欢这类表演。

克莱尼亚:你说得非常正确。

雅典人:那么,喜欢坏的舞蹈或歌曲的人会因此受到伤害,而那些以好的舞蹈或歌曲为乐的人能从中得到好处,是吗?

克莱尼亚:很有可能是这样的。

656b **雅典人:**"很有可能"不是恰当的字眼,而应该说"肯定"。类似的情况是,当一个人与坏人交往时,他喜欢和赞同而不是厌恶坏人,只是半真半假地指责他们,仿佛模糊地意识到自己的卑劣。这样,喜欢这些人的,必与他所喜欢的人一样,只是他羞于称赞他们。那么,比起这个,还有什么不可避免的更大的善或恶呢?

克莱尼亚:我认为没有。

雅典人:在一个现在或将来拥有良好的关于音乐和游戏的法律的城邦,我们是否可以认为,诗人应被允许将自己喜欢的节奏、旋律或者歌词教给守法父母的孩子,可以随心所欲地训练合唱队,而不管结果是好的还是坏的? 656c

克莱尼亚:这当然是相当不合理的,是不可能的。

雅典人:但是,除了埃及,几乎所有的城邦都是这样做的。 656d

克莱尼亚:那埃及关于音乐和舞蹈的法律是怎样的?

雅典人:当我告诉你们的时候,你们会大吃一惊。很久以前,他们似乎已经认识到了我们现在谈论的原则,那就是,年轻人必须练习优美的动作和曲调。他们详细规定这些动作和曲调,并把它们的样式展示在庙宇里。任何画家和艺术家都不允 656e
许对它们进行创新,也不允许丢弃传统的形式而发明新的形式。至今仍然如此,这一禁令适用于这一领域以及音乐的各个分支。你们观察后会发现,他们的绘画和雕塑都是用一万年前的(这是真的,一点也不夸张)技艺制作的,古代的艺术品与今 657a
天的相比,并无优劣之分,都是同样的风格。

克莱尼亚:太令人吃惊了!

雅典人:倒不如说,这是政治家和立法者的最高境界。我知道埃及有的方面不太好,但我告诉你们的关于音乐的事是真实的,是值得思考的。这说明,符合自然的、正确的旋律可以被立法者用法律固定下来。但是,这件事必须由某位神或某个神圣的人来做,在埃及的传说中,历经长时间保存下来的曲调是 657b
女神伊希斯*的作品。因此,正如我刚才所说的,如果一个人能以某种方式找到自然的旋律,他就可以大胆地将其制定成法

* 伊希斯:古埃及神话中的女神,生命、婚姻和生育之神。——译者注

律。这是因为,由对新事物的喜爱和对旧事物的厌倦而产生的对新鲜东西的热爱,并不具有足够大的力量以所谓的过时为借口去摧毁那些神圣的歌舞。无论如何,在埃及,它们并没有被破坏,而是恰恰相反。

657c **克莱尼亚:**从你现在所说的来看,是这样的。

雅典人:我们是否可以大胆地说,音乐和合唱表演的真正用途是,当我们认为自己成功时就欢呼,当我们欢呼时就认为自己很成功。是不是呢?

克莱尼亚:的确如此。

雅典人:那么,当我们为自己的好运而高兴时,我们就不能保持平静,是吗?

克莱尼亚:是的。

657d **雅典人:**年轻人纵情歌舞,而我们这些老年人,看着他们,来度过自己的时光。我们的身体已经不再灵活,只能在他们的娱乐和节庆中获得快乐。我们喜欢想起以前的自己,所以我们很乐意为那些能够唤醒青春记忆的人举办竞赛。

克莱尼亚:的确是的。

657e **雅典人:**难道大家关于节日制定者的观点是毫无根据的吗?也就是说,能给我们带来最大的愉快和享乐的人是最有智慧的,应该得到奖赏。既然在这样的场合我们可以尽情娱乐,那么,就像我刚才说的,谁给大家带来最多的欢乐,谁就应该得
658a 到最高的荣誉和胜利的奖品,是不是这样呢?这种说法和做法是不是正确呢?

克莱尼亚:也许是吧。

雅典人:但是,我亲爱的朋友,不要急于作出判断,让我们一部分一部分地分析讨论。假设有人举办了一场比赛,没有限

定这是体育比赛、音乐比赛还是马术比赛。他把大家召集起来宣布，任何人都可以参加比赛，谁能给观众带来最多的快乐，谁 658b
就获胜得奖，至于如何去做，是没有规定的。这样一项公告会有什么结果？

克莱尼亚：你说的是哪方面？

雅典人：可能会有各种各样的表演。有人像荷马那样展示史诗，有人演奏竖琴，有人表演悲剧，还有人表演喜剧。要是有人觉得可以通过表演木偶戏来获奖，那也没有什么令人惊讶 658c
的。假设这些竞争者，还有无数的其他竞争者都来了，你能告诉我，谁会获胜呢？

克莱尼亚：这个问题很奇怪。谁能在自己还没有耳闻目睹每个参赛者的表演之前，就知道答案呢？

雅典人：好吧，既然你们不能回答，那我来回答这个你们认为很奇怪的问题，好吗？

克莱尼亚：当然好啦。

雅典人：如果让小孩子来作出决定，他们会选木偶剧的表演者，是不是呢？

克莱尼亚：当然了。 658d

雅典人：大一点的孩子会选喜剧的表演者，受过教育的妇女、男青年和多数成年人都会喜欢悲剧。

克莱尼亚：很可能是这样的。

雅典人：我认为，我们这些老年人会喜欢吟诵《伊利亚特》《奥德赛》或者赫西奥德*的诗的人，并且会把奖励授给他。但

---

* 赫西奥德：古希腊诗人，代表作是《工作与时日》《神谱》，被称为“希腊训谕诗之父”。——译者注

是，谁才是真正的胜利者呢？这是问题所在，是吗？

克莱尼亚：是的。

658e **雅典人**：显然，你我都必然会说，我们这些老人选定的那些人应该获胜，因为我们的习俗远比世界上现有的任何习俗都好。

克莱尼亚：的确是的。

雅典人：因此，我也同意许多人的看法，快乐是衡量音乐的标准，但这种快乐绝不是随便什么人的快乐。美妙的音乐能使
659a 优秀的、受过良好教育的人快乐，尤其能使在美德和教养方面出类拔萃的人快乐。这些事情的裁判者必须是美德出众的人，因为他们需要具有智慧和勇气。真正的裁判者不应该根据听众的意见来作出判断，也不应该因众人的喧哗和自己的无能而感到不安。他不应该在知道真相的时候，因为胆小懦弱，用向
659b 诸神发过誓的那张嘴轻率地宣布一个虚假的判断。他应当作为观众的老师而不是学生来作出判断，要随时准备反对那些以不得体的或错误的方式取悦大家的人。在意大利和西西里盛行的做法是，把评判权交给观众，由他们通过举手来决定胜利
659c 者。但是，这种做法一方面败坏了诗人，因为诗人会以裁判的低级趣味为依据创作作品，观众成了诗人的老师；另一方面也损害了观众，因为观众本来可以通过观赏比自己好的人物来获得更高的快乐，但现在他们自己的行为却导致了相反的结果。从这些可以得出什么结论呢？要我告诉你们吗？

克莱尼亚：是什么呢？

659d **雅典人**：我想，这是我们第三次或第四次得出了同一个结论。教育是约束和引导年轻人走向正确的原则，这些原则是法律所肯定的，也是最年长和最优秀的人的经验证明确实是正确的。这样，孩子的灵魂就不会习惯于与法律和遵守法律的人相

抵触的痛苦和快乐，而是会追随老年人的足迹，为同样的事情欢喜忧愁。由于这个原因，我们有了所谓的“歌曲”，它真的很 659e
迷人，在灵魂中产生了我们所说的和谐。因为孩子的灵魂无法忍受严肃的训练，我们使用“戏剧”和“歌曲”这样的词语并表演它们。这就像是，当人生病和身体不适时，他们的服侍者用美味的食品和饮品为他们提供健康的饮食，但也用不美味的食 660a
物给他们不健康的东西，以便他们学会，应该喜欢哪些食物、厌恶哪些食物。同样地，真正的立法者会说服（如果说服不了，就强迫）诗人，在韵律、动作和曲调中，用优美和高尚的词语来描述节制、勇敢和完美的人。

克莱尼亚：可是，先生，你真的以为这是其他城邦的诗人一 660b
般的创作方式吗？据我观察，除了我们那里和斯巴达外，没有你说的那种情况。在别的地方，舞蹈和音乐总是不断地有新花样出现，但这些新花样不是因为法律而出现，而是出自无序的爱好。这些爱好，远不像你所描述的埃及的情况那样，是持久 660c
和稳定的，它们总是千变万化的。

雅典人：你说得非常好，克莱尼亚。我想，我可能表达得含混不清，使你以为我说的是真实存在的情况，而我只是在说我对音乐的希望，所以你就产生了误解。当罪恶已经根深蒂固、无法补救时，谴责它们尽管是不愉快的，但有时却是必要的。 660d
既然你对这个问题也有同样的看法，那就请告诉我，你认为这种做法在克里特人和斯巴达人中比在别的希腊人中更普遍吗？

克莱尼亚：是的。

雅典人：如果其他希腊人也这么做，我们可以认为，现在的情况会得到改进，是吗？

克莱尼亚：如果他们遵照我们和斯巴达人的做法，也就是遵照你刚才说的做法，那会是一个很大的进步。

660e **雅典人**：让我们看看我们是否了解对方的观点。你们城邦盛行的教育和音乐的原则是不是下面这样的。你们强迫诗人们说，好人，因为是节制和正直的，所以是幸运和幸福的，而无论他是强壮还是瘦弱，富有还是贫穷。而如果一个人是不正直的，即使他比辛尼拉斯*或迈达斯**更富有，也是不幸的，会生活在痛苦之中。你们的诗人***说（如果他说的是正确的）：“如果他不正直，即使他做了所有高尚的事情，我也不会提到他，不
661a 会在乎他。”他又说，“我让正直的人伸手攻击敌人”，而不正直的人，不让他“面对血腥的死亡”，速度上也不让他超过“色雷斯的北风”，也不让他得到任何其他的好东西。因为，众人所说的好东西并不是真正的好。大家认为，健康排在第一位，美貌排在第二位，财富排在第三位，之后是无数其他的东西，比如
661b 敏锐的视觉、灵敏的听觉、完美的所有感官，或者成为一个僭主，随心所欲；而幸福的最高点是，拥有所有这些东西并且长生不老。但是你们和我都会说，这些东西对正义而虔诚的人来说是最好的财富，而对不正义的人来说，包括健康在内都是很大
661c 的邪恶。因为说实在的，对于一个拥有所有的好东西，但缺乏正义和美德的人来说，如果他的生命是不朽的，那么，视觉、听觉、感觉甚至生命本身，都是非常大的邪恶，但如果他只活了很短的时间，邪恶就没有那么大。

我想，你们会说服或强迫你们的诗人用适当的韵律和节奏

---

* 辛尼拉斯：古希腊神话中一位很富有的人。——译者注

** 迈达斯：又译为“米达斯”，是希腊神话中的弗里吉亚王，贪婪、爱财，曾求神赐予点物成金的法术。——译者注

*** 这里指的是提尔泰奥斯。——译者注

说出这些道理，他们要用这些道理来教育你们的年轻人。我说得对吗？我的观点很清楚：所谓的坏东西对不正义的人来说是 661d
好的，对正义的人来说就是坏的，而所谓的好东西对正义之人来说确实是好的，对不正义的人来说确实是坏的。我再问一遍，你们和我对此看法一致吗？

克莱尼亚：我觉得，部分一致，部分不一致。

雅典人：假设一个人拥有健康、财富和僭主的权力，再加上
无与伦比的力量、勇敢和长生不死，他只是不正义和傲慢，但没 661e
有其他所谓的"邪恶"，那么，我想，我不能说服你们的是，这样的人是不幸的、悲惨的。

克莱尼亚：的确。

雅典人：再假设一下，一个人勇敢、强壮、漂亮、富有，一生 662a
做自己喜欢做的事，但是，如果他不正义、傲慢无礼，那他必然会活得很耻辱。你们肯定会赞同这一点，是吗？

克莱尼亚：当然。

雅典人：那么，他的生活也是邪恶的？

克莱尼亚：这一点我不同意。

雅典人：他是不是过着痛苦且对自己无益的日子？

克莱尼亚：我怎么会这么认为呢？

雅典人：怎么？愿上天能使我们一致，但目前我们的观点 662b
的确不同。对我来说，亲爱的克莱尼亚，我所说的就像克里特岛是一个岛屿一样显而易见。如果我是立法者，我会让诗人和所有的公民都这么说：我将对任何敢说下面这些话的人施以最
严厉的惩罚，那就是，有些坏人过着快乐的生活，或者，有些东 662c
西是有用的、有益的，而其他东西是正义的。我还会让我的公民说许多其他的事情，他们的说法会与现在的克里特人和斯巴

达人不一样,而且我可以说,与世界上其他地方的人也不一样。

告诉我,我的好朋友,假设我问你们的立法者宙斯和阿波
662d 罗:“最正义的生活难道不是最快乐的吗？还是有两种生活,一种是最正义的,另一种是最快乐的?”如果他们回答说有两种生活,我就会接着问(这是探寻这一问题的正确方法):“哪一类人更幸福？是那些过着最正义生活的人,还是那些过着最快乐生活的人?”他们回答说:“是那些过着最快乐生活的人。”
662e 这是一个非常奇怪的回答。我不愿让这些话出自诸神之口,这些话从祖先和立法者的嘴里说出来会更恰当些。因此,我要向一位祖先或立法者重复刚才的问题。如果他说,生活得最快乐的人就是最幸福的人,我就回答说:“啊,我的先辈,你不希望我过得幸福吗？可是你一直在告诉我,我应该尽可能正义地生活。”那么,我认为,持这种观点的立法者或祖先,会处于一种两难境地,他自己的说法自相矛盾。如果他宣称,最正义的生活是最幸福的,那么,我想,听到他的话的每一个人都会问,这
663a 种生活中被法律所称颂的、高于快乐的好的和高尚的东西是什么？正义的人拥有的什么好东西是和快乐分开的呢？我们是否可以说,来自神和人的赞扬和荣誉,虽然是好的和高尚的,但却是不快乐的,而坏名声却恰恰相反？我们会说:“当然不是这样的,亲爱的立法者。”或者,我们是否可以说,既不伤害任何人,也不被任何人伤害,是高尚的和好的,但却是不快乐的,而与此相反的,是可耻的和邪恶的,但却是快乐的?

克莱尼亚:肯定不是。

663b **雅典人:**这种观点不把快乐和正义、善和高尚分开,即使没有别的用处,也能说服一个人过一种正义和虔诚的生活。而任何相反的观点,在立法者的眼中,都是可耻和邪恶的,因为没有

人会心甘情愿地同意去做那些给自己带来的痛苦多于快乐的事情。

远处的东西容易使人头脑糊涂，对于儿童尤其是这样，但立法者却能清除迷雾，展示真相。他能通过习俗、赞扬和言辞， 663c
以各种方式来说服公民，正义和不正义的观念只是虚幻的影像。在不正义和邪恶的人看来，不正义的东西是令人愉快的，而正义的东西则是令人不快的；但是，在正义的人看来，这两者正好相反。

克莱尼亚：是的。

雅典人：哪个判断是正确的呢？是坏的灵魂的判断，还是好的灵魂的判断？

克莱尼亚：当然是好的灵魂的判断。 663d

雅典人：那么，不正义的生活与正义和虔诚的生活相比，不仅邪恶和可耻，而且不快乐。

克莱尼亚：从目前的论证来看，是这样的。

雅典人：假设我们刚才论证的东西并不真实，那么，一个平庸的立法者能不能为了年轻人的利益而大胆地虚构一个东西，他能不能编造出更有益的或更有效的东西来，以促使年轻人自 663e
愿而不是被迫做正义的事？

克莱尼亚：先生，真理是高尚而持久的，但它却很难使人信服。

雅典人：可是，西顿*的传说似乎是难以置信的，却很容易说服人们相信它，此外还有无数其他的传说也是这样。

克莱尼亚：那都是些什么传说呢？

---

* 西顿：腓尼基的一座古城。——译者注

雅典人：播种龙牙，然后从中生长出武士的故事，* 它说明，
664a 立法者可以说服年轻人相信任何事情。所以，立法者只需考虑并找出对城邦最有益的信念，然后想出一切可能的办法，使整个社会在歌曲、故事和话语中始终保持一致。但是，如果你们不同意我的观点，我也不反对你们与我争论。

664b **克莱尼亚**：我想我们俩谁都不会反对你的观点。

雅典人：那我就提出下一个话题了。我们的三支合唱队要唱歌给孩子们幼小、稚嫩的灵魂听，用曲调吟诵我们已经讲过
664c 的和即将讲的一切高贵的思想。我们要肯定的真理是，诸神所认为的最快乐的生活同时也是最好的生活。这样，比起其他的论断，这样的话更能为我们的年轻人所接受。

克莱尼亚：我同意你的说法。

雅典人：首先，由孩子们组成的、献给缪斯的合唱队出场，在全城面前以最大的活力歌唱这些美德。接下来要登台的是30 岁以下的年轻人组成的合唱队，他们请阿波罗** 为他们的话
664d 语作证，并请求他施恩说服年轻人。最后，从 30 岁到 60 岁的人组成的合唱队也要歌唱。还有一些因年纪太大而不能唱歌的人，他们讲故事，用神圣的声音讲述同样的美德。

克莱尼亚：先生，是谁组成了第三支合唱队？我们不明白你说的是什么意思。

雅典人：可是，我们之前的大部分讨论针对的都是这些人。

664e **克莱尼亚**：我们还是不明白，你能说得再清楚点吗？

---

* 希腊神话中有两个播种龙牙的故事。一个出现在卡德摩斯建立底比斯城的时候，另一个发生在英雄伊阿宋觅取金羊毛的战斗中。——译者注

** 阿波罗：古希腊神话中的神，是光明之神、预言之神、音乐之神、医药之神、消灾之神，也是迁徙者和航海者的保护神。——译者注

雅典人:你们应该还记得,我们在开始谈话时曾说过,所有幼小的生物都生性暴躁,无法保持身体或声音的平静,而总是乱喊乱跳。我们还说过,除了人类,没有任何其他生物能获得身体上或声音上的秩序感。动作的秩序叫作“节奏”,高和低 665a
的声音适当地混合在一起的秩序叫作“旋律”,两者合在一起被称为“合唱队”。我们说过,诸神可怜我们,赐给我们阿波罗和缪斯作我们的伙伴和领舞,第三个礼物,你们应该还记得,是狄俄尼索斯。

克莱尼亚:我记得很清楚。

雅典人:到目前为止,我已经谈了阿波罗和缪斯的合唱队, 665b
我还必须谈一下酒神狄俄尼索斯的合唱队。

克莱尼亚:这是怎么安排的?乍一听,一个由老年人组成的合唱队(如果你是指30岁以上的人,甚至是50岁到60岁的人)真的会为酒神跳舞,这是很奇怪的。

雅典人:你说得非常正确。因此,为了说明这种安排是合理的,我们必须论证一下。

克莱尼亚:的确。

雅典人:到目前为止,我们的观点一致吗?

克莱尼亚:什么观点? 665c

雅典人:每个人,包括成年人和孩子、奴隶和自由人、男人和女人,其实是整个城邦,要不断地用我们刚才说的那种曲调来歌唱。这些曲调应该经常变化,不能千篇一律,这样歌唱者就可以从中得到快乐,就永远不会感到厌倦。

克莱尼亚:当然,我们都同意。

雅典人:那么,城邦中最优秀的部分,由于其年龄和智慧而 665d
对我们的影响最大,他们应当在哪里唱出这些最美妙的曲调,才能带来最多的好处呢？他们会给我们最美妙、最有益的歌曲，难道我们会愚蠢地忽视他们吗？

克莱尼亚：从现在所说的来看，我们不能忽视他们。

雅典人：那怎样做才合适呢？这样行吗？

克莱尼亚：怎样？

665e **雅典人：**一个人的年纪越大，就越害怕唱歌，越不愿唱歌，从中得到的快乐就越少。如果强迫他唱歌，随着年龄的增长，他会越来越谨慎，也就会越来越羞愧，不是吗？

克莱尼亚：的确是的。

雅典人：那么，如果他在剧场里对着各类观众唱歌，他会不会更加羞愧呢？而且，如果他被强迫去唱歌，还不得不像其他参加比赛的合唱队一样，为训练嗓子而消瘦和禁食，他肯定会感到羞愧和不愉快，因而极不愿意去做这件事。

666a **克莱尼亚：**这是毫无疑问的。

雅典人：那么，我们该如何鼓励他们唱歌呢？我们是不是可以颁布下面这样的法令？首先，18 岁以下的人禁止饮酒。我们要教导他们，在开始真正的工作之前，在身体和灵魂上已有的火上再浇火是错误的，必须提防自己易激动的习性。此
666b 外，30 岁之前可以适度地饮酒，但不得醉酒和过度饮酒。满 40 岁后，可以参加公餐，邀请诸神特别是狄俄尼索斯酒神参加老年人的仪式和娱乐，这是神赐的治愈老年人的乖戾的药物。这
666c 样，我们就可以焕发青春、忘记忧愁，我们的灵魂就会像在火中熔化的铁一样，从坚硬变得柔软，变得更有韧性。那么，一个具有如此气质的人，就会愿意并且不羞于唱歌，难道不是吗？我不是说当着一大群听众的面，而是说在为数不多的人面前，也不是在陌生人面前，而是在熟人面前，并且，是我们多次说过的

那种吟诵。

克莱尼亚:他一定会很愿意。

雅典人:我们用这样的方法来说服他们和我们一起唱歌,不会有什么不妥。 666d

克莱尼亚:完全不会。

雅典人:那他们唱什么曲调和赞美诗?显然,必须是适合他们的吧?

克莱尼亚:当然。

雅典人:那么,什么歌适合这些神一般的人呢?是合唱吗?

克莱尼亚:的确,先生,我们克里特人和斯巴达人,除了在合唱队中学会和唱惯的曲调之外,什么曲调也不会。

雅典人:我敢说,这是因为你们从来没有听过那种最优美 666e
的歌曲。你们的城邦组织得像是一个军营而不是城邦居民的社会,你们的年轻人被聚集在一起,就像一群在草地上的小马群。你们谁也不会把自己的小马从同伴身边拖走,即使他焦躁不安、怒气冲冲,也不会让一个专门的马夫来管理他,不会单独训练他、抚摸他并给他良好的教育,这样就不能让他不仅成为
一名优秀的战士,而且成为城邦和城镇的管理者。我们一开始 667a
就说过,这样的人比提尔泰奥斯所歌颂的战士更伟大,他尊崇勇敢,但无论在个人方面还是在城邦方面,他总是把勇敢列在美德的第四位,而不是第一位。

克莱尼亚:先生,你又在贬低我们的立法者。

雅典人:如果我这样做了,那也不是有意的,我的朋友。但是,无论如何,还是让我们沿着论证的方向走下去。如果真的
有比合唱队或公共剧场的歌曲更优美的曲调,我想把它传授给 667b
我们所说的那些人,他们对其他的音乐感到羞耻,希望得到最

好的。

克莱尼亚：是的。

雅典人：凡是有魅力的事物，它最重要的一面要么是这种魅力本身，要么是它具有的某种形式的正确性，要么是它的益处。比如，我认为，食物、饮品和营养都带有一种我们称之为快
667c 乐的魅力。至于它们的正确性和益处，有益健康的特性恰恰是它们所包含的最正确的元素。

克莱尼亚：的确如此。

雅典人：还有，我认为，学习也伴随着一种魅力，那就是快乐，而它的正确性、益处、好和高贵，就是所学的真理。

克莱尼亚：是的。

667d **雅典人**：那么，对于模仿技艺，如果能成功地模仿，并且还能获得快乐，那么伴随模仿的快乐是不是应该被称为"魅力"呢？

克莱尼亚：是的。

雅典人：但是，一般说来，这里的正确性主要不取决于产生的快乐，而是取决于模仿的质量和数量。

克莱尼亚：是的。

雅典人：所以，快乐作为一种正确的标准，只适用于这种东
667e 西，它不产生效用，不提出真理，也不是为了模仿，当然也不会带来坏处，它只是为了与之相伴的魅力而存在。当没有其他东西相伴时，用"快乐"这个词来形容它最合适不过了。

克莱尼亚：你说的是无害的快乐，是吗？

雅典人：是的。这就是我所说的消遣，它不会带来任何危害，也没有任何值得认真考虑的好处。

克莱尼亚：非常正确。

雅典人:那么,我们可以据此推论,模仿不能以快乐和错误的意见来评判,也不应该这样判断任何的相等,因为相等就是相等,成比例就是成比例,并不是由于有人认为这样或有人对此感到不快,要依据真理而不是其他标准来判断。 668a

克莱尼亚:非常正确。

雅典人:我们是不是认为,所有的音乐都是再现和模仿呢?

克莱尼亚:的确是的。

雅典人:那么,如果有人说音乐应该根据快乐来评判,这种观点就不能被接受。我们不应该追寻这种以快乐为标准的音乐(如果有这种音乐的话),也不应该认为这种音乐有任何真 668b
正的优点。我们应该追寻那种模仿好东西的音乐。

克莱尼亚:非常正确。

雅典人:所以,那些寻求最好的歌曲和音乐的人,应该寻求的不是快乐的东西,而是正确的东西。而正确性,正如我们所说,在于在数量上和质量上再现被模仿的事物。

克莱尼亚:是的。

雅典人:那么,每个人,包括诗人、观众和演员,都会承认, 668c
音乐作品就是模仿和再现,是吗?

克莱尼亚:是的。

雅典人:当然,一个人要作出正确的判断,就必须知道每一件作品是什么,因为如果不知道作品的性质和意图,不知道它代表什么,就不能辨别,作品的意图是正确的还是错误的。

克莱尼亚:的确如此。

雅典人:那不知道什么是正确的人能分辨好的和坏的吗? 668d
我说得不是很清楚,如果我换一种说法,也许会更清楚些。

克莱尼亚:怎样说呢?

雅典人:我们可以看到无数的东西。

克莱尼亚:是的。

雅典人:那么,不知道被模仿的对象是什么的人,能判断作品是否正确地完成了吗?我的意思是,比如,作品的比例是怎
668e 样的?各个部分是怎样按一定的顺序相互配合的?作品的颜色和结构是怎样的?或者,这一切是不是都混乱了?如果一个人不知道被模仿的东西是什么,你认为他能知道这些吗?

克莱尼亚:不可能知道。

雅典人:但是,如果我们知道,绘画或雕刻的对象是一个
669a 人,艺术家适当地描绘了所有的部位、颜色和形状,我们是不是能够判断,这个作品是美的,还是在某些方面美中不足?

克莱尼亚:如果是这样的话,先生,所有人都能够判断什么是美的。

雅典人:非常正确。我们是不是应该说,对于模仿技艺,无论是绘画、音乐或其他技艺,一个明智的评判者必须知道三点:
669b 第一,被模仿的是什么;第二,是否正确地模仿;第三,在言辞、曲调和节奏方面完成得如何。

克莱尼亚:当然是的。

雅典人:那么,我们就讨论一下音乐的困难所在。音乐比其他任何一种模仿都更受人们的关注,因此需要以最审慎的态度对待它。如果一个人在这方面犯了错误,他就会对邪恶的东
669c 西有好感并遭受极大的伤害。但这种错误可能很难辨别出来,因为与缪斯相比,诗人是低劣的艺术家。缪斯绝不会犯荒谬的错误,决不会在为男性创作的诗中错误地赋予女性的曲调和姿态,也不会把用于自由人的动作和旋律与用于奴隶和非自由人的节奏结合在一起,或者在自由人的节奏和动作中配上与其冲

突的旋律,也绝不会把动物的声音、人的声音、乐器的声音以及 669d
其他各种声音混杂在一起并制成一个作品。但是,人类诗人喜欢把这些东西无意义地混杂在一起,因此使自己在那些如俄耳甫斯*所说的"能感受到真正快乐"的人眼中显得可笑。在那些有真正快乐经验的人看来,所有这些都是乱七八糟的混合物,而且,诗人们还在继续制造更大的混乱,他们把节奏和动作
从曲调中分离出来,把光秃秃的词语放到旋律里,还把旋律和 669e
节奏与歌词分开,无伴唱地演奏竖琴或箫。而在没有歌词的情况下,我们很难明白和声和节奏的意义以及被模仿的东西有什么价值。我们必须承认,这种做法追求速度和技巧,模仿野兽
的声音,在没有舞蹈和歌曲相伴的情况下使用箫和竖琴,是极 670a
其粗俗和无品味的。单独使用竖琴或箫,这是要把戏而不是音乐。

这些理论就到此为止吧。毕竟,我们要考虑的,是那些30岁到50岁以及50岁以上的人应该怎样使用音乐,而不是他们不应该怎样使用它。我们的讨论得出了一个结论,那就是,50
岁以上适合唱歌的人应该接受比合唱队更好的训练,因为他们 670b
必定拥有对节奏与和声的认识和敏锐的洞察力。否则,他们怎么能够知道,哪个曲调是正确的,一首曲调是否适合使用多利安人的调式**,诗人是否为曲调配上了正确的节奏?

克莱尼亚:显然不能。

雅典人:人们认为,自己知道什么是好的和声和节奏,什么

---

* 俄耳甫斯:希腊神话中的诗人和歌手,其父亲是阿波罗,母亲是女神卡利俄帕。——译者注

** 多利安人的调式:多利安人是古希腊四个主要部族之一,主要生活在希腊北部。多利安人的音乐简单、严肃、激昂。——译者注

不是,这是荒谬的,因为他们只是被训练着随着箫唱歌或踏着
670c 节奏跳舞。他们没有意识到,自己在练习这些东西的时候并不理解它们。事实是,每一个有适当的和声和节奏的曲调都是正确的,但如果这些要素不适当,那就是不正确的。

克莱尼亚:肯定是这样的。

雅典人:那么,一个丝毫不知道曲调的要素是什么的人会不会知道,什么曲调是正确的?

克莱尼亚:他不可能知道。

雅典人:我们现在似乎再次发现,对于唱歌者们,我们召唤
670d 他们并以某种方式强迫他们愿意去唱歌,但他们必须受过一定程度的训练,以便能够跟随歌曲的节奏和音符,通过观察和声和节奏,选择适合自己年龄和性格的歌。这样,他们就可以唱
670e 这些歌,从中获得无害的快乐,还可以引导年轻人以应有的愉快情绪接受良好的习性。在接受了这种程度的训练后,他们就接受了比大多数人甚至诗人本身都要严格的训练。因为,诗人虽然必须知道旋律和节奏,但不需要知道第三点,即模仿的好坏。但那些年长的唱歌者应该对这三点都了如指掌,这样他们
671a 就可以选择最好的东西和第二好的东西。否则,他们就无法吸引年轻人的心灵走向追求美德的道路。

我们这个讨论的主要目的,是为了证明我们为酒神合唱队的辩护是合理的,现在我们已经尽了最大的努力。让我们看看这是否正确。可以想象,随着饮酒的进行,饮酒集会可能会变
671b 得越来越喧闹,我们开始时就预料到,这是不可避免的。

克莱尼亚:的确如此。

雅典人:每个人都自以为是、洋洋得意、滔滔不绝、肆无忌惮,对周围人的话充耳不闻,认为自己有能力管理自己和其他人。

克莱尼亚：的确如此。

雅典人：我们说过，当这些事情发生的时候，饮酒者的灵魂就像是在火中加热的铁，变得火热、柔软和年轻，所以他们很容易像年轻时那样，被懂得如何教育和塑造他们的人引导，是吗？ 671c
我们还说过，他们的塑造者就是在他们年轻时为他们制定规则的人，也就是好的立法者。这个立法者应该制定宴会的规则，在饮酒者变得自信、大胆、放肆时，在他们拒绝服从关于沉默、言语、饮酒和音乐的规则时，能够改变他们。这样的法律能够 671d
在正义的帮助下，通过我们称之为“敬畏”和“羞耻”的神圣的恐惧，来同不光彩的大胆作斗争，是不是呢？

克莱尼亚：是的。

雅典人：这些法律维护者及其同僚应当是稳重和清醒的人，他们是那些不清醒的人的指挥者。相比于同敌人作斗争时没有头脑清醒的指挥官的情况，同饮酒作斗争时没有这种指挥者要更危险。如果有人不服从这些指挥者和酒神的领袖（他们 671e
都是 60 岁以上的人），他就要蒙受与不服从军队指挥官的人一样的，甚至更大的耻辱。

克莱尼亚：是的。

雅典人：那么，如果饮酒和消遣也用这种方式来管理的话，同饮者是不是会受益？他们分手后要比之前更和睦，而不是像现在这样成为敌人。因为，他们所有的交往都要受到法律的规 672a
范，清醒的人会成为喝醉了的人的指挥者。

克莱尼亚：如果酒会按你所说的方式举办的话，我认为会是这样的。

雅典人：我们不要简单地指责狄俄尼索斯的礼物是坏的，是不值得被城邦所接受的。酒有许多优点，但在众人面前谈论

672b 它带来的极大的好处时，要小心谨慎，因为人们会误解并作出错误的判断。

克莱尼亚：你指的是什么？

雅典人：有这样一个传说，狄俄尼索斯被他的继母赫拉夺去了智慧，为了复仇，他就刺激别人饮酒狂欢和疯狂跳舞，因此也就赐给人们酒喝。把这个关于神的传说留给那些认为可以
672c 这样谈论神的人去说吧。但是，我知道，没有一种动物在出生时智力是成熟或完美的。因此，每一种生物，在它还缺乏特定智力的时候，都处于疯狂状态，狂呼乱叫。一旦它能站起来，就会疯狂地跳起来。你们是不是还记得，我们说过，这就是音乐和体育的起源。

克莱尼亚：当然，我记得。

672d **雅典人**：我们说过，人类的和谐感与节奏感来源于此，为此我们要感谢阿波罗、缪斯和狄俄尼索斯这些神，是吗？

克莱尼亚：是的。

雅典人：关于酒的另一种说法是，赐予人类酒是出于报复，是想让他们发疯。但我们现在的说法却恰恰相反，认为酒是一种良药，给人们酒是为了在其灵魂中植入节制并在其身体中植入健康和力量。

克莱尼亚：先生，我们的确是这么说的。

672e **雅典人**：那么，现在可以认为这个问题的一半已经讨论过了，我们是不是开始讨论另一半呢？

克莱尼亚：另一半是什么，你是如何划分的呢？

雅典人：在我们看来，整个合唱技艺就是整个教育。在这种技艺中，节奏与和声构成了与声音有关的部分。

克莱尼亚：是的。

雅典人:另一部分是身体的运动,它和声音的运动有共同的节奏,除此之外,它还具有姿势这一特有属性,就像音调是声 673a
音运动的特有属性一样。

克莱尼亚:完全正确。

雅典人:触及灵魂并教育灵魂的声音,我们称之为音乐。

克莱尼亚:是的。

雅典人:身体的运动,如果作为一种娱乐,我们称之为"舞蹈"。但是当它被扩展并用于追求身体的卓越时,它就可以被称为"体育"。

克莱尼亚:的确如此。

雅典人:音乐占了合唱技艺的一半,对此我们已经讨论得 673b
很彻底了。我们接着讨论另一半,好吗?你们的意见呢?

克莱尼亚:我的朋友,你在和克里特人和斯巴达人谈话,我们讨论了音乐,还没有讨论体育,你觉得,我们俩会怎么回答你的问题呢?

雅典人:答案就在你的问题里。我理解并接受你说的话, 673c
这不仅是一个答案,也是一个命令,让我继续讨论体育。

克莱尼亚:你的理解是对的,就照你说的做吧。

雅典人:好的。而且,这个话题对你们来说比音乐熟悉得多,和你们清晰地谈论它并不难。

克莱尼亚:的确不难。

雅典人:体育源头在于,所有的动物都天生习惯于到处蹦 673d
跳。而人类,正如我们所说的,获得了旋律的意识,就发明了舞蹈。曲调唤起并激发了节奏,两者联合在一起就产生了合唱表演。

克莱尼亚:的确如此。

雅典人：我们讨论了这个问题的一部分，还要讨论另一部分吗？

克莱尼亚：是的。

雅典人：如果你们同意的话，我们就来总结一下饮酒的问题。

克莱尼亚：你的总结是什么呢？

雅典人：如果一个城邦允许饮酒这一习俗，认真地对待它，
673e 用规则来约束它并用它来培养节制的习惯，如果这个城邦以同样的方式和同样的原则允许所有其他的快乐，是为了控制这些快乐，那么，就要使用我们所说的方法来对待这些快乐。

但是，如果一个城邦把饮酒只当作一种娱乐来对待，允许
674a 任何人喝酒，任何时候都可以喝，想跟谁喝就可以跟谁喝，而且喝酒时还可以伴随任何其他娱乐，我绝不会同意或允许这样的城邦或个人饮酒。我要比克里特人和斯巴达人更进一步，我支持迦太基人的法律：禁止任何人在从军时饮酒，要求他们只能
674b 喝水；在城邦里，男女奴隶都不得饮酒；官员在任职期间不得饮酒；舵手和法官在工作时不得饮酒，参与处理重要事务的其他人也是如此；此外，除了为了锻炼身体或治病，任何人都不得在白天喝酒；如果准备生育孩子，男人和女人也不得在晚上喝酒。还有许多其他情况，表明那些有理智和守法的人不应该喝酒。根据这一论点，任何城邦都不需要有大量的葡萄园，在其他农产品和食品整体上要受到管制的同时，酿酒要被控制在最小和最适度的范围内。先生们，如果你们同意，这就作为我关于酒
674c 的谈话的总结吧。

克莱尼亚：非常好，我们同意。

第三卷

雅典人:上述讨论就到此为止吧! 接下来,我们该说说,什么是政治制度的起源? 最好和最简单的判断方法是下面这个角度。 676a

克莱尼亚:什么角度?

雅典人:我的意思是,从时间的角度来观察,观察在无限长的时间里所发生的变化。 676b

克莱尼亚:请解释一下。

雅典人:那么,你们认为自己能计算出城邦存在多久,人类经历某种政治体制有多久吗?

克莱尼亚:几乎不能。

雅典人:不过,你也明白,那是一个无限的、不可估量的时间吧?

克莱尼亚:的确如此。

雅典人:在这段时间里,有成千上万的城邦诞生了,还有很多城邦灭亡了,是吗? 各个 676c
城邦是不是都有过各种不同的政治体制? 有

时城邦从大变小，有时又从小变大，有时从好变坏，有时又从坏变好，是吗？

克莱尼亚：确实如此。

雅典人：如果可以的话，我们要弄明白这些变化的原因，因为这也许能解释政治体制的起源和转变。

克莱尼亚：你说得很好，我们都要尽力。你尽力阐述你对这些事情的观点，我们也要尽力跟上你的思路。

677a **雅典人：**你们认为，那些古老的传说是真的吗？

克莱尼亚：什么传说？

雅典人：那些关于灾难的传说。人类的世界经常被洪水、瘟疫和许多其他事情摧毁，只有一小部分人幸存下来。

克莱尼亚：每个人都会认为，这种说法是完全可信的。

雅典人：那么，我们想象一下许多灾难中的一个，就是大洪水带来的灾难。

克莱尼亚：那我们要想到什么呢？

677b **雅典人：**那就是，当时逃过一劫的人大多是山上的牧民，他们是保存在山顶上的人类的小小火花。

克莱尼亚：的确如此。

雅典人：此外，这些人通常都不擅长各类技艺。特别是，他们不知道城邦居民因为贪婪和好胜而互相争斗的计谋，也不知道人们想出来的其他的相互攻击的诡计。

克莱尼亚：很有可能是这样的。

677c **雅典人：**那么，我们是否可以认为，当时在平原和沿海的城邦都被彻底毁灭了？

克莱尼亚：可以这样认为。

雅典人：我们是不是可以认为，所有的工具都被毁了，所有优秀的发明,无论是政治还是其他智慧,在那个时候都彻底消失了？如果这些东西经过漫长的岁月,一直保存得和今天的一样井然有序,那么,我的朋友,怎么可能有新的东西被发明出来呢？

克莱尼亚:也就是说,在几万年的时间里,人们对这些东西一无所知。后来,只是在一两千年之前,代达罗斯*、俄耳甫斯和巴拉米德斯**才发明了一些东西,马叙阿斯***和奥林匹斯发明了音乐,安菲翁****发明了竖琴,还有许多人发明了其他的东西。这些东西,可以说,就像是出现在昨天或前天。 677d

雅典人:噢,克莱尼亚,你漏掉了你的朋友,他正是昨天的人!

克莱尼亚:我想你是指埃庇米尼得斯吧？

雅典人:是的,我的朋友。他在发明方面确实超过了所有人。就像你们克里特人说的,对于赫西奥德早就猜到并谈到了的东西,他在实践中发明出来了。 677e

克莱尼亚:我们是这么说的。

雅典人:那么,我们是否可以说,在大洪水之后,人类处于这种状况,有广阔而可怕的荒凉之地,也有大片富饶的土地,大

---

* 代达罗斯:希腊神话中的人物,艺术家、雕刻家和建筑师,曾为克里特国王米诺斯建造迷宫。——译者注

** 巴拉米德斯:希腊神话中的英雄、智者,此人勤奋、聪明、正直、英俊,他发明了很多东西,包括灯塔、度量器和骰子等。他在腓尼基字母表中加上了4个新的字母,创造了数目、钱币、历法等。——译者注

*** 马叙阿斯:希腊神话中的森林女神。据传说,马叙阿斯捡到了雅典娜扔掉的长笛,练习吹奏技艺后,向阿波罗提出挑战。双方约定,胜利者可以任意处置失败者。结果,阿波罗获胜了,马叙阿斯被阿波罗剥了皮。——译者注

**** 安菲翁:希腊神话中宙斯的儿子。安菲翁热爱音乐,阿波罗十分喜爱他,就送给了他一把竖琴。安菲翁的琴声十分优美,甚至能感动树木和石头。据传说,他用弹奏竖琴的魔力建造了底比斯城。——译者注

678a 多数动物都消失了，幸存下来的为数不多的牛和羊供养着照料它们的牧民。

克莱尼亚：是的。

雅典人：至于我们现在讨论的城邦、政治制度和立法，我们是否认为，他们对这些问题还有些许的记忆呢？

克莱尼亚：一点也没有。

雅典人：我们现在所拥有的一切——政治制度、技艺和法律，就是从这种状态发展过来的。是不是呢？

克莱尼亚：你说的是什么意思呢？

678b **雅典人：**我们是否可以认为，那个时代的人对城邦生活中的美好事物和邪恶事物都缺乏经验，他们要么是完全善的，要么是完全恶的？

克莱尼亚：我明白你的意思，你说得很对。

雅典人：但是，随着时间的推移和种族的增加，世界变成了现在的样子。

克莱尼亚：非常正确。

雅典人：毫无疑问，这种变化不是瞬间发生的，而是经过很长一段时间慢慢发生的。

678c **克莱尼亚：**是的，很有可能。

雅典人：我猜想，从高处到平原的恐惧，在每个人的耳朵里回荡着。

克莱尼亚：当然了。

雅典人：那时候幸存下来的人很少，这让他们渴望彼此相见。但是，由于技艺的丧失，陆路和海上的交通工具几乎完全
678d 消失了，所以，我想，他们的交往非常困难。铁、铜和所有矿山中的金属都因被洪水淹没而消失了，所以提取金属极其困难。

因此,他们几乎不能砍伐木材。即使在山上的某个地方碰巧剩下一些工具,也很快就磨损消失了。在冶金术再次复兴之前,没有新的工具出现。

克莱尼亚:是这样的。

雅典人:我们认为,这种状况要持续几代人。

克莱尼亚:显然,要很多代人。 678e

雅典人:那么,在那段时间以及之后的很长一段时间里,所有需要铁、铜和此类东西的技艺都会消失,是吗?

克莱尼亚:当然了。

雅典人:而且,由于种种原因,内战和战争在那段时间也消失了。

克莱尼亚:为什么呢?

雅典人:首先,因为孤寂,人们相互都很友善,彼此爱慕。其次,他们没有必要为食物而争吵,因为大多数人以放牧为生,
除了在一开始对于某些人外,他们都不缺少牧场。在那个时 679a
代,人们从牧场获得大部分食物,有大量的牛奶和肉。此外,他们还通过打猎获得食物,这些食物质量不差,数量也不少。他们还有充足的衣物、寝具、房屋、炊具和其他器具。制陶和编织
不需要使用铁,神赐给人类这两种技艺,是为了使人类在陷入 679b
困境的时候,能够有办法生存和繁衍。因此,那时人们并不很穷,就不会因为贫穷而争吵。另外,因为没有金银,他们也不可能富有。当时的情况就是这样。一个既不贫穷也不富裕的社
会通常能产生最高尚的品格,因为那里没有傲慢和不正义,也 679c
没有争执和嫉妒。

人们都是好人,不仅出于上述这些原因,也因为他们所谓的"天真"。每当他们听到那些被称为善或恶的东西时,由于

单纯,他们会认为所听到的是真理并相信它。没有人像现在的人那样精明,也没有人怀疑别人在说谎。他们相信自己听到的关于诸神和人类的事情,并据此安排生活。这就是为什么他们会像我们刚才描述的那样。

679d **克莱尼亚:**我和我的这位朋友都同意你的说法。

雅典人:我们是不是可以说,这些人世世代代以这种方式度过一生,他们不熟悉、不了解一般的技艺,特别是现在陆地和海上战争方面的技艺。他们不懂得城邦中战争的技艺,这种战
679e 争被称为诉讼和内讧,也不了解人们之间互相伤害的各种言语和行为的伎俩。虽然他们在这些方面不如洪水以前的人和我们这个时代的人,但是我要说,他们是更单纯、勇敢、节制和正义的。而其中的原因我们已经解释过了。

克莱尼亚:你说得对。

雅典人:我们刚才说的和接下来要说的,都是为了让我们
680a 了解,那个时代的人对法律有什么需要,以及谁是他们的立法者。

克莱尼亚:你说得很好。

雅典人:人们那时还不需要立法者,是不是呢?在那个时代,法律这类东西可能并不存在,因为当时还没有文字。人们遵循习俗和所谓的"祖传礼法"来生活。

克莱尼亚:很有可能是这样的。

雅典人:但是,当时已经存在一种政治制度了。

克莱尼亚:是什么呢?

680b **雅典人:**如果我没有弄错的话,它通常被称为"王朝制",这在希腊和其他许多地方现在仍然存在。这大概就是荷马所

说的与独眼巨人*家族有关的政治制度。他说:

“他们既没有议事的集会,也没有法律,

他们住在深山老林的峰顶或者阴森幽暗的山洞里,

男子只管束自己的妻子儿女,从不管别人的事情。”** 680c

克莱尼亚:你们的这位诗人似乎很有魅力。我还读过他的其他一些诗,写得都非常好。但我不太了解他,因为克里特人很少读外邦诗人的诗。

梅吉卢:但我们斯巴达人喜欢读荷马的诗,虽然他所描述
的生活方式不是斯巴达式的,而是伊奥尼亚式的,但我们认为 680d
他是同类诗人中的佼佼者。在他的传奇故事中,他把独眼巨人的原始习俗归因于他们的野蛮生活,这似乎证实了你的说法。

雅典人:是的,他证实了这一点。所以,他的话可以证明,这种政治制度有时确实会出现。

克莱尼亚:非常正确。

雅典人:由于大灾难造成的混乱,人们分散在各个家庭或
部族中,这种政治制度起源于此,是吗?最年长的人凭借父母 680e
传下来的权威来统治,其他人都服从他,人们像一群鸟一样聚在一起,在父权政府和王权之下形成一个群体,而这种统治是最公正的。是不是呢?

克莱尼亚:非常正确。

雅典人:此后,他们聚集在一起,形成更大的群体。他们起
初在山脚下耕作,用碎石做围墙来抵御野兽,之后就建造了一 681a
个大型的公共住所。

---

* 独眼巨人:希腊神话中的巨人,因其在额头上有一只独眼而得名。——译者注

** 摘自荷马的史诗《奥德赛》。——译者注

克莱尼亚：是的，很可能是这样的。

雅典人：还有一件事可能会发生。

克莱尼亚：什么事？

雅典人：较小的原始居住地发展成为较大的居住地，形成了一个个群体，每个群体由最年长的人统治。由于他们彼此分离，养育他们的父辈有差异，因此，他们在神的和人的事务上有
681b 各自不同的习俗。当祖先的天性中有秩序的因素时，他们的习俗就会倾向于秩序，当祖先的天性中有勇敢的因素时，他们就更勇敢。他们自然会把自己的喜好传给自己的孩子和孩子的孩子。就这样，正如我们所说的，这些人带着自己独特的法律，加入更大的群体中。

克莱尼亚：的确如此。

681c **雅典人**：毫无疑问，每个群体都对自己的法律感到满意，而对其他人的法律则不那么满意。

克莱尼亚：的确。

雅典人：那么，我们现在似乎已不知不觉地发现了立法的起源。

克莱尼亚：确实是的。

雅典人：下一步必须做的事是，这些人聚在一起，选出一些
681d 代表审查所有的习俗，向部落首领（可以说是他们的王）公开告知自己最喜欢的习俗并建议其采纳。这些代表被称为立法者，他们任命官员，建立贵族制或君主制，然后就在转型了的政治体制中实施统治。

克莱尼亚：是的，事情就是这样一步一步地发展。

雅典人：那么，现在让我们来谈谈第三种政治制度，在这里，政治体制和城邦的所有形式和特征都出现了。

克莱尼亚：它是什么呢？

雅典人：这就是荷马在第二种形式之后提到的。当他说到 681e
第三种形式的产生时，他的诗是这样写的：

“他创建了达尔达尼亚，那时，神圣的伊利昂，

这座庇护一方民众的城邦尚未出现在平原之上，

人们居住在多泉的伊达山坡。”*

的确，他的这些诗句，以及那些关于独眼巨人的诗句，在某 682a
种程度上说出了神和自然的话语。要知道，诗人们在吟诵时会受到神的启示，在美惠女神**和缪斯的帮助下，往往能说出实际发生的事情。

克莱尼亚：的确是这样的。

雅典人：那么，现在让我们继续讲这个故事，它可能会为我们正在讨论的问题提供一些线索。我们应该这样做吗？

克莱尼亚：当然了。 682b

雅典人：我们推断，当人们从山上下来的时候，伊利昂在一个大而平坦的小山上建立起来了，这里有许多从伊达山流下来的河流。

克莱尼亚：故事就是这么讲的。

雅典人：我们是不是认为，这事发生在大洪水之后许多年？

克莱尼亚：是的，许多年之后。

雅典人：人们把城邦建在那些从山上流下来的河流附近，
依靠不高的小山丘保障安全。此时，他们似乎令人惊讶地忘记 682c

---

* 摘自荷马的史诗《伊利亚特》。——译者注

** 美惠女神：希腊神话中的三位美丽的女神，即光辉女神阿格莱亚、激励女神塔利亚和欢乐女神欧佛洛绪涅。她们是宙斯的女儿，为诸神表演歌舞，也为人类带来美丽和快乐。——译者注

了我们说过的那场灾难。

克莱尼亚：因此，显然，那场灾难对他们来说已经十分久远了。

雅典人：而且，随着人口的增长，许多其他城邦也建立起来了。

克莱尼亚：显然是的。

雅典人：这些城邦对伊利昂发动了进攻，可能是通过陆地，也可能是通过海洋，因为那时人们已不再害怕海洋。

682d **克莱尼亚：**是这样的。

雅典人：在围攻了大概十年之后，亚该亚人攻克了伊利昂。

克莱尼亚：确实是的。

雅典人：在亚该亚人围攻伊利昂的十年里，由于年轻人的暴乱，各个围攻者的家园陷入了邪恶的困境。当士兵们回到自己的城邦和家中时，这些年轻人并没有恰当和公正地接待他
682e 们，而是以大量的屠杀和流放对待他们。后来，那些被流放的人回来了，他们的名字从亚该亚人改为多利安人，因为是一个叫多里乌斯的人在那个时候把他们聚集起来。后来发生的故事，你们斯巴达人在传说中都详细讲述了。

梅吉卢：当然了。

雅典人：我们在开始讨论法律时，就离题到音乐和会饮上去了，现在，就好像是诸神的旨意，我们又回到法律的话题。现
683a 在我们谈到了斯巴达的建立，正如你们所说，它的建立所依据的法律与克里特的法律如同姐妹。通过这些迂回曲折的论证，通过讨论政治体制和城邦的建立，我们收获颇丰。我们看到，第一种、第二种和第三种城邦一个接一个地在漫长的时间里被建立起来。现在我们发现了第四种城邦（如果你们愿意，也可

以称之为民族)。它被建立过,现在还要继续被建立。从所有 683b
这些中,如果我们能够辨别,什么样的建邦是好的,什么是不好的,什么法律拯救了被拯救的,什么法律毁灭了被毁灭的,以及具体什么变化会让城邦幸福,那么,梅吉卢,克莱尼亚,除非我们发现之前的讨论有不对劲的地方,我们应该再次讨论这些事情。

梅吉卢:先生,如果某位神答应我们,在第二次尝试考察立 683c
法时,我们的讨论与刚才的相比,既不会变差也不会变短,那么,就我个人而言,我愿意走很长的路去谈论它,我还会觉得,像这样长的一天太短了,虽然现在我们快到了一年中最长的一天。

雅典人:那么,我想我们必须考察这个问题了。

梅吉卢:肯定是的。

雅典人:那么,梅吉卢,让我们设想一下,在那个时代,斯巴
达、阿尔戈斯、迈锡尼和邻近的地区,都完全服从于你们的祖 683d
先。后来,正如传说告诉我们的那样,他们把军队分成了三个部分,建立了三个城邦:斯巴达、阿尔戈斯、迈锡尼。

梅吉卢:非常正确。

雅典人:特尔弥努斯当了阿尔戈斯的王,克利斯芬提斯当了迈锡尼的王,普罗克勒斯和欧律斯提尼当了斯巴达的王。*

梅吉卢:的确是的。

雅典人:当时所有的人都发誓,如果有人企图推翻王位,他 683e
们会帮助这些王。

梅吉卢:是的。

---

* 特尔弥努斯、克利斯芬提斯、普罗克勒斯、欧律斯提尼:希腊传说中的王。——译者注

雅典人：以宙斯之名！除了统治者自己之外，君主制或其他形式的政治制度难道还能被别的什么摧毁吗？当然不能。我们刚才在谈到这个问题时曾说过，是不是现在已经忘记了？

梅吉卢：我们怎么可能忘记呢？

雅典人：那么，我们现在可以更加肯定这一点了。因为，看起来，我们讨论的事实让我们得出了同样的结论。因此，在继
684a 续讨论的时候，我们应当依据的是实际发生过的事，而不是空洞的理论。

事实是这样的：三位王和他们统治下的城邦，根据他们所制定的对统治者和臣民同样有约束力的法律互相宣誓。三位王承诺，他们的统治不会随着时间的推移和城邦的进步而变得更加严厉。臣民们发誓说，只要统治者信守承诺，他们就永远
684b 不会颠覆王权，也不会允许其他人这样做。三位王发誓，他们会帮助蒙冤受屈的君王和臣民，臣民们也发誓要帮助蒙冤受屈的臣民和君王。

梅吉卢：是这样的。

雅典人：无论立法者是君王还是其他人，确立这三个城邦政治制度的法律，其中最重要的是不是这条……

梅吉卢：哪条？

雅典人：如果哪个城邦不遵守已经制定的法律，另外两个城邦就要联合起来反对它。

梅吉卢：显然是这样的。

684c **雅典人**：当然，大多数人认为，立法者应该制定民众愿意接受的法律。这就像要求教练或医生以令人愉快的方式训练学生或治疗病人一样。

梅吉卢：确实是的。

雅典人:但事实上,一个人如果能在不遭受太大痛苦的情况下使身体强壮健康,他一定会满意的。

梅吉卢:当然。

雅典人:当时的人还有另一个优势,这对立法很有帮助。 684d

梅吉卢:什么优势?

雅典人:他们的立法者在确立财产平等的过程中,不会受到重大的谴责。而其他城邦的立法者会受到这种谴责,因为他们会改变土地所有权或免除债务,他们认为,没有这些措施,就不可能有真正的平等。在这种情况下,如果立法者试图实施这
些措施,每个人都会对他大喊"住手",如果他重新分配土地和 684e
免除债务,大家就会诅咒他,最终使他陷入困境。而多利安人有一个优势,那就是,立法者可以毫无争议地分割土地,完全不担心受到谴责,而且那里也没有积累下来的巨额债务。

梅吉卢:确实是的。

雅典人:但是,我的朋友们,为什么他们建邦和立法的结果很糟糕呢?

梅吉卢:你是什么意思?你责怪他们什么呢? 685a

雅典人:这就是,当时有三个城邦建立起来了,但其中两个城邦的制度和法律很快就瓦解了,仅有一个存留下来,就是你们的城邦斯巴达,梅吉卢。

梅吉卢:你这个问题不容易回答。

雅典人:但是我们必须思考和研究这个问题,就像我们在
旅程开始时所说的,我们要玩这个适合老人的关于法律的游 685b
戏,以此轻松地消磨旅程。

梅吉卢:当然,我们必须照你说的去做。

雅典人:有什么法律比这些城邦的法律更值得我们研究

呢？还有哪些更大、更有名的城邦，值得我们去探究它们的建立呢？

梅吉卢：很难找到。

雅典人：很明显，你们祖先的这种安排不仅是为了保护伯
685c 罗奔尼撒人，也是为了保护所有的希腊人不受外邦人的攻击。这就像生活在伊利昂附近的人们，曾经依靠尼诺斯的亚述帝国的支持，大胆地对特洛伊发动了战争。亚述帝国的威望至今仍在。那时的人们害怕亚述帝国，就像我们现在害怕波斯王一
685d 样。由于特洛伊是亚述帝国的一部分，对特洛伊的第二次攻占使希腊人遭到亚述帝国严重的指责。当时，为了应对危险，多利安的军队被组织并分配在三个城邦中，由三个君王（他们是赫拉克勒斯的三个儿子）指挥。这似乎是一个合理的安排，比远征特洛伊的军队要好得多。因为，首先，人们认为，赫拉克勒斯的儿子们比珀罗普斯*的儿子们更适合成为指挥官。其次，
685e 人们认为这支军队比攻打特洛伊的军队更勇敢，因为它是打了胜仗的多利安的军队，而后者是被多利安人打败了的亚该亚的军队。我们认为，这就是当时人们作出这种安排的意图，是不是呢？

梅吉卢：当然是这样的。

686a **雅典人**：难道他们不认为，这是一种稳定的安排，并可能持续相当长的时间吗？要知道，他们共同经历了许多艰辛和危险，被同一个家族的皇室兄弟们统治，而且，他们还请教了许多先知，特别是特尔斐的阿波罗。

梅吉卢：他们当然会这么认为。

---

* 珀罗普斯：希腊神话中的人物，流亡到希腊。——译者注

雅典人:然而,这些美好的期望,似乎都迅速消失了,除了我刚才说的你们斯巴达的那一小部分。而时至今日,斯巴达从 686b
未停止过与其他两个城邦的交战。如果最初的安排能够实现,如果它们能够形成统一联盟,那它们在战争中就会拥有不可战胜的力量。

梅吉卢:毫无疑问是这样的。

雅典人:那么,一个如此伟大的联盟是如何以及以何种方式被摧毁的呢?这是一个非常值得思考的问题。

梅吉卢:是的,如果忽略了这些,几乎不可能在其他法律或 686c
政治制度中找到保存或完全破坏如此美好和伟大的事物的更为显著的例子。

雅典人:看来,我们很幸运地开始充分的讨论了。

梅吉卢:的确如此。

雅典人:噢,我亲爱的朋友,是不是所有的人都像我们现在这样,每当看到一件好东西时,就会无意识地认为,只要懂得怎
样正确地利用它,它就会取得惊人的成就?但是,如果我们对 686d
正在讨论的事情抱有这样的想法,那就可能是错误的,而且是违反自然的。同样的道理也适用于人们用这种方法看待其他事物的情况。是不是呢?

梅吉卢:你指的是什么,是什么意思?

雅典人:哎呀,我亲爱的朋友,我刚才是在自嘲呢。因为,当我想到我们讨论的这支军队时,我觉得,如果当时有人把它
使用得很好的话,它会是希腊人拥有的一份绝妙而惊人的财 686e
产。

梅吉卢:我们赞同你说的话,这些话正确而且有智慧,不是吗?

雅典人：也许吧。我不能不注意到这一点，那就是，任何一个看到强大、有力的东西的人，立即就会感到，如果拥有这个伟大而高贵的财产的人知道如何使用它，这个人就会取得许多成果并因此变得快乐。

687a **梅吉卢**：这不是正确的吗？你怎么看？

雅典人：想想看，一个人若想正确地称赞某物，他应该称赞哪些方面。首先，就我们正在讨论的问题来看，如果当时的指挥官知道如何恰当地安排军队，那他们怎样才能充分利用时机获得成功呢？是不是这样：他们让军队牢牢地团结在一起并一直保持它，这样就能既维护自己的自由，又统治自己想统治的人，并且，对于所有的人，无论是希腊人还是非希腊人，他们和
687b 他们的后代都可以随意摆布。这不正是他们受到赞扬的原因吗？

梅吉卢：的确是的。

雅典人：当一个人看到巨大的财富，或一个特别高贵的家庭，或任何类似的事情后，就会说这种赞扬的话，因为他认为，有了这些，一个人可以获得自己所渴望的一切或者其中大部分而且是最有价值的部分。是不是呢？

梅吉卢：很有可能是这样的。

687c **雅典人**：嗯，现在，我们的讨论是不是说明，所有的人都有一个共同的愿望？

梅吉卢：什么愿望？

雅典人：如果可能，事情要按照自己灵魂的愿望发生，最好所有的事情都是这样，如果不是，那至少人类的事情要这样。

梅吉卢：的确。

雅典人：我们所有人在童年、成年和老年时总是有这样的

愿望,难道我们不应该一直为此祈祷吗?

梅吉卢:当然了。

雅典人:那么,想必我们也会与自己的朋友一起祈祷,祝福 687d
他们能够如愿以偿。

梅吉卢:的确。

雅典人:儿子是父亲的朋友,虽然一个是孩子,另一个是成年人。

梅吉卢:是的。

雅典人:但是,儿子祈祷得到许多东西,父亲却常常向神祈祷,不要让儿子得到所祈求的东西。

梅吉卢:你是说,那个祈祷的儿子缺乏理智并且还年轻?

雅典人:是的。还有,父亲在年纪大了时或太年轻时,不知 687e
道什么是好的,什么是正义的,他像忒修斯反对后来不幸死去的希波吕托斯那样,* 情绪激烈地祈祷。而儿子却相反,他知道什么是好的和正义的。在这种情况下,你认为儿子会加入父亲的祈祷吗?

梅吉卢:我明白你的意思。我想,你的意思是说,一个人不应该祈祷或努力争取让一切都顺应自己的愿望,因为他的愿望可能并不符合理性。而每个城邦、每个人都应该为理智而祈祷和奋斗。

雅典人:是的。立法者在制定法律时,必须经常注意这一 688a
点。而且,我还要提醒你们和我自己回忆一下,你们是否还记

---

* 忒修斯是传说中的雅典国王,希波吕托斯是忒修斯的儿子。希波吕托斯因藐视爱神阿弗洛狄忒而使爱神十分恼怒,于是爱神设法让希波吕托斯的继母费德尔爱上希波吕托斯。希波吕托斯拒绝了费德尔的勾引,费德尔蒙羞自杀并在遗书中诬陷希波吕托斯。忒修斯相信了费德尔的话,用海神的诅咒处死了希波吕托斯。——译者注

得，一开始时我们是怎样说的？你们俩坚持认为，好立法者应该以战争为目的来制定所有的法律。对此，我回答说，有四种美德，但在你们看来，只有其中之一是立法的目的。我认为，立
688b 法者应当重视一切美德，尤其是排在第一位的、统领其他美德的美德，这就是明智、理性和意见以及伴随它们的爱和欲望。现在争论又回到同一个问题上来了，我现在重复我先前的话，你们可以当作开玩笑，也可以认真对待，反正我坚持认为，对于
688c 缺乏理智的人，祈祷是很危险的，因为这很可能以事与愿违的结果告终。

如果你们认真对待我的观点，就会发现，正如我们以前所说的那样，君王们和整个计划灭亡的原因不是指挥官或被指挥的人懦弱或缺乏战争知识，毁掉他们的是其他各种各样的邪
688d 恶，尤其是对人类最重要的事情的无知。过去是这样，现在是这样，将来也会是这样。因为我们是朋友，所以，如果你们愿意，我会尽我最大的努力，在接下来的讨论中充分论证并向你们解释清楚。

克莱尼亚：请你说下去吧，先生。言语的赞美是很庸俗的，我们会用行动而不是语言来表明我们是多么珍惜你的话语。我们会热切地倾听你说话，这是一个自由人表示赞成或反对的最好方式。

688e **梅吉卢：**说得好，克莱尼亚！我们就照你说的做吧。

克莱尼亚：当然，如果神允许。请继续吧。

雅典人：好吧，那么，按照我们的论证思路，当时正是最大的无知毁灭了强大的帝国，而现在和过去一样，无知自然也会产生同样的结果。如果是这样的话，立法者必须努力向城邦注入明智，并尽其所能消除无知。

克莱尼亚:的确如此。

雅典人:那么,现在想想,什么是最大的无知?考虑一下, 689a
你们是否同意我的说法。我认为是这种无知……

克莱尼亚:哪一种?

雅典人:最大的无知是,一个人憎恨而不是热爱自己认为是好的和高尚的东西,而喜欢和欢迎自己认为是邪恶和不正义的东西。在我看来,痛苦和快乐的感觉与符合理性的意见之间的不一致是最严重的和最大的无知,因为它影响着灵魂的主要
部分。灵魂中感受痛苦和快乐的部分相当于城邦中的民众或 689b
多数人。当灵魂与自己的自然主宰——明智、理性和意见——相抵触时,就是我所说的无知。这种情况发生在城邦中,就是民众拒绝服从统治者和法律;发生在个人身上,就是正确的理性存在于灵魂中,却没有带来好处,而是恰恰相反。我
认为,所有这些情况,无论对个人还是对城邦,都是极不和谐 689c
的无知,但这不是工匠的那种无知。先生们,希望你们能懂我的意思。

克莱尼亚:是的,我的朋友,我们明白并且同意你说的话。

雅典人:那么,我们就作出下面的决定和声明。与统治有
关的任何东西都不应给予在上述方面无知的人,这些人即使精 689d
于算计、精通各种技艺,也要被指责为无知。与之相反的人则被称为"智者",即使他们像谚语所说的那样,"既不会读书,也不会游泳"。他们是有理智的人,应该把官职授予他们。朋友们,如果没有和谐,哪怕是最小的明智也不可能存在。而最大和最好的和谐应该被认为是最大的明智,依据理性生活的人都拥有它。而没有这种明智的人会毁坏家庭,这种人绝不是城邦
的救星,由于在这些问题上的无知,他只能起负面作用。那么, 689e

像我们刚才说的,就把这些作为我们对这个问题的声明吧。

克莱尼亚:好的,就这样说定了。

雅典人:我认为,城邦中必定有统治者和臣民。

克莱尼亚:当然了。

690a **雅典人:**很好。那么,在大的或小的城邦和家庭中,在统治和被统治的问题上,有哪些,又有多少公认的资格?难道父亲和母亲不是其中的一种吗?人们普遍认为,父母对后代有统治的资格,是吗?

克莱尼亚:的确是的。

雅典人:接下来的是,出身高贵的人统治出身低贱的人。第三种是不是,长者统治,年轻人服从?

克莱尼亚:确实是的。

690b **雅典人:**第四是,奴隶被统治,而他们的主人应该统治。

克莱尼亚:当然。

雅典人:第五,如果我没弄错的话,就是强者统治,弱者被统治。

克莱尼亚:这是必然的。

雅典人:是的,这是一种普遍存在于所有生物之中的规律,就像底比斯的诗人品达*曾经说过的那样,这是“符合自然”的。看来,最重要的是第六种,它要求无知的人服从,而明智的
690c 人应当领导和统治。的确,最聪明的品达啊,这当然不是违反自然的,而是符合自然的,因为这是对自愿服从的臣民的统治,依靠的是自然的法律规则,而且没有暴力。

克莱尼亚:非常正确。

---

* 品达:古希腊诗人,擅长写抒情诗。——译者注

雅典人:第七种统治是诸神的恩惠和好运。我们让人们抽签并宣布,抽到了赢签的人统治,抽到输签的人服从并被统治,这是十分公正的。

克莱尼亚:你说得对。

雅典人:"那么现在,"我们对那些轻率地制定法律的人开 690d
玩笑地说,"你看,立法者,有多少统治的资格,而它们在本质上又是如何相互对立的?我们现在发现了内乱的根源,你必须加以补救。首先,请和我们一起思考一下,阿尔戈斯和迈锡尼
的君王是如何以及为什么在这些问题上走错了路,毁灭了他们 690e
自己和当时极其辉煌的希腊?难道不正是由于他们对赫西奥德那句正确的话的无知吗?那句话说,'一半常常大于全部'*。意思是,在获得全部是危险的、而得到一半是安全的和适度的情况下,适度要比过度多,因为前者比后者好。"

克莱尼亚:这是非常正确的。

雅典人:那么,我们的观点是不是,这种无节制出现在君王之中比出现在民众之中更致命?

克莱尼亚:也许这主要是君王的一种疾病,他们因生活奢 691a
侈而变得傲慢。

雅典人:当时的君王们首先受到这种欲望的驱使,那就是想要获得比法律所允许的更多的东西,而这与他们在言语和誓言中的保证不一致。这难道不是显而易见的吗?这种不一致看似是一种智慧,但实际上,正如我们所说的,是最大的无知。由于不协调和不和谐,它破坏了一切。是不是呢?

克莱尼亚:看起来的确如此。

---

* 摘自赫西奥德的诗《工作与时日》。——译者注

691b **雅典人**:那么,立法者应该采取什么措施来避免这种灾难呢?说实在的,现在要明白这一点并不需要多大的智慧,说出答案也轻而易举。但是,如果当时有可能预见到这一切,预言者就比我们聪明,不是吗?

梅吉卢:你指的是什么?

雅典人:如果看到发生在你们斯巴达人身上的事,梅吉卢,就很容易明白,明白后也就很容易说出当时应该做什么。

梅吉卢:请再讲清楚一点。

雅典人:最清楚的说法大概是这样的……

梅吉卢:什么呢?

691c **雅典人**:如果无视适度原则,给予一个事物的力量太大了,比如给船只过大的帆,给身体过多的食物,给一个人过大的权力,那一切就会乱套。过度的放纵,有时会导致疾病,有时会产生不正义。那么,我的朋友们,我们的结论如下。世上没有一个人的灵魂,在其年轻且不负责任时,能够担负起人类中最大
691d 的统治权力。其结果总是,这种灵魂患上了无知这一严重的疾病,因此会遭到最亲密的朋友的憎恨。当这种情况发生时,灵魂自己很快会被毁灭,所有的权力也会从它身上消失。伟大的立法者应该懂得适度,以此来防范这种情况。现在看来,那个时期发生的事情可能是这样的……

梅吉卢:是什么呢?

雅典人:首先,有一位神守护着你们,他预见到未来,让你
691e 们有两个王而不是一个王,这样就可以把王权限制在适度的范围内。之后,一个把人的自然本性与某种神的力量融合在一起了的人发现,你们的统治体制仍然是狂热的,他就把老年人的
692a 适度和王族的固执结合起来,在重大事务上,赋予 28 位长老与

君王同等的权力。接着，你们的第三个救世主看到你们的统治体制仍然在膨胀，就用五长官的权力约束它，这类似于通过抽签来控制权力的办法。通过这种安排，王权由正确的元素混合而成，并且有了节制，既保全了自己，也成为保全城邦其他方面的原因。如果这件事发生在忒墨诺斯和克瑞斯丰忒斯以及他 692b
们那个时代的立法者身上，不管这些立法者是谁，即使是阿里斯托德穆斯的那部分也保全不下来。他们在立法方面经验不足，否则他们肯定不会认为，在一个年轻的灵魂被赋予了一种可能使其变成僭主的权力时，可以用发誓的方式把它控制在适度的范围之内。神已经指示我们，若要长治久安，那时候和现在应当怎样做。现在弄清楚这些事情，就像我一开始说的，并 692c
不需要什么智慧，因为从过去的事情中作出推论并不困难。但是，如果当时有人能预见到这一切，能够调和三个王国并将它们统一起来，他就可以挽救当时设想出来的所有的优秀的制度，就不会有人轻视我们，认为我们是无足轻重的民族，波斯人或其他人也就不会来攻打希腊。

克莱尼亚：的确是的。

雅典人：噢，克莱尼亚，希腊人打败波斯人的方式是可耻 692d
的。我说的"可耻"不是指他们没有在陆地和海上取得辉煌的胜利。在我看来，"可耻"的是，首先，这三个城邦中只有一个保卫希腊，而另外两个城邦极端腐败。其中一个甚至竭尽全力与斯巴达交战，妨碍斯巴达协助防卫。而另一个，阿尔戈斯，在 692e
最初的领土划分中居首位，在被号召去帮助抵抗外邦时，它既不理睬，也不提供帮助。关于这场战争，有许多对希腊的不恰当的指责。而事实上，我们不能说希腊击退了入侵者。如果不是雅典人和斯巴达人联合起来抵抗威胁着自己的奴役，现在几 693a

乎所有的希腊种族都会混在一起了，外邦人混杂在希腊人中，希腊人也混杂在外邦人中，就像被波斯人的暴政统治的那些民族，他们被分散后又聚集，在悲惨的散居中生活。

啊，梅吉卢，克莱尼亚，我们对过去的和现在的所谓政治家
693b 和立法者提出这些指责，为的是通过分析他们失败的原因，找出本该采取的不同办法。例如，我们刚才说过，通过立法确立一个强大的或纯粹的统治权力是错误的。一个城邦应该是自由的、明智的、和谐的，一个立法者应该为此目的而立法。

顺便说一下，我们多次提出立法者在立法中应该达到的目
693c 标，而这些目标显然每次都不相同，我们不必对此感到惊讶。当我们说目标是节制，或是明智，或是友谊时，我们应当明白，所有这些目标实际上是相同的。所以，当我们遇到这种情况时，没有必要感到困惑。

克莱尼亚：再次讨论这些问题时，我们要注意这一点。现在，说到友谊、明智和自由，我希望你能告诉我，在你看来，立法
693d 者的目标是什么。

雅典人：那就请听我说。政治体制有两种母形式，其余的体制都源自这两种形式。一种被称为君主制，另一种被称为民主制。前一个在波斯达到极致，后一个在我们那里达到极致。其他的，就像我刚才说的，都是这两者的变体。那么，要想拥有
693e 自由、友谊和明智，就必须同时拥有这两种形式。这就是我们的讨论要强调的，缺少这两者中的任何一个，城邦都不能得到很好的治理。

克莱尼亚：的确如此。

雅典人：过分地倾向于君主制，或过分地倾向于自由制，都无法做到适度。你们的城邦，斯巴达和克里特，在这方面做得

比较好。雅典和波斯的政治体制在过去也是适度的，但现在不 694a
那么适度了。我们来解释一下原因，好吗？

克莱尼亚：当然了，这有助于我们的论证。

雅典人：那么，请听我讲。在居鲁士的统治下，波斯人在奴役和自由之间保持着适度。他们在为自己赢得了自由后，又成为许多其他民族的主人。统治者给予臣民一定的自由并赋予他们与自己平等的地位。结果，士兵们对指挥官很友好，并在
危险时刻表现出忠诚。而且，如果他们中间有智者，能提出好 694b
的建议，他就把自己的智慧传给大家。对此君王不会嫉妒，相反，他允许充分的言论自由，并尊重那些给他出主意的人。因此，由于自由、友好和分享理智，当时他们在各方面都发展得很好。

克莱尼亚：确实如此。

雅典人：那么，波斯是如何在冈比西斯的统治下被毁灭，而 694c
在大流士的统治下又几乎恢复的呢？你们想让我们像占卜者一样，把它弄清楚吗？

克莱尼亚：是的，这无疑与我们的话题有关系。

雅典人：我猜想，居鲁士虽然是一位伟大的、热爱自己城邦的将领，但他却完全不懂什么是正确的教育，也从不顾及家庭管理。

克莱尼亚：为什么这么说呢？

雅典人：很有可能，他从年轻时起，一生都在从军，而把自 694d
己的孩子交给妇女抚养。这些妇女把孩子们当作命运的宠儿养大，仿佛这些孩子已经得到了神的青睐，不缺乏神的恩惠。她们以为自己的孩子生来就很幸福，不允许任何人以任何方式反对这些孩子，并且强迫大家赞美孩子们的一言一行。这就是

她们抚养孩子的方式。

克莱尼亚：听上去，这是很好的教育啊！

694e **雅典人：**这是女性化的教养，孩子们是由王室的新贵女人抚养长大的。妇女在男人不在家的情况下独自抚养孩子，因为男人们忙于战争和应对危险，没有时间照顾孩子。

克莱尼亚：有道理。

雅典人：父亲为自己的孩子获取了大量牛、羊等牲畜，还有
695a 许多人和其他动物。但是，他没有考虑到，这些财富的继承人没有受过他自己那种波斯人的技艺训练。要知道，波斯人是牧人，生活在崎岖不平的山地上，他们很坚韧，能成为强壮的牧人，能在野外露营、不睡觉地放哨，并随时可以参加战斗。居鲁士没有察觉到，妇女和宦官对他的儿子们的教育方式是特殊
695b 的，这是一种被所谓的米堤亚*人的幸福腐化了的教育。这样，孩子们像没有受过管教一样，成了肆意妄为的人。居鲁士死后，他的儿子们继承了王位，他们生活奢侈，放纵无节制。起初，一个儿子因为无法忍受平等而杀死了另一个儿子。后来，杀人者因酗酒和放纵而失去了理智，他的统治被米堤亚人和一个当时被称为“宦官”的人推翻了，这个宦官十分鄙视冈比西斯的愚蠢。

695c **克莱尼亚：**传说是这样的，而事实很可能也是这样的。

雅典人：是的。传说还说，大流士和七人团使统治权又回到了波斯人手中。

克莱尼亚：是这样的。

---

* 米堤亚：指米堤亚王国，又称米底王国、玛代王国、米底亚王国，是古伊朗的一个王国。——译者注

雅典人：让我们继续后面的故事，看看事情如何发展。大流士不是国王的儿子，也没有在娇惯纵容中长大。后来，他和六个同伴夺取了政权，把城邦分成了七部分，这种安排至今还留有一些模糊的痕迹。他制定法律，引入普遍平等的原则，还 695d 将居鲁士向波斯人许诺贡品的事写入了法律。这样，他在波斯人中创建了友谊和共同体，并用金钱和礼物赢得了民众的支持。正因为如此，他的军队十分忠诚，为他赢得了比居鲁士遗留的还多的土地。在大流士之后，继位的是他的儿子薛西斯，他在后宫骄纵的教养下长大。我们或许可以公正地说："大流士啊，你怎么能忽视居鲁士致命的错误，用居鲁士养育冈比西 695e 斯的方式来养育薛西斯？"薛西斯受到了和冈比西斯一样的教育，所以也遭受了和冈比西斯一样的不幸。从那时起，除了在名义上，波斯几乎没有再出现过一个真正的"伟大"君王。我认为，这种情况不是偶然的。其原因是，极度富有的君主的儿 696a 子们过着邪恶的生活。无论孩子、成人还是老人，如果受到这样的教育，都不会有优秀的品德。对于这一点，我们说，立法者必须留心，而且我们自己也必须留心。

噢，我的斯巴达朋友，至少在这个方面你们的城邦应得到公正的赞扬：除非有神谕的指令，你们不会把特殊的荣誉或教 696b 育给富人而不是穷人，或给皇室而不是平民。在一个城邦里，如果一个人特别富有但没有任何美德，或者虽然有一些美德却没有节制的美德，就不应该授予他至高的荣誉，就像不应该仅仅因为一个人敏捷、美丽或强壮就授予他至高的荣誉一样。

梅吉卢：你是什么意思，先生？

雅典人：我想，勇敢是美德的一部分，是吗？

梅吉卢：是的。

雅典人:那么,现在你已经听了我的讲述,请你自己判断一下,你是否会欢迎一个非常勇敢但放纵而无节制的人与你共同居住或成为邻居吗?

696c **梅吉卢**:当然不欢迎。

雅典人:或者一个工匠,在自己的职业方面很聪明,但却不正义,怎么样?

梅吉卢:绝不行!

雅典人:缺乏节制,就不可能正义,是吗?

梅吉卢:是的,不可能。

雅典人:没有节制,也不能成为我们刚才所说的明智的人,而明智的人,他的快乐和痛苦都符合并遵循正确的理性。

梅吉卢:的确。

696d **雅典人**:我们还必须考虑到另一点,就是城邦是否正确地授予了荣誉。

梅吉卢:什么意思?

雅典人:如果灵魂中只有节制而没有其他美德,那么它应该受到赞扬还是应该受到相反的对待呢?

梅吉卢:我不知道该怎么回答。

雅典人:你的回答是十分恰当的。如果你选择我说的其中一个,在我看来都是不妥的。

梅吉卢:这么说,我回答得不错。

696e **雅典人**:对于应该或不应该赞扬的东西的附属品,不值得发表意见,最好是在沉默中忽略它。

梅吉卢:你说的是节制吗?

雅典人:是的。至于其他的东西,把这个附属物加上去,能带来最大好处的就给它最大的赞扬,然后,对于能带来第二大好处的东西给予第二等的赞扬。其余的也是如此,依等次得到应有的赞扬。

梅吉卢:是这样的。 697a

雅典人:是不是应该由立法者决定这些事情?

梅吉卢:当然。

雅典人:难道我们要把这些法律的细节留给立法者吗?我们这些热爱法律的人是不是可以尝试一下,根据重要性,区分出第一等、第二等和第三等?

梅吉卢:当然了。

雅典人:我们认为,一个城邦要持续下去,要在人类力量的 697b
范围内获得幸福,就必须以正确的方式分配荣誉和耻辱。正确的方法是,把与灵魂有关的好东西放在首位和最高的位置,并假定其中必须包含节制。第二是与身体有关的好东西,第三是物质和财产。如果立法者或城邦背离这一规则,把财富置于最高处,或者把较低等级的东西放在较高的位置上,我们能不能 697c
说,这种做法既不虔诚也不符合治邦术?

梅吉卢:是的,我们可以这么说。

雅典人:对波斯人政治体制的考察,使我们能够更详细地讨论这些问题。我们发现,波斯人在不断恶化。我们认为,这其中的原因是,他们过分地剥夺了民众的自由,过于专制,破坏了城邦中的友好和集体情感。这样,统治者治理城邦就不再是 697d
为了被统治者和臣民的利益,而仅仅是为了维护自己的权力。只要认为自己可以获得哪怕是一点点的好处,统治者就会不惜摧毁城邦,让友好的民众处于烈火和荒芜之中。他们残酷无情地憎恨他人,也同样被人们所憎恨。当他们希望民众为他们而战时,他们发现没有人愿意忠诚地冒险作战。结果,虽然他们 697e

拥有无数的臣民,但这些臣民在战争中毫无用处。因此,他们
招募雇佣兵和外邦人来保证自己的安全,好像自己缺少人手似
698a 的。而且,他们变得极其愚蠢,他们以自己的行为宣称,与金银
相比,那些在城邦中通常被认为是光荣和高贵的东西,都是毫
无价值的。

梅吉卢:的确如此。

雅典人:关于波斯人的讨论就到此为止吧。他们现在的情况很糟糕,原因在于过度的奴役和专制。

梅吉卢:当然是的。

雅典人:接下来,我们要以同样的方式来讨论阿提卡的制
698b 度,并以此表明,不受任何权威束缚的绝对的自由,无论如何都
比不上受到适当限制的权力的统治。

在波斯人攻打希腊(或者更准确地说,攻打整个欧洲)时,
我们雅典人有一种古老的政治制度。在这种政治制度下,存在
以财产为依据划分的四个等级。人们有敬畏之心,这种敬畏之
心就像女王一样,使大家心甘情愿地服从法律。波斯在海上和
698c 陆地上的庞大军备使我们陷入无助的恐怖中,迫使我们越来越
服从统治者和法律。由于这些原因,我们之间的友谊大大增强
了。

大约在萨拉米斯海战[*]的十年前,波斯军队在达提斯的率领下抵达。大流士命令达提斯[**]攻打雅典人和埃雷特里亚[***]人,把他们带回来做奴隶,并警告达提斯说,如果做不到,他就

---

* 萨拉米斯岛位于希腊半岛和伯罗奔尼撒半岛之间,公元前 480 年在此爆发了波斯和希腊之间的海战。——译者注

** 达提斯:波斯将领,大流士的部下。——译者注

*** 埃雷特里亚:古希腊的一个沿海的城邦。——译者注

会被处死。在很短的时间内，达提斯率领大军以武力俘获了埃 698d
雷特里亚人。他向雅典传达了一个可怕的消息，那就是，没有一个埃雷特里亚人能逃脱他的魔手，因为达提斯的士兵手挽手，能像一张网一样把埃雷特里亚全都包围起来。这消息，不管是真是假，不管从哪里传来，都使所有希腊人尤其是雅典人
惊恐万分。他们向各地派遣使者寻求帮助，但除了斯巴达人 698e
外，没有人愿意来救助他们。然而，斯巴达人可能是被当时与迈锡尼的战争拖住了，也可能是由于其他一些我们不知道的原因，结果，在战争结束一天后，他们才到达马拉松。

在那之后，波斯国王接连不断地发出威胁，并传来消息说，波斯正在进行大规模的准备工作。后来，随着时间的推移，消息传来，大流士死了，他年轻而急躁的儿子登上了王位，并仍然
热衷于远征。雅典人认为，马拉松战役表明，整个行动都是冲 699a
着他们来的。当听说横穿阿索斯半岛的运河正在开凿、赫勒斯滂河正在架桥、波斯舰队中有大量的船只时，雅典人觉得，无论从陆路还是从海上，他们都无法拯救自己。因为他们以为，没有人会来帮助他们。他们记得，当波斯人第一次攻打并征服埃雷特里亚时，没有人来帮助他们，也没有人愿意冒险与他们结
盟。他们认为，这种情况还会再次发生，至少在陆地上是这样。 699b
在海上，他们也看不到任何得救的希望，因为一千多艘战舰正向他们逼近。还有一个获得安全的希望，虽然渺茫，但却是他们唯一的机会。他们回忆起，上次他们取得了看似不可能的胜利。在这种希望的鼓舞下，他们发现，只有他们自己和诸神才
是他们的庇护者。 699c

所有这些，既包括当时笼罩着他们的恐惧，也包括更高的恐惧，在他们心中创造了一种彼此友好的状态。那种更高的恐

惧是由于服从古老的法律而产生的，我在前面的谈话中常常把这种恐惧称为敬畏。我们说过，好人就要做敬畏的奴隶，而懦夫则不受它的约束并且对此无所畏惧。如果没有这种恐惧，他们就不会像当时那样团结起来自卫，也不会保卫自己的庙宇、
699d 坟墓、故土和亲友。相反，他们可能会渐渐地分散。

梅吉卢：先生，你说得完全正确，这种说法对你自己和你的城邦很恰当。

雅典人：是这样的，梅吉卢。而且，把那个时期的事情告诉你是妥当的，因为你继承了你们祖先的美德。我希望你和克莱
699e 尼亚考虑一下，我们所说的这些是否与立法有关。毕竟，我说这些话，并不是为了讲故事，而是为了讨论我们的话题。请看，在某种意义上，我们雅典人遭受了和波斯人一样的命运。因为，当他们把人民引向完全的奴役时，我们则把人民引向完全的自由。我们之前的论点可以很好地指导我们，让我们知道接下来该怎么讨论。

700a **梅吉卢：**说得好！不过，请把你的意思向我们讲得更清楚些。

雅典人：我会的，我的朋友们。在古代的法律之下，我们的人民并不是主人，而是自愿服从法律的仆人。

梅吉卢：你指的是什么法律？

雅典人：首先，我们谈谈关于音乐（就是当时存在的那种音乐）的法律，这样我们就可以找到过度自由的起源。很早以
700b 前，我们雅典人就把音乐分成了不同的种类和形式。一种是对诸神的祈祷，叫作圣歌。与此相反的是另一种，叫作“挽歌”。第三种是“颂歌”。第四种是庆祝狄俄尼索斯诞生的歌，叫作“酒神颂”。另一种形式的歌曲被称为“法律”，并经常加上“用

于竖琴”的字样。所有这些都被适当地区分开来,不允许将一种形式的歌曲误用为另一种形式。知道这些规则、以此做裁判 700c
并惩罚不服从者的权威,不像今天这样,是嘘嘘声或不合音乐的呼喊,也不是给予赞扬的鼓掌。取而代之的公认的规则是,那些受过教育的人在整个过程中保持沉默,而对于孩子和他们的教师以及其他人,则要靠棍棒来使其保持安静。在这方面, 700d
民众愿意遵守这些秩序,他们从来不敢通过大声喊叫来发表意见。

但后来,随着时间的推移,诗人们开始违反音乐的法律。他们虽然有天才,但却不知道音乐中什么是正确的和合法的。他们陷入了狂乱之中,过度贪图快乐,把挽歌和圣歌、颂歌和酒神颂混在一起,用竖琴模仿长笛的曲调,把各种音乐混合在一起。他们无知地判断说,音乐是一种没有正确标准的东西,只能根据听者的快乐程度来评判,而不管这个听者是好还是坏。通过创作这样的音乐并为此辩护,他们在大众中培养了一种无法无天和胆大妄为的习性,使人们幻想自己能够对音乐作出评判。就这样,剧场听众从安静的变成了吵闹的,他们自以为能 701a
够辨别音乐的好坏。于是,邪恶的剧场统治取代了贵族统治。

如果这种民主仅仅限于受过教育的人对音乐的评判,那就不会造成致命的伤害。但事实上,音乐和随之而来的自由是人们认为自己无所不知的自负和对法律的蔑视的根源。人们自以为知道自己实际上并不知道的东西,并因此无所畏惧,而无所畏惧就会使他们不知羞耻。拒绝接受比自己强的人的意见, 701b
是一种邪恶的无耻,而这些都源自过分的自由。

梅吉卢:非常正确。

雅典人:随之而来的是另一种自由,就是不服从统治者。

然后，拒绝服从父母、长辈的训诫。再往后，就是企图不受法律
701c 的控制。到了最后，他们无视誓言和承诺，对诸神毫无敬意。在这一点上，他们表现和模仿了古代泰坦的本性，过着极其罪恶的生活。为什么要说这些呢？我之所以这样问，是因为有必
701d 要时不时地把我们的讨论像马一样用嚼子和缰绳拉起来，不能让它跑掉，这样我们就不会从上面摔下来。那么，让我们再一次提出这个问题：我们说这些话的目的是什么？

梅吉卢：好问题。

雅典人：现在所说的与以前所说的有关。

梅吉卢：是什么呢？

雅典人：我们认为，立法者应该考虑三件事：第一，他为之立法的城邦应该是自由的；第二，它是团结的；第三，它要有理智。这就是我们的原则，是吗？

梅吉卢：的确如此。

701e **雅典人**：为此我们选择了两种政治体制，一种是最专制的，另一种是最自由的。现在我们考虑哪一个是正确的。我们看到，在专制或自由是适度的情况下，人们享有最高程度的幸福。但当奴役或自由走向极端时，任何一方都不是赢家。

702a **梅吉卢**：你说得很对。

雅典人：正是出于这些原因，我们讨论了多利安军队建立营地、达尔达努斯人在山脚下建造城市以及将城市迁移到海滨，还有首批在大洪水中幸存下来的人。连同我们以前关于音乐和饮酒的讨论，以及在这些之前的讨论，这些都是为了观察
702b 如何最好地管理一个城邦，如何最好地安排个人的生活。现在，梅吉卢，克莱尼亚，我们怎样才能检验，我们的谈话是不是有价值呢？

克莱尼亚:先生,我想我知道一个方面。我们讨论的这些问题正是我此刻所需要的,你和我的朋友梅吉卢来得正是时 702c
候,我真是太幸运了。遇到你们是一个好兆头,我要告诉你们发生在我身上的事。克里特的大部分地区准备建立殖民地,他们把这件事托付给了克诺索斯人。克诺索斯人把这个任务委托给了我和其他九个人。我们受托制定法律,可以根据克里特自己的法律来制定令人满意的法律,而外邦的法律如果更好,我们也不会因为它们不是本地的而拒绝采纳。那么,请你们帮 702d
帮我,这对你们自己也有益处。我们从已经讨论的内容中作出选择,然后设想一个城邦,假定自己是最初的缔造者。这样,我们就可以讨论我们的主题,同时,我也可以把你们设想的框架运用到我们这个新城邦的建设中去。

雅典人:这是一个好消息,克莱尼亚。如果梅吉卢不反对,你可以放心,我会尽我所能满足你的意愿。

克莱尼亚:太好了!

梅吉卢:我也同意这么做。

克莱尼亚:太好了!现在让我们开始构建这个城邦吧。 702e

第四卷

704a **雅典人**:那么,这个城邦会是什么样子的呢?我并不是想问它现在的名字是什么,或者将来叫什么名字。因为这可能要取决于当地的环境,或者某个地点——一条河流或一
704b 股泉水,或者某位神可能把自己的神圣头衔赋予这个新城邦。我想知道的是,它是建在海上还是内陆。

克莱尼亚:先生,我想,我们所说的这座城邦离大海大约有 80 斯塔德*远。

雅典人:沿海有港口吗?

克莱尼亚:有很好的港口,先生,好得不能再好了。

704c **雅典人**:唉!太遗憾了!周边地区怎么样?是否在各方面都富足,还是在某些方面

---

* 斯塔德:古希腊长度计量单位,具体的长度没有明确记载,1 斯塔德大约相当于 180~190 米。——译者注

有欠缺?

克莱尼亚:几乎什么都不缺。

雅典人:那它有邻国吗?

克莱尼亚:没有,这就是选择这个地方的原因。很久以前居民就迁移了,所以这一地区早就荒芜了。

雅典人:这里的山脉、平原和森林呢?情况怎样?

克莱尼亚:和克里特的其他地方很相似。

雅典人:你的意思是,山地比平原多? 704d

克莱尼亚:正是这样。

雅典人:那么,这个城邦是有希望获得美德的。如果一个城邦位于海岸,有良好的港口,不能生产所有的产品,而是缺乏许多产品,在这种情况下,它需要强大的救世主和神圣的立法者,以避免产生各种邪恶的行为。但是,距离海有 80 斯塔德,
这令人感到安慰。即便如此,它还是太靠近大海了,并且,正如 705a
你所说的那样,它有很好的港口。不过,我们还是满意的。虽然天天与大海为伴是令人愉快的,但大海确实是又苦又咸的。街道上挤满了商人和小贩,这会在人们的灵魂中滋生诡诈和不诚实的习性,会使这个城邦对自己的人民和其他城邦都不友好
和不忠诚。虽然如此,令人欣慰的是,这个城邦能生产各种东 705b
西,但由于地形崎岖,它不可能丰收,也不能大量生产所有的物产。如果物产充足,就可能会有大量的出口贸易和大量的金银收益。对一个想要培养正义和高尚习俗的城邦来说,这会产生致命的后果。如果你们还记得,我们在之前的讨论中说过这一点。

克莱尼亚:我记得,我们都同意,我们过去和现在所说的都是正确的。

705c **雅典人:**那么,我问一下,这个城邦如何提供造船用的木材呢?

克莱尼亚:这里没有冷杉,也没有松树,柏树也不多。你会发现,这里很少有落叶松或阿勒颇松,而这些都是造船工人经常使用的船的内部材料。

雅典人:这些自然特征对这个城邦并不是坏事。

克莱尼亚:为什么呢?

705d **雅典人:**因为这个城邦不会轻易模仿敌人的坏习惯。

克莱尼亚:这与我们刚才谈到的问题有什么关系呢?

雅典人:请回忆一下,我的朋友,我一开始说的克里特的法律,它只关注一件事,那就是战争,这一点是你们俩都同意的。我说过,这些法律,如果它们的目的是促进美德,就是好的,但
705e 如果它们只看重美德的一部分而不是全部,我就不称赞它们。现在,轮到你们了,我希望你们跟随和关注我,防止我不是为了美德立法,或者只是为了美德的一部分立法。我认为,真正的
706a 立法者,就像弓箭手一样,只瞄准那些永远与美德相伴的事物,而抛开一切其他与美德无关的东西,无论这些东西是财富还是其他利益。

我说过,模仿敌人是件坏事。我举了一个例子,一个海上的民族被敌人骚扰,就像雅典人被米诺斯人骚扰一样(我说这些不是为了回忆过去的冤情)。但正如我们所知,米诺斯拥有
706b 强大的海上兵力,它强迫阿提卡人缴纳大量的贡品。那时候,雅典人不像现在这样拥有用于战争的船只,而且,由于没有造船用的木材,他们也很难建造战船。因此,他们无法模仿自己的海上敌人,不能成为水兵击退敌人。他们宁可多次失去七个
706c 年轻人,也不愿把重武步兵变成水兵。水兵习惯于频繁地跳上

岸，然后再跑回船上。他们认为，在敌人进攻时，不勇敢地牺牲在自己的岗位上，这并不可耻，而一个人扔掉武器逃命是有充分的理由的，而且理由很多。他们宣称，在某些时候，逃跑并不可耻。这就是水兵们经常说的话，这些话一点也不值得称赞。 706d

我们不应该训练人们养成邪恶的习惯，尤其是对那些优秀的公民，更不应该如此。你可以从荷马那里知道这种做法的害处。在荷马的笔下，奥德修斯指责阿伽门农，因为当特洛伊人进攻亚该亚人时，阿伽门农下令把船只拉到海里去。奥德修斯愤怒地说：

“在战斗正激烈的时候，你竟命令 706e
把那些精良的船只拖到海里，
好让特洛伊人的意愿得逞，
使我们遭受毁灭的灾难。
当船只被拉入大海，
亚该亚人就无法继续战斗。
他们会一直向后看，
然后从战场上撤退。
所以你提出的建议是有害的。”* 707a

你看，荷马十分清楚，海上的战船与陆地上的步兵并肩作战是件邪恶的事。即使是狮子，如果这样训练它，也会见了鹿就逃跑。

而且，依靠海军力量获得安全的城邦不会把荣誉授予那些最配得上这些荣誉的最好的战士。因为，一个把自己的安全归功于舵手、船长、桨手和各种低劣的人的城邦，是不会正确地把 707b

---

* 摘自荷马的史诗《伊利亚特》。——译者注

荣誉授予应得的人的。但是,如果一个城邦不能公正地授予荣誉,它怎么可能是正义的呢?

克莱尼亚:我认为,这样的城邦不可能是正义的。但是,先生,我们克里特人都说,萨拉米斯战役拯救了希腊。

707c **雅典人:**是的。这种观点在希腊人和非希腊人中都广为流传。但是,我和梅吉卢认为,拯救希腊的开始是马拉松战役*,结束是普拉提亚战役**。这两场陆地上的战役使希腊人变好,但萨拉米斯和阿提米修姆的海战***(我不妨把它们合在一起)并没有使希腊人变好。我希望这样谈论那些拯救我们的战役不会有什么不妥当。

707d 但无论如何,在我们讨论自然特征和法律制度时,我们的目标是考察政治制度的美德。与大多数人不同的是,我们不把安全与生存看作最光荣的事。我们认为,最光荣的是,尽可能地成为好人,并终身如此。如果我没有记错的话,我们以前也说过这一点。

克莱尼亚:是的。

雅典人:那么,我们唯一需要考虑的是,我们所遵循的方法,是否是对城邦的创建和立法最好的方法?

克莱尼亚:这是目前最好的方法。

707e **雅典人:**现在来讨论另一个问题:谁是将要定居的人?是不是包括所有从克里特出来的人,原因是各地人口过剩,无法

---

* 马拉松战役:希波战争中的一场重要的战役,发生在公元前 491 年。在这场战役中,雅典军队击败了波斯军队。——译者注

** 普拉提亚战役:希腊人和波斯人之间的一场陆战,发生在公元前 479 年。在这场战役中,希腊人战胜了波斯人。——译者注

*** 萨拉米斯和阿提米修姆的海战:这两场海战发生于公元前 480 年,是希腊和波斯之间的战役,最终希腊军队获胜。——译者注

维持生计？我想，你们不会接纳所有想来的希腊人。虽然我注意到，来自阿尔戈斯、埃伊纳和希腊其他地方的人已经在你们 708a
的领土上定居了。那么，告诉我，你们的公民会来自哪里？

克莱尼亚：可能来自整个克里特。至于其余的希腊人，伯罗奔尼撒人会是最受欢迎的。正如你刚才所说的，我们这儿确实有一些从阿尔戈斯来的人，其中最有名的是戈提那人，他们来自伯罗奔尼撒半岛的戈提那。

雅典人：建立殖民地并不是一件容易的事，因为殖民者不 708b
像一群蜜蜂，他们不是从一个城邦出来定居的一个种族，无法像朋友般地相处。他们由于土地缺乏或其他类似苦难前来定居，或者，一个城邦的一部分人因为内乱而被迫移居。有些城邦在战争中被其他强大的城邦征服后，整个城邦都逃离了。在所有这些情况下，就建邦和立法而言，从某种意义上讲是比较 708c
容易的，但从另一种意义上讲就比较困难了。在种族同一、语言和法律相同的情况下，宗教仪式和宗教事务就是一致的，人们就能建立友谊。但是，人们很难接受与自己城邦不同的法律和制度。虽然邪恶的法律使他们遭受了内乱之苦，但出于习惯，他们宁愿保留那些使自己堕落的习俗，所以他们很叛逆，这 708d
会给殖民地的创建者和立法者带来麻烦。另外，由不同的种族汇合在一起的人，可能更愿意接受新的法律。但是，让他们联合起来、齐心协力，就像人们所说的马群一样，是一项困难和漫长的任务。然而，没有什么比立法和建邦更能促进人类进步的了。

克莱尼亚：的确如此。但我想知道，你说的是什么意思。

雅典人：我的朋友，恐怕我对立法者的思考会导致我说一 708e
些贬低他们的话。但如果我说的话是恰当的，那就不会有什么坏处。然而,我为什么感到不安呢?是不是人类的事情都处于类似的状态呢?

克莱尼亚:你指的是什么?

709a **雅典人:**我想说的是,人类并没有制定法律,但是各种各样的意外事件以各种方式为我们立法。战争的暴力和贫困的残酷无情会颠覆政治体制和改变法律。由于瘟疫的侵袭或连续多年的恶劣气候,疾病也常常带来革新。凡是看到这一切的
709b 人,自然会得出我刚才所说的结论:没有人在任何事情上立法,几乎人类所有的事情都是偶然的。对于水手、舵手、医生和将领的技艺,这样说似乎没有错。不过,用另外一种方式来谈论这些事情似乎同样正确。

克莱尼亚:是什么呢?

雅典人:诸神控制着一切,机遇和时机与神一起,控制着人
709c 类的一切事务。然而,还有第三个方面,是比较温和的东西,即技艺。我认为,在暴风雨中,有舵手技艺的帮助,肯定是大有好处的。你们同意吗?

克莱尼亚:是这样的。

雅典人:同样的原则也适用于立法和其他事情。假定城邦幸福所需要的一切有利条件都具备了,这样的城邦必然需要真正的立法者。

克莱尼亚:的确如此。

709d **雅典人:**在上面提到的各种情况中,如果拥有某种技艺的人用正确的方式祈求就可以获得机运,那么,除了技艺,他是不是什么都不需要了呢?

克莱尼亚:当然是的。

雅典人:刚才提到的那些有技艺的人,如果要求他们告知

祈求的内容,他们会同意的,是吗?

克莱尼亚:当然会的。

雅典人:立法者也会这样做吗?

克莱尼亚:我认为是的。

雅典人:“好吧,立法者,”我们对他说,“在管理一个城邦 709e
之前,我们要给你什么,你需要什么样的条件?”他应该怎样回答这个问题? 要我帮他回答吗?

克莱尼亚:要。

雅典人:他会说:“给我一个由僭主统治的城邦,这个僭主要年轻、记忆力好,还要好学、勇敢并具有高尚的品格。如果他的其他品质都是有益的,他要拥有我在前面说过的那种品质, 710a
这种品质是所有其他美德的不可分割的伴侣。”

克莱尼亚:我认为,梅吉卢,先生所说的必要的伴侣是节制,对吗?

雅典人:是的,克莱尼亚,是普通意义上的节制,而不是人们用深奥和夸张的语言所说的明智。这种节制是孩子和动物的自然本性。有些人在享乐方面缺乏节制,而另一些人却有节制。我们说过,当这种品质与其他的好东西分离开来时,它就 710b
不值一提了。我想你们一定明白我的意思。

克莱尼亚:当然。

雅典人:那么,如果一个城邦要以最好的方式、在最短的时间内建立最有利于幸福的政治体制的话,我们的僭主除了具备其他的品质外,还应该具备这种品质。因为现在没有、将来也不会出现比这更快更好的建立政治体制的方式了。

克莱尼亚:先生,一个人凭什么理由才能说服自己相信这 710c
种说法呢?

雅典人：克莱尼亚，要看清什么是符合自然规律的，当然很容易。

克莱尼亚：你假设，就像你说的，有一位僭主，他年轻、有节制、好学、记忆力好、勇敢、品格高尚，是吗？

雅典人：是的。另外还得加上幸运。他的幸运之处在于，
710d 他与一位伟大的立法者是同时代的人，某种机运使他们走到一起。在这一切都实现了之后，神就完成了他想让某个城邦特别繁荣时所做的所有事情。神对一个城邦做的第二好的事是，让这个城邦有两个僭主，第三好的情况是，一个城邦有三个僭主。困难随着僭主人数的增加而增大，随着人数的减少而减小。

克莱尼亚：我想，你的意思是说，最好的城邦产生于僭主制，存在一个好的立法者和一个正直的僭主，从这样的僭主制
710e 到完美的政治体制的转变是最容易的。第二好的是寡头制，从这里产生好的城邦就不那么容易了。第三好的是民主制。这是你的意思吗？

雅典人：并非如此。我的意思是，变革最好的起点是僭主制，其次是君主制，第三是民主制。寡头制位于第四，因为统治者众多，所以很难接受变革。我认为，如果真正的立法者依自然产生，而他又能与城邦中最有权力的人分享权力，那么，变革
711a 就会发生。当统治者数量很少但同时又非常强大时，就像在僭主制中那样，变革可能是最容易和最迅速的。

克莱尼亚：是怎样的呢？我不明白。

雅典人：可是，这一点我已经说了很多遍了。但我想，你们可能从来没有见过实行僭主制的城邦。

克莱尼亚：没见过。我也不太想见到。

711b **雅典人：**然而，在实行僭主制的地方，你肯定会看到我现在

所说的东西。

克莱尼亚：是什么呢？

雅典人：我的意思是，你可以看到，一个僭主如果想改变一个城邦的习俗，不需要费很大的力气，也不需要花很长的时间。他只需要朝着自己喜好的方向前进，无论是走向美德还是邪恶，并以自己为榜样表明行为的路线，赞扬和奖励某些行为，谴 711c
责其他行为，贬低那些不服从的人。

克莱尼亚：但我们怎么会认为，公民会立刻服从既说服又强迫自己的统治者呢？

雅典人：我的朋友们，不要相信，一个城邦在改变自己的法律时，有比通过统治者的领导更快捷、更容易的方法。现在没有，将来也不会有。真正的不可能或困难是另一种类型的，而 711d
且在漫长的岁月中很难被克服。一旦超越了它，就会有成千上万的幸福随之而来。

克莱尼亚：你说的是什么呢？

雅典人：困难在于，强大的统治者有对节制和正义的神圣热爱，无论他的权力来自君主制，还是由于财富或出身的高贵 711e
获得。你也可以希望再现内斯特*的天性，据说他在口才上胜过所有的人，而在节制方面则更胜一筹。然而，传说在特洛伊时代有这样的人，在我们的时代没有。若有这样的人，已经有或将来会有，或现在存在于我们中间，那么他自己和听到他口中智慧言语的人，都是有福的。同样的道理适用于任何形式的权力：当最高的权力与明智和节制结合起来时，最好的法律和 712a
最好的制度就会产生。否则，没有别的办法。

---

* 内斯特：特洛伊战争中一位年长的希腊将领，以智慧和健谈著称。——译者注

那就把这些话看作神圣的传说或神谕吧，让我们用它来说明，从一个角度来看，一个城邦要有好的法律是困难的，但从另一个角度来看，如果出现了我们假设的情况，这就会最容易、最快地实现。

克莱尼亚：怎么是这样呢？

712b **雅典人：**我们像小孩一样做个游戏吧，用语言来塑造适合你们城邦的法律。

克莱尼亚：我们马上开始吧。

雅典人：让我们在创建城邦时祈求神的保佑。愿神听到我们的话，为我们祝福，来到我们这里，帮助我们创建城邦和法律！

克莱尼亚：愿他能来！

712c **雅典人：**那么，我们要给这个城邦什么样的政治体制呢？

克莱尼亚：把你的意思讲清楚一点。你是指哪种形式，民主制、寡头制、贵族制，还是君主制？我们认为，你不会把僭主制包括在内。

雅典人：你们俩谁愿意先回答我，你们城邦的制度属于哪一类？

梅吉卢：作为长者，我是不是应该先回答呢？

712d **克莱尼亚：**也许你应该先说。

梅吉卢：但是，先生，我发觉，我无法马上就说出，该怎样称呼斯巴达的政治制度。在我看来，它很像是僭主制，因为我们的五长官制是极其专制的。但有时我又觉得，在所有城邦中，
712e 我们的政治体制最接近民主制。然而，又没有谁能合理地否认它是贵族制。而且，我们还有终身的君主制，不仅我们自己，而且全世界都认为这是最古老的君主制。所以，当我突然被问及

斯巴达是哪种政治体制时，我无法准确地说出。

克莱尼亚：我也有同样的困难，梅吉卢。因为我没法自信地说出，克诺索斯的政治体制是其中的哪一种。

雅典人：我的朋友们，原因是，你们的城邦确实有真正的政治体制。而我们刚才所说的并不是政治体制，而只是居住在城 713a
邦里的人的集合体，这些人中，一部分是主人，另一部分是奴隶，每一个城邦都以统治政权来命名。而如果城邦要以这种方式命名，那么它应该以神的名字命名，因为真正主宰着拥有理智的人类的，是神。

克莱尼亚：那这位神是谁？

雅典人：我希望能更好地回答你的问题，我可以稍微借助一下神话吗？

克莱尼亚：当然了。

雅典人：很久以前，在我们刚才描述的城邦建立以前，据说 713b
是在克洛诺斯时代，存在某种统治和幸福的生活，现在城邦中最好的制度就是这种统治和生活的模仿。

克莱尼亚：确实有必要听听。

雅典人：我也这么认为，所以我提出了这个话题。

克莱尼亚：你做得非常正确。这个故事很切题，所以你最 713c
好把整个故事都告诉我们。

雅典人：我会照你说的去做。传说中说，在那个时代，人们生活得很幸福，物产很丰富，都是自然生长的。原因据说是下面这样的。克洛诺斯知道，正如我们所说的，在被赋予了至高无上的权力后，没有人能够在统治人类事务时不充满傲慢和非
正义。考虑到这一点，他为我们的城邦任命的国王和统治者不 713d
是人，而是精灵，这是比人更神圣和优秀的物种。这种做法就

像我们现在对待羊和其他驯养的动物一样:我们不让牛成为牛的统治者,也没有让山羊成为山羊的统治者,而是由我们自己来统治它们,因为我们是更优越的种族。同样地,出于对人类的爱,神就让比我们更高贵的种族——精灵来统治我们。精灵
713e 用对自己和我们都轻松愉快的方式来照看我们,毫不吝啬地带给我们和平、敬畏、好的法律和正义,使人类幸福和团结。

这个传说告诉我们一个真理,那就是,由凡人而不是由神统治的城邦,无法摆脱邪恶和劳苦。因此,我们必须尽力去模仿克洛诺斯时代的生活。就我们身上存在的不朽性而言,无论
714a 是在私人生活还是在公共生活中,我们都必须听从这种不朽,以此来管理家庭和城邦,并将“法律”这一名称赋予理智分享给我们的东西。但是,如果某个人、某个寡头制或民主制,拥有一个追求享乐和欲望的灵魂,放纵自己,没有节制,永远被无穷无尽、贪得无厌的邪恶所折磨,如果这个恶灵践踏法律,成为城邦或个人的主人,那么,正如我刚才所说的,就无药可救了。那
714b 么现在,克莱尼亚,我们得考虑一下,看看是否相信这个传说。

克莱尼亚:当然,我们相信。

雅典人:你们是否知道,人们常说,法律的形式有多少,政治制度的形式就有多少?而对于政治制度,我们已经列举了公认的形式。请注意,这个问题非常重要。因为正义和非正义的标准是什么,再一次成为我们讨论的焦点。人们说,法律不应
714c 着眼于战争或整体的美德,而应着眼于已建立的政治体制的利益和维持该政权的统治。他们认为,正义的自然定义最好的表达方式是这样的……

克莱尼亚:是怎样的?

雅典人:是这样:正义是强者的利益。

克莱尼亚：请说得清楚些。

雅典人：好的。他们说："当然，在任何城邦，都是统治者制定法律，不是吗？"

克莱尼亚：是的。

雅典人："那么，"他们会补充说，"你是否认为，僭主制或 714d
民主制，或任何其他形式的权力，会不把维护自己的统治权力作为法律的首要目标吗？"

克莱尼亚：怎么可能不是这样呢？

雅典人："凡是违反这些法律的人，就会被立法者当作恶人惩罚，立法者称这些法律是正义的。是不是？"

克莱尼亚：自然是这样的。

雅典人："那么，正义就以这种方式和形式存在。"

克莱尼亚：当然，他们的观点就是这样的。

雅典人：是的，这是我们提到的统治原则之一。 714e

克莱尼亚：你是指什么原则？

雅典人：就是在我们谈到谁应该统治谁的时候所讨论的那些原则。我们是不是得出这样的结论，父母统治孩子，长者统治年轻人，出身高贵的人统治出身低贱的人？如果你们还记得的话，还有很多其他的原则，而它们并不总是一致的。其中一
个原则就是我们现在讨论的这个关于暴力的原则，我们说过， 715a
品达认为暴力是符合自然的，是正当的。

克莱尼亚：是的，我记得。

雅典人：那么，请想一想，我们的城邦应该托付给谁？要知道，有一种事情在各个城邦发生了无数次。

克莱尼亚：什么事？

雅典人：人们为了权力互相争斗，胜利者完全垄断权力，不

让失败者及其后代分得任何权力。双方互相监视，统治者总是
715b 担心，恐怕有人掌权，为先前的祸患报仇，起来攻击他们。现在，在我们看来，这不是政治制度，而且，为特定人的利益而不是为整个城邦的利益制定的法律也不是正确的法律。有这样法律的城邦没有政治制度，只有党派，而这种法律所宣称的正义也毫无意义。

我这么说的原因是，在你们的城邦，我们不能因一个人富
715c 有，或因他力气、身材或出身方面的优势，就把统治的权力交给他。应该由最服从城邦的法律并堪称表率的人承担这一使命，排名第一的人应被授予为神效力的最高职位，排名第二的人获得次一等的职务。按照同样的原则，其他职位相应地分配给后面的人。

715d 我用法律的“仆人”来称呼那些通常被称作“统治者”的人，不是为了造一个新词，而是因为我确信，城邦的幸福或不幸取决于此。我认为，在一个城邦里，如果法律是受支配的和没有权威的，那这个城邦就在走向毁灭。而对于一个法律高于统治者而统治者低于法律的城邦，神会给予它救赎和一切祝福。

克莱尼亚：你说得对，先生，你的年龄使你的目光很敏锐。

715e **雅典人**：是这样的。这是因为看这些问题时，年轻人看得很模糊，而老年人看得很敏锐。

克莱尼亚：的确如此。

雅典人：现在，下一步我们要做什么呢？我们是不是可以假设，殖民者已经到达，我们要向他们发表我们的观点？

克莱尼亚：当然可以了。

雅典人：“朋友们，”我们对他们说，“正如古老的传说所
716a 说，一位神手中握着万物的起点、中间和终点，按照自然规律走

向他的目标。正义女神总是与他相伴,惩罚那些不遵守神圣法
律的人。想要幸福的人追随正义女神,谦恭有序地跟在她的后
面。但另一类人会被神遗弃,这类人年轻而且愚蠢,因骄傲而
趾高气扬,或因财富、地位或美貌而得意忘形,其灵魂因傲慢而
火热,他们认为自己不需要任何导师或统治者,而且认为自己
能成为别人的导师。被遗弃的人聚集和自己一样的人,到处乱 716b
跳,把一切都弄得混乱不堪。许多人认为他是一个大人物,但
不久之后,他受到了正义女神的无可指责的惩罚,并彻底毁了
自己、自己的家庭和自己的城邦。人类的事情就是这样安排
的。那么,一个明智的人应该做什么,应该怎么想,不应该做什
么,不应该怎么想呢?”

克莱尼亚:每个人都应该下定决心成为神的追随者,这是
毫无疑问的。

雅典人:“那么,什么是神所喜爱的并跟随神的行为呢?只 716c
有一个,就是古谚所说的,适度的事物‘惺惺相惜’。而无度的
事物不仅彼此不喜爱,也不被适度的事物所喜爱。在我们看
来,神是万物的尺度,这远比人们常说的‘人是万物的尺度’都要
正确得多。想要亲近神的人,必须尽可能地成为与神类似的人。
有节制的人是神的朋友,因为他与神相似。而没有节制的人不 716d
像神,与神不一样,而且是不正义的。这同样适用于其他事情。

“从这里,我们得出一个结论,这个结论是所有原则中最好
的和最真实的。这就是,通过祈祷、献上祭品和各种服务来祭
祀和与神交流,这对好人来说,是最高贵、最美好的事情,也是
非常适合的事情。但对于坏人来说,情况正好相反。因为,坏 716e
人的灵魂不纯洁,而好人的灵魂是纯洁的。无论是好人还是
神,从一个被玷污的人那里接受礼物都是不正确的。因此,不 717a

圣洁的人为神做的事,再多也是徒劳的,而圣洁的人对神的奉献是神最愿意接受的。这就是我们应该瞄准的目标。

“但是,我们应该使用什么武器,又该如何瞄准目标?首先,我们说,在奥林匹斯山的诸神和城邦的诸神之后,应该把尊荣授予冥界的诸神,把偶数、第二等和左边的授予他们,而把奇
717b 数、第一等的给予前者,这样就能恰当地击中虔诚的目标。在崇拜了这些神之后,有理智的人会崇拜精灵,在精灵之后是英雄。然后,在私人神社,依照礼法供奉家神和祖先。接下来要
717c 尊崇在世的父母,因为一个人所拥有的一切都属于生养自己的人,要向他们偿还位于第一的、最大的和最早的债务。他必须竭尽所能地为他们服务,首先是用财产,其次用是人身,最后是用灵魂,以回报他们在他幼年时给予他的无尽的关怀和辛劳,在他们年老需要帮助的时候他要报答他们。而且,一个人一生中不应该对父母说不尊重的话。因为轻狂的言语会使他遭受
717d 很重的惩罚。正义女神的使者涅墨西斯,被指派监督所有的事情。当父母发怒并表现在言语上或行为上时,儿子必须容忍。因为当父亲认为自己被儿子伤害时,自然会非常生气。父母去
717e 世后,适度的葬礼是最好的,要既不超出习俗要求的花费,也不比祖先为自己的父母举行的葬礼差。而且,不要忘记每年向死
718a 者致敬,纪念他们的最好方式是永远怀念他们,并把自己的部分财产敬献给他们。如果我们这样做,并按照这种方式生活,我们就会从神和高于我们的物种(精灵)那里得到赏赐,而且我们将在美好的希望中度过人生的大部分时光。”

关于对后代、亲属、朋友和同胞的责任,以及神要求给予外
718b 邦人的服务,还有所有这些职责所产生的交往,关于所有这些事情,法律会表明,一个人应该如何做才能美化和有序地安排

自己的生活。法律有时会说服人,当人的天性不屈服于说服时,它会通过暴力和正义的惩罚来劝服人。这样,如果诸神愿意,法律就会使我们的城邦繁荣和幸福。

还有一些事情,如果立法者和我的想法一致,他就必须加以规定,尽管这些事情不适合以法律的形式陈述。在处理这些问题时,在我看来,他应该为他自己和他为之立法的那些人提 718c
供范例。然后,当他尽其所能地完成了所有的预备工作后,就可以着手进行立法工作了。那么,用什么形式好呢?在一个单一的例子中包含或描述所有这些内容可能会有困难,但如果我们以这样的方式来思考,就能了解某些东西。

克莱尼亚:是什么呢?

雅典人:我希望公民们能尽可能地接受美德。这显然是立法者在所有立法中都要努力实现的目标。

克莱尼亚:的确。 718d

雅典人:我觉得,这种方法是很有意义的。当一个人的灵魂并不是完全没有准备好接受立法者提出的训诫时,他会以比较顺从和善意的态度来倾听。即使只是使他变得有些许的听从,都是值得的。因为没有多少人十分愿意在尽可能短的时间内尽可能地变得更好。许多人的例子证明了赫西奥德是多么 718e
智慧,他说,通往邪恶的道路是平坦的,可以毫不费力地走过去,因为它很短。但是,在"通往美德"的道路上,他说:

"永生之神浇灌了艰辛的汗水,这条道路漫长而陡峭,山路崎岖不平。当你赢得了顶峰,虽然之前的道路艰辛,但之后的 719a
旅途就很轻松。"*

---

* 摘自赫西奥德的诗《工作与时日》。——译者注

克莱尼亚：是的，他说得很好。

雅典人：是这样的。现在我想告诉你们，刚才那些话对我产生的影响。

克莱尼亚：好的。

719b **雅典人**：假设我们和立法者谈话，对他说："啊，立法者，说吧，如果你知道我们该说些什么、该做些什么，请你告诉我们吧。可以吗？"

克莱尼亚：他当然会说的。

雅典人：我们刚才听到你说，立法者不应该允许诗人随心所欲地创作，是吗？因为诗人不知道自己的哪句话会违反法律、会损害城邦的利益。

克莱尼亚：的确。

雅典人：我们代表诗人来回答他，如何？

克莱尼亚：那我们该说什么呢？

719c **雅典人**：我们这样说："有一个古老的神话，我们自己经常说起，其他人也都相信。大意是说，当诗人坐在缪斯的三足祭坛上时，他无法控制自己的思想。他的思想像喷泉一样，向上自由地流出。他的技艺在于模仿，他常常创作有对立性格的人物，从而不得不自相矛盾。他也不知道自己所说的一件事是否
719d 比另一件事更有道理。但是，法律不是这样的。对于同一主题，立法者只能制定一条规定，而不是给出两条规定。以你刚才说过的话为例。有三种葬礼，一种太奢侈，一种太简陋，第三种是适度的。你选择了第三种，赞扬并无限制地推广它。但是，如果在我的诗里，某个特别富有的妻子要我描述她的葬礼，
719e 我会赞美那种过分奢侈的葬礼。而一个贫穷和吝啬的人，他没有太多的钱，就会称赞简陋的葬礼。一个财富适度、自己也节

制的人,会称赞那种适度的葬礼。现在,你作为立法者,不能仅仅说'适度的',而应该解释什么是'适度的',它的规模是多大。除非你能说得明确,否则千万不要以为你的话可以成为法律。"

克莱尼亚:是这样的。

雅典人:我们的立法者在法律里难道不加任何序言吗?他会不会直接说,应该做什么,不能做什么,然后以惩罚相威胁,
接着又转向另一项法律?对立法对象,他不像某些医生那样, 720a
说些警告或劝诫的话,会是这样吗?我得提醒你,医生中有些人的治疗方法比较温和,有些人的治疗方法比较粗鲁。正如孩子们要求医生温柔地治疗疾病一样,我们也会要求立法者用最温和的方法来对待我们。我想说的是,除了医生之外,还有医生的助手,他们也被称作"医生"。

克莱尼亚:非常正确。 720b

雅典人:这些医生助手,无论是自由人还是奴隶,都要通过听从师傅的指示和观察师傅的行为获得技艺。他们的学习凭借的是经验而不是靠遵循自然,他们不像自由人医生那样,遵循自然学会技艺并把技艺传授给学生。你同意医生有两类吗?

克莱尼亚:当然。

雅典人:你有没有注意到,城邦里有两类病人,即奴隶和自 720c
由人。奴隶病人通常由奴隶医生来治疗,奴隶医生跑来跑去为奴隶治病,或者在药房里等着他们。这类医生从不和病人交谈,不听取病人诉说疾病。奴隶医生只根据经验来开处方,好像自己确实什么都知道似的。当他像僭主一样下了命令后,他
就会同样有把握地跑到其他生病的奴隶那里去。这样,他就减 720d
轻了主人照顾奴隶病人的工作。而自由人医生照顾自由人,为

自由人治病。这类医生刨根问底,并深入研究疾病的根源。他与病人和病人的朋友交谈,从病人那里得到信息,并尽可能地指导病人。在说服病人同意之前,他是不会开处方的。他通过
720e 劝说来使病人听从,努力治疗病人,使病人恢复健康。

那么,对于医生和教练来说,哪一种方法更好呢?是用两种方法达到目的好呢,还是只用两种方法中那种比较粗鲁和比较差的方法好呢?

克莱尼亚:先生,我认为,用两种方法要好得多。

雅典人:你们想看看两种方法和单一方法运用到立法上的情况吗?

克莱尼亚:我当然想看看。

雅典人:我们的第一项法律是什么呢?立法者应该依照自
721a 然的顺序,首先为城邦制定有关生育的法律,是不是呢?

克莱尼亚:当然啦。

雅典人:在所有的城邦里,孩子的出生都起源于婚姻关系,是吗?

克莱尼亚:非常正确。

雅典人:那么,正确的步骤是,一个城邦应该首先制定有关婚姻的法律,是吗?

克莱尼亚:的确是的。

雅典人:那么,我们就先宣布简单形式的婚姻法律。大概
721b 是这样的:一个人应在 30 岁至 35 岁结婚,如果不这样做,就要被处以某种罚款或被剥夺某些权利。这就是简单的关于婚姻的法律。

双重形式的法律如下所述。一个人应在 30 岁至 35 岁结
721c 婚,原因是,人类在某种程度上自然地享有永生,而每个人天生

都追求这种永生。每个人都想留名青史,而不是默默无闻地躺在坟墓里,这就是对永生的渴望。这样,人类与时间是同步的,一直跟随并且永远都将跟随时间的进程。人类是永生的,因为他们留下了后代,永远保持完整,通过繁衍获得永生。自愿剥夺自己这一恩赐、不肯娶妻和生子的人,是不虔诚的。所以,遵守法律的人免受处罚。但是,违反法律的人,到了 35 岁还不结 721d
婚,就要每年缴纳一定数额的罚款,这样他就不会认为单身生活会给自己带来安逸和利益。而且,他也不能享有城邦里年轻人给予长辈的荣誉。

比较这两种形式的法律,你就能对其他法律作出判断。法律是应该把威胁与劝说相结合并且至少增加一倍的篇幅,还是 721e
应该仅仅包含威胁并且仅有很短的篇幅?

梅吉卢:先生,简短的形式更符合斯巴达人的习惯。不过,就我自己而言,如果有人问我喜欢哪一种作为城邦的法律,我一定会赞成篇幅长的那种。而且,如果我能够选择,我会让每 722a
条法律都按照这样的模式制定。但我认为,我们应该征询克莱尼亚的意见,因为他所在的城邦将会使用这些法律。

克莱尼亚:你说得很好,梅吉卢。

雅典人:抽象地争论文本的长短,是极其愚蠢的。我们要认可的是最好的法律,而不是最短的,所以它的长度并不值得 722b
考虑。在刚才所说的两种法律形式中,不仅在实用方面一种与另一种相比有双重的价值,而且,我刚才提到的两类医生的例子,也适用于这两种法律的比较。但是,立法者似乎从未想到,立法可以使用说服和强制两种手段。在粗鲁和未受教育的人能接受的范围内,立法者只使用一种方法,没有把强迫和劝说 722c
结合起来,而只使用纯粹的强迫。此外,还有第三点,亲爱的朋友,我们现在的法律应该考虑到但却从来没有考虑到这一点。

克莱尼亚:是什么呢?

雅典人:这一点以神圣的方式从我们讨论的问题中产生。当我们开始谈论法律时,天刚破晓,我们一直在讨论法律,现在已经是正午了,我们来到了这个迷人的休息地。然而,在我看
722d 来,我们只是刚刚开始阐明法律,前面所说的只是法律的序言。

我为什么要说这些呢?原因在于,一切讨论和任何与声音有关的东西都有前奏和序曲,这是艺术的开端,目的是协助之
722e 后的表演。抒情曲和其他各种音乐都有精心编排的前奏。但是,在更真实、更高的法律和政治的曲调中,没有人谈到过任何序曲,也没有人创作或发表过任何序曲,仿佛这种东西在自然中根本就不存在。而在我看来,我们目前的讨论似乎暗示有这种东西。我们所说的双重法律,并不是单纯的双重法律,而是分为两部分,即法律和法律的序言。僭主下的命令,类似于我
723a 们所说的奴隶医生的处方,是单一的和简单的法律。那些在前面说的话,我们的朋友梅吉卢称之为劝告,类似于一篇论述的前言,实际上是说服性的话语。我想,立法者在法律序言中说的那些说服的话,是为了使法律接受者产生好感,有了这种好感,这些人就可以更明智地接受立法者的命令——也就是法
723b 律。因此,在我看来,这应被称为法律的序言而不是法律的内容。

接下来,我注意到的是,对于所有的法律和每一项法律,立法者都应该加上序言。立法者应当明白,根据是否有序言,这些法律之间的差异会像刚才提到的两种法律之间的差异一样大。

克莱尼亚:如果立法者征求我的意见,我会向他提出,让他

以你所建议的方式立法。

雅典人：我认为你是对的，克莱尼亚。所有的法律都要有 723c
序言，所有立法的开端都应该是制定一个合适的序言。因为，接下来的内容是非常重要的，而是否有序言对于我们能否清楚地记住这些内容会产生重大差别。但是，如果我们要求所有的法律，无论大小，都要有序言，这就错了。正如歌曲或谈话一
样，虽然它们都有自然存在的序曲，但这并不总是必要的。在 723d
每一种情况下，是否使用序曲，要由谈话者或音乐家来判断，或就目前的话题而言，由立法者来判断。

克莱尼亚：我认为这是正确的。但是，先生，我们不要耽搁，尽快回到主题吧。如果你同意，我们就像人们在游戏中说的那样，更好地重新开始，就从你没有谈论序言之前的部分谈起。但是这次我们要提出一个序言，而不是像以前那样随便讨论。我们要明白，我们有一个序言。至于敬神和孝敬长辈，我们谈论得已经足够多了。我们可以接着讨论下面的话题，直到你认为序言已经完整了为止。在那之后，就要讨论法律本身。

雅典人：我明白，你的意思是，关于诸神及其随从以及活着 724a
或死去的祖先，我们已经提出了合适的序言。现在你希望我提出其余的话题，是吗？

克莱尼亚：的确是的。

雅典人：在这之后，有一个合适的话题，非常符合发言人和
听众的共同兴趣，那就是，怎样认真地或轻松地对待与灵魂、身 724b
体和财产有关的东西并尽其所能地获得教育。这就是我们接下来要谈论的话题。

克莱尼亚：非常正确。

第五卷

726a **雅典人**:听到刚才所说的有关诸神和至
尊祖先的话的人,请听我说。在人所拥有的
一切事物中,除了诸神之外,灵魂是最神圣
的、最属于自己的。每个人的所有物都有两
类:一类是较好的、高等的,是统治的;另一类
是低等的、较差的,是被奴役的。而统治的部
分应比被奴役的部分更受尊崇。因此,我主
727a 张,人们应尊敬自己的灵魂,仅次于尊敬我们
的主人神和追随神的精灵,这是正确的。每
个人似乎都尊敬灵魂,但几乎没有人正确地
给予灵魂应有的尊敬。要知道,尊敬是神圣
的好东西,任何邪恶的东西都不值得尊敬。

认为可以通过言语、礼物或任何形式的
顺从来尊敬灵魂的人,并没有使灵魂变好,他
似乎是尊敬灵魂的,但实际上却并非如此。
例如,每个人从孩提时代起就以为自己什么
727b 都知道,并认为赞扬自己的灵魂是对灵魂的

尊敬，而且很乐意让灵魂去为所欲为。但我认为，这样做不是在尊敬灵魂，而是在伤害它。而在我们看来，应该尊敬灵魂，把它置于仅次于诸神的地位。再如，一个人总把自己时常犯的错误以及因此而降临到自己身上的许多重大灾祸归咎于别人而不是自己，总以为自己是清白无辜的，认为这样做是在尊敬自 727c
己的灵魂。但事实恰恰相反，他实际上是在伤害灵魂。还有，当一个人不顾立法者的劝告，不经其认可而沉溺于享乐时，他远不是在尊敬灵魂，而是在羞辱它，使它充满邪恶和悔恨。或者，当他不能坚定地忍受立法者赞成的辛劳、恐惧、烦恼和痛苦，而是向它们屈服时，他这样做并不是在尊敬灵魂，而是使灵魂蒙羞。再者，如果一个人认为只要活着，无论付出多大代价， 727d
都是好的，他也不尊重灵魂，而是羞辱了它。因为，当灵魂认为冥界里的一切都是邪恶的时，他让步了，没有反驳，也没有通过教导或说服向灵魂指明，另一个诸神的世界非但不是邪恶的，而且可能有最好的东西。还有，如果一个人喜欢美而不喜欢善，这难道不是对灵魂真正的和彻底的羞辱吗？因为这种喜好意味着，身体比灵魂更值得尊敬。但这是错误的，因为大地之 727e
物，没有一样比天赐之物更可敬，而在灵魂问题上持不同看法的人，没有意识到自己大大低估了这奇妙的财产。还有，对不义之财，如果一个人渴望得到，或是没有对得到感到不安，那 728a
么，他并没能通过给予灵魂这份礼物尊敬灵魂，而是恰恰相反，因为他为了一小块金子出卖了灵魂的高贵和荣耀，而地上和地下所有的金子都不足以换取美德。

总之，我认为，如果一个人不能根据立法者的标准评估卑鄙、邪恶、善良、高尚，不能以一切可能的方式克制坏的东西并尽力实践好的东西，他就不知道，自己在以最卑鄙、最可耻的方 728b

式对待灵魂这个人类最神圣的东西。可以说,没有人会考虑到,对恶行的最大惩罚是什么;那就是,变得与恶人相似,避开好人,与好人断绝来往,转而追随恶人,与恶人为伍。而且,与
728c 恶人结交的人,所做和所遭受的必定是恶人依其本性对彼此所做的和所说的。这种遭遇不是判决,而是报应。因为判决和正义是高尚的,而报应是不正义遭受的苦难。而无论逃脱还是遭受报应,都是痛苦的。因为若逃脱,就无法被治愈,若遭报应,就会被毁灭,以使世人得救。

一般说来,"尊敬"意味着追求好的东西,而对于坏的东西,当其有改善的余地时,要尽最大的努力去改善它。在人类
728d 所有的财产中,灵魂从天性上来说最倾向于避开邪恶,它会寻找和发现最好的东西,并在找到后与其共度余生。所以,灵魂受到的尊敬仅次于神,处于第二位。处于第三位的,正如每个人都能明白的,自然是身体。在确定了这一点之后,接下来要考虑的是,在身体受到的尊敬中,哪些是真的,哪些是假的。这是立法者的任务。我想,他会说下面的话。身体受到尊敬不应
728e 该是因为其美丽,也不应该是因为强壮、敏捷、高大或健康(尽管许多人可能不这么认为),也不应该尊敬与此相反的身体。而所有这些特性的中间状态,才是最可靠、最适度的。因为,一个极端使灵魂自负傲慢,而另一个极端使灵魂卑微无力。

729a 金钱、财产和名望也可以这样来衡量。任何一种东西过量,都有可能导致城邦的分裂和人与人之间的仇恨,而它们的匮乏通常会导致奴役。因此,不要让任何人为了留给自己的孩子尽可能多的财富而贪爱钱财,拥有太多的财富对孩子和城邦都毫无益处。不招人阿谀奉承,同时又不缺少必要的东西,这种状况对年轻人是最好的,也是最和谐的,这符合我们的天性,

可以使生活完全没有痛苦。所以,父母应留给子女的,不是一 729b
堆财富,而是敬畏的精神。我们自以为,在年轻人缺乏敬意时责备他们,他们就会从我们那里学会敬畏。但是,如果只是劝诫年轻人要尊敬他人,这种品质并不能真正传授给他们。一个明智的立法者反而会劝长者尊重年轻人,最重要的是要注意,
不要让年轻人看到或听到长者做或说任何不体面的事。因为 729c
在长者缺乏羞耻感的地方,年轻人也必定缺乏敬畏。教育年轻人最好的方法是同时教育自己,不是要训诫他们,而是要始终在实践中示范自己的训诫。

如果一个人尊敬自己的亲人,这亲人与他崇拜共同的家神并和他血脉相连,他就可以合情合理地期望掌管出生的诸神赐
福给他,让他的后代繁衍。在与朋友和熟人的交往中,如果一 729d
个人对于他人为自己所做的事给予的评价,高于这些人自己对此的评价,而对于自己为他人所做的事给予的评价,则低于他人对此的评价,那他就会获得他人的好感。在与城邦和自己的同胞的关系上,比起获得奥林匹克战役或其他的和平或战争的
胜利,最优秀的人更渴望赢得服从城邦法律的胜利,更愿意成 729e
为所有人中最服从法律的人。在与外邦人的关系中,一个人应当把与他们订立的契约当作是最神圣的东西。对外邦人的不义,与对同胞的不义相比,更容易遭到神的报应。因为,身边没有亲人和朋友的外邦人,会唤起神和人更多的怜悯。所以,有
能力为外邦人伸冤的,会乐意帮助这些人。最有能力的是守护 730a
精灵和守护神,他们追随外邦人之神宙斯的脚步。因此,稍有一点谨慎的人,就会尽力在有生之年不冒犯外邦人。在对外邦人和对同胞所犯的罪中,侵犯求援者的罪最大。因为,神见证了求援者的约定,以一种特殊的方式成了求援者的守护者。所

以，受害的求援者肯定不会不报复的。

730b 这样，我们已经很好地描述了一个人如何对待父母、自己和自己的财产，以及他与城邦、朋友、亲人、同胞以及外邦人的关系。接下来我们要谈论的是，如果一个人想要过最好的生活，他应该成为什么样的人？我们不从法律的角度，而是从赞美和责备的角度讨论，如何教育一个人，以使他更加顺从并更
730c 愿意服从将要制定的法律。

无论对神还是对人来说，真理都是百善之首。因此，凡是想要有福且幸福的人，首先应该分得真理，这样才能尽可能长久地做一个真正的人，才能成为值得信赖的人。自愿接受谎言的人是不可信任的，而不自觉地喜欢谎言的人是没有理智的。这两种情况都不值得羡慕，因为不可信任的人和没有理智的人都没有朋友。随着时间的推移，这样的人会被揭穿。在暮年的
730d 艰难岁月里，在生命即将结束的时候，这种人会被遗弃，无论他的孩子或朋友是否活着，他都是孤独的。

不做不义之事的人，是值得尊敬的。不仅自己不做不义之事，而且还阻止别人做不义之事，这种人就值得双倍的尊重。前者可算一人，而后者则可算多人，因为后者将其他人的不义行为告知官员。更值得尊敬的是那些协助官员、尽其所能纠正他人的人，这种人应被宣布为伟大而完美的公民，应获得美德
730e 的棕榈枝。同样的赞美也可以给予节制和明智以及其他美德，这些美德既可以传授给别人，也可以自己拥有。把这些美德传授于人的，当受到至高的尊敬。而那些愿意传授但却无能为力的，应当受到第二等的尊敬。但是，如果一个人很吝啬，不乐意
731a 与他人分享美德，那就应该受到遣责。但那些美德不应该出于占有者的缘故而被低估，人们应尽最大的努力去获得它们。那

么，让每个人都自由地为追求美德而奋斗吧，不要有嫉妒。因为这种不嫉妒的天性（自己努力奋斗，不诽谤中伤他人）会使城邦变得强大。而嫉妒的人认为应该通过诽谤别人来获得优势，不仅自己不尽力去追求真正的美德，而且还用不公正的指责使其他竞争者泄气。这样，他会使城邦成为美德竞赛中训练 731b
不佳的竞争者，并会贬损城邦的名声。

每个人都应该有血性，但也要尽可能地温和。一方面，对于别人对自己所做的残酷的、难以补救或完全无法补救的不正义行为，一个人要通过战斗、自卫、征服和不断地惩罚来避免。而没有高贵的血性的人是做不到这一点的。另一方面，有些人 731c
所作的恶行是可以补救的。我们首先要明白，不正义的人并不是自愿成为不义之人的。因为，没有人会自愿接受最大的邪恶，更不会让邪恶进入自己最值得尊敬的财产。正如我们说过的那样，对每个人来说，最值得尊敬的是灵魂。那么，没有人会允许最大的邪恶进入灵魂这一最值得尊敬的部分并终身与其相伴。虽然，不义和邪恶的人总是可悲的，但对于可挽救的人， 731d
我们可以宽恕和同情，要克制和平息自己的愤怒，而不要敌视，不要像女人那样大发雷霆。而对于不能改邪归正、完全邪恶的人，我们必须发泄自己的愤怒。据此，我们说，好人是既温和又有血性的。

大多数人灵魂中与生俱来的万恶之首是，总是为自己的恶开脱而不愿努力去改正。用一句人们常说的话来表达我的意 731e
思就是，"每个人天生都是也应该是爱自己的"。但过分的自爱实际上是一切过错的根源。一个人对所爱之人的看法是盲目的，这会使他对什么是正义、善和高尚作出错误的判断，因为 732a
他总是认为，应该看重自己而不是真理。但是，一个想成为伟人的人应该看重的，不是自己或属于自己之物，而是正义——无论正义的行为是自己所为还是别人所为。由于同样的错误，人们误以为自己的无知就是明智。这样，我们认为自己无所不
732b 知，而实际上我们却一无所知。我们不愿意把自己不懂的事情托付给别人去做，但如果我们自己做就一定会出错。所以，人人都要避免过分的自爱，要谦逊地跟随比自己好的人，不要让虚假的羞愧阻挡前进的道路。

还有一些不是很重要、但经常被人们提起并且也很有益处的话语，我们应该记住并经常回想它们。因为，正如有水涌入
732c 就会有水流出，回忆涌入，明智就会产生。我认为，一个人应当抑制过度的欢笑和哭泣，并且要劝其他人也这样做。无论顺境还是逆境，无论神是否能够带来好运，一个人都应该掩饰过度
732d 的悲伤和喜悦，并举止得体。好人可以期望，神会减轻他现在遭受的和将来会降临的苦难，他的处境会越来越好。而且，好的东西会降临到他头上，他会获得好运气，对此他应毫不怀疑。每个人都应该怀着这些希望，并且这样彼此劝勉，永不消沉，在工作时和休息时经常回想这些真理。

732e 关于人们应该做什么，以及他们应该成为什么样的人，我们在神圣事务方面的讨论，已经足够多了。可是，我们还没有讨论人类的事情，但我们必须讨论，因为我们是在与人对话，而不是在与神对话。快乐、痛苦和欲望是人性的一部分，因此，每一个凡间生物都必然受制于它们，并十分强烈地依赖它们。我
733a 们应当赞美最高尚的生活，不仅因为它有好的声誉，而且因为，如果一个人在年轻时愿意尝试而不是躲避它，他就会发现，这是人所追求的东西——在整个生命中拥有更多的快乐和更少的痛苦——中最高级的。这是显而易见的，只要一个人用正确

的方法尝试,他很快就会明白的。但是,什么才是正确的方法呢？这是我们必须在这个话题下考虑的问题。我们将一种生活与另一种生活进行比较,将较快乐的生活与较痛苦的生活比较,看一看哪种生活是符合自然的,哪种是违背自然的。

我们渴望快乐,而我们既不渴望也不选择痛苦。相对于快 733b
乐,我们不喜欢不苦不乐的中性状态,而相对于痛苦,我们更喜欢这种中性状态。我们希望较大的快乐相伴较小的痛苦,而不希望较大的痛苦相伴较小的快乐。如果两种处境中快乐和痛苦一样多,我们就不清楚自己更渴望哪一种。快乐和痛苦在数
量、大小、强度和均衡程度方面的差异,会影响一个人的选择。733c
因此,必然的规律是,对于有许多巨大而强烈的快乐和痛苦的生活,我们希望快乐占主导地位,而不希望痛苦占主导地位。同样,如果快乐和痛苦都很少、很小、很弱,我们就不希望痛苦占主导地位,而是希望快乐占主导地位。当生活处于有快乐也有痛苦的中间状态时,我们会以同样的方式来看待它:我们想
要自己喜爱的东西占主导的生活,而如果我们厌恶的东西占了 733d
主导,这样的生活我们就不想要。我们要明白,人的所有生活都与这两种情感紧密相关,我们也必须思考,什么样的生活是我们自然渴望得到的。如果我们想要这两者之外的其他东西,那么我要说,这种想法完全是由于对真实存在的生活的无知和无经验。

在区分出了希望的和自愿的东西与不希望的和非自愿的
东西后,就要制定法律,来选择那些适宜的、令人愉快的、最好 733e
的、最高尚的东西,这样就能过上最幸福的生活。那么,要选择什么生活,又有多少种生活可供选择？我们说,一种是节制的生活,另一种是明智的生活,还有一种是勇敢的生活,另外还有

健康的生活。与这四种生活相反的是另外四种,即放纵的、愚蠢的、胆怯的、病态的。明智的人知道,节制的生活在各方面都
734a 是温和的,有温和的痛苦和快乐,有适度的欲望和不猛烈的爱;而放纵的生活在各方面都是强烈的,有极度的痛苦和快乐,有强烈的欲望和极度疯狂的爱。在节制的生活中,快乐超过痛苦,而在放纵的生活中,痛苦在程度、数量和频率上都超过快
734b 乐。因此,两种生活中的一种自然一定是比较快乐的,而另一种则是比较痛苦的,想过快乐生活的人不可能选择放纵的生活。如果确实如此,那么显然可以推知,没有人自愿过放纵的生活。对于大部分人,生活缺乏节制,要么是由于无知,要么是由于缺乏自制,要么是两者兼有。我们应该以同样的方法来看待健康的生活和病态的生活。两者都有快乐和痛苦,但在健康
734c 的生活中,快乐超过痛苦,而在病态的生活中,则是痛苦多于快乐。在选择生活方式时,我们不希望痛苦占据主导地位。我们认为,快乐超过痛苦的生活是更愉快的生活。因此,与放纵的生活相比,节制的生活中的快乐和痛苦更小、更弱、更少。与愚蠢的生活相比,明智的生活也是如此。同样,与胆怯的生活相比,勇敢的生活也是这样。在这些两两成对的生活中,一种生
734d 活有更多的快乐,而另一种有更多的痛苦。勇敢的生活优于胆怯的生活,明智的生活优于愚蠢的生活。因此,一类生活总是比另一类更快乐。节制的、勇敢的、明智的、健康的生活比放纵的、胆怯的、愚蠢的、病态的生活更快乐。拥有身体和灵魂上的美德的生活,要比邪恶的生活更快乐,而且在高贵、正确、美德
734e 和名誉方面,它更是远远优于邪恶的生活,因而过这种生活的人要比过邪恶生活的人快乐得多。

序言我们已经讲得足够多了,现在该谈谈法律了,或者更

准确地说,是法律的概要。就网或其他编织物而言,经线和纬线不能由相同的材料织成,经线要更结实,要有一定的硬度,而 735a 纬线则要更柔软,要有一定的弹性。同样地,那些在城邦中担任官职的人,在各种情况下都应该与那些仅受过很少的教育的人合理地区别开来。城邦的政治体制有两部分,一部分是任命个人担任官职,另一部分是由官员实施的法律。但是,在安排这些事之前,要考虑以下问题。牧羊人、牧牛人、养马人或其他 735b 类似的人,在接手这些动物之后,首先要以适合于这个动物群体的方式清理它们,否则就不能开始照料它们的工作。他会把健康的和不健康的、好品种和坏品种分开,把不健康的和坏的品种赶到别的畜群里去,照料剩下的。他明白,如果不对这些家畜进行净化,他的工作就是徒劳的,对家畜的身体和灵魂不会起任何作用,因为那些被天性和不良的教养毁坏了的家畜会 735c 毁坏其他纯洁和健康的家畜。对于动物来说,这是无关紧要的,我们在这里提出,只是为了举个例子。但对于人类,这是十分重要的。

立法者应该发现并指出,在净化和其他问题上,什么方式 735d 是最合适的。例如,一个城邦的净化,有很多种方式,有些比较容易,有些比较困难。如果立法者同时也是僭主,他就可以实施那些最严厉的也是最好的净化。但是,对于没有专制权力的立法者,在用法律创建新的政治体制时,能实施哪怕是最温和的净化,他也会很满意的。最好的净化是痛苦的,就像用药物 735e 治疗一样,因为它包含正义的惩罚,还要借助死亡或流放来实现。我们通常就是这样处置那些最严重的罪犯的,这些人不可救药,给城邦带来了极大的伤害。温和的净化方法如下所述。由于一无所有而缺乏食物,一些人表现出追随穷人的领袖抢夺

736a 富人财产的意愿,这些人是城邦自然产生的疾病,立法者应以尽可能温和的方法把他们驱逐出去。这种驱逐被委婉地称为"殖民"。每一位立法者在开始时都应当设法完成这一任务,但对我们来说,目前的情况很特殊。因为在我们所处的环境下,没有必要安排殖民地或净化人群。相反,就像许多源头的
736b 水(有泉水也有激流)汇集在一起形成一个湖泊一样,我们必须谨慎,确保流入的水尽可能纯净。为了做到这一点,有时要将一部分水排出,有时要把水分流到侧渠。但是,每一种政治安排都可能存在困难和危险。既然我们现在只是在说而不是在行动,那就让我们假定,我们已经完成了选择的工作,并且我
736c 们所期望的净化已经实现了。对于那些想要加入我们、成为我们城邦公民的坏人,我们要在一段足够长的时间内,用各种各样的劝诱来考验他们,并要阻止他们进入。而对于好人,我们要尽可能友好地接纳他们。

可别忽视降临到我们身上的好运气,我们刚才说过,赫拉克里德殖民地曾经是这样的,现在我们也同样幸运,那就是,我们没有分割土地,也没有取消债务。要知道,这些问题总是危
736d 险的斗争的根源,而一个城邦如果被迫在这些问题上立法,它就既不能让一切保持原状,也不能以某种方式来改变它们。可以说,我们只能祈祷,希望在很长一段时间内能逐渐产生微小的、谨慎的转变,这种转变要通过那些拥有大量土地和许多债
736e 务人的人来实现。他们要心地善良,愿意与那些贫困的人分享自己的东西,有时是免除债务,有时是赠与。他们要坚持适度的原则,并认为,贫穷不在于财产的减少,而在于贪婪的增加。这是保全城邦的主要根源,而在这个坚实的基础上,以后可以建立任何适合于当时情况的政治秩序。但是,如果这一基础是

腐败的，城邦的管理就会困难重重。 737a

正如我所说的，我们可以避开这种危险。但是，我们最好说说，如果没有避开，怎样才能从中逃脱。我们可以大胆地断言，除了放弃贪婪、追求正义外，没有别的出路，无论是狭窄的还是宽阔的。所以，我们的城邦应当建立在这块基石上。无论如何，公民之间不应当有财产纠纷。如果他们之间存在古老的 737b
财产纠纷，在这些纠纷解决之前，任何有理智的立法者都不应对城邦作进一步的安排。就像现在我们的处境一样，神赐予我们一座没有内讧的新城邦，如果人们因为土地和房屋的分配而煽动彼此间的仇恨，那将是极其愚蠢和邪恶的。

那么，怎样分配才是正确的呢？首先，必须确定公民的人 737c
数，然后，就分成多少份和每一份的大小达成一致意见。我们要尽可能公平地分配土地和房屋。只有根据土地和邻邦的情况，才能正确地估计人数。土地必须能够确保一定数量的居民 737d
过节制的生活，但不需要过多。人口的数量要足够多，使他们既能保护自己不受邻邦的伤害，又能在邻邦受伤害时提供有效的援助。在对自己的和邻邦的领土进行调查之后，我们要在口头上和行动上作出决定。

现在，我们可以勾画出一个轮廓并着手立法了。假设有 737e
5040 人，这是个合适的数量，他们是土地所有者，并保卫自己的土地。房屋和田地也要分成同样的数量，每人得 1 份。5040 这个数字可以被分成 2 部分，也可以分成 3 部分，还可以被分成 4 到 5 个部分，以及 6 到 10 的任意个部分。每一位立法者都应该掌握足够多的算术知识，好知道哪个数字对城邦最有 738a
益。我们选取包含最多的和最连续的除数的一系列数。5040 这个数有各种除法，能被 59 个除数整除，包括从 1 到 10 的所 738b

有数字,这些分割方法可以用于战争时期与和平时期,可以用于契约、交易、税收以及土地分割。那些被法律赋予相应职责的人,必须常常学习并牢牢掌握这些关于数字的问题。

下面这些事情,应当在建邦之初宣告。无论是建立一个新城邦还是恢复一个旧的和衰败的城邦,就神和庙宇(在城邦中建造的庙宇,以及用来称呼它们的神或精灵)而言,如果立法
738c 者是一个有理智的人,就绝不会改变特尔斐神谕、多纳神谕、阿蒙神谕以及古老的传说以各种方式(无论是通过幻想或神的启示)劝谕的东西。根据这些劝谕,人们设立了与仪式相结合的祭祀活动,要么是本地的,要么是从托斯卡纳、塞浦路斯或其他地方引进的。依照这些劝谕,人们供奉神殿、雕像、祭坛和庙
738d 宇,并为它们分别设立了圣地。对于所有这一切,立法者不应该做哪怕是一点点的改变。他应该给城邦的每个部分都指定一位神、一位精灵或一位英雄。在分配土地时,他应该首先为这些圣所留出可选择的地方,并为其供给所需的物品。这样,几个地区的居民定期聚会时,所需的东西就会得到充分的供
738e 应。在献祭时,人们可以互相了解,成为朋友和熟人。对于一个城邦来说,最好的事情莫过于居民们彼此熟悉。如果人们处在黑暗中而不是在光明中,不知晓彼此的性格,那就没有人能正确地获得应有的荣誉、职位和公正。因此,城邦中的每个人都不要欺骗别人,要诚实和单纯,同时也不要让自己被虚伪的人欺骗。

739a 我们立法的下一步,类似于在跳棋游戏中把石头从神圣的界线上撤走,这是一个不同寻常的行为,乍一听可能会使人大吃一惊。然而,只要仔细地思考和衡量这件事,就可以发现,我们城邦的建设,虽然不是最好的,但也是第二好的。也许有人

不会接受这一点,因为他不了解不是僭主的立法者。事实上,
政治体制有三种形式——最好的、第二好的和第三好的,我们 739b
要把它们都提出来,然后将选择权交给负责建立殖民地的人。
我们现在就这样来做。我们先说说,就美德而言,最好的、第二
好的和第三好的政治体制分别是什么。然后,我们把选择权留
给克莱尼亚或其他人,这个人日后可能要作出这种关于政治体
制的选择并且想要赋予这个城邦他所珍视的自己祖邦的特性。

第一等的和有最好的法律的城邦是这样的,在那里,一句 739c
古话广为流传,“朋友们共享所有的东西”。假如下面这种情
况现在存在,或者将来会出现:妇女、儿童和财产都共有;所有
所谓的“私有”都被从生活中排除了;天然地属于私人的东西,
比如眼睛、耳朵和手,现在都成了公有之物,这样,人们的所见 739d
所闻和行动都是一致的;所有的人都一致地赞扬和责备,对同
样的事情感到快乐和悲伤;人们全心全意地喜爱那些使城邦尽
可能融为一体的法律。那么,关于什么是最高的美德,没有人
能提出比这个更正确、更好的定义。这样的城邦里也许住着不
止一位神或神之子,他们过着这样的生活,快乐地居住着。因 739e
此,人们不必到其他地方去寻找政治体制的模式,而应该紧紧
抓住这个模式,并竭尽全力寻求一个类似的模式。

我们现在讨论的政治体制,如果能够实现的话,它最接近
不朽,而且是第二好的。接下来,奉神的恩,我们将会谈谈第三
好的政治体制。现在,我们先来说说第二好的政治体制的本质
和起源。首先,让人们分配土地和房屋,但不必共同耕种,因为 740a
共同耕种对他们的出身、养育和教育的要求太高。在分配时,
要让财产所有者认为,他们的份额也属于整个城邦。土地就是
父母,他们应该比孩子照料自己的母亲更细心地照料自己的土

地。要知道,土地是女神和女王,而凡人是土地的臣民。对当
740b 地的神和精灵,他们也要怀有同样的情感。

为了使这种分配保持不变,他们要进一步考虑到,目前的家庭数量应该永远保持不变,不能增加或减少。对于一个城邦来说,可以通过以下方式来确保这一点。土地的所有者在自己的儿女中只确定一个孩子作为继承人,这个孩子是他最喜爱
740c 的,要侍奉家族和城邦在世的和继承时已经离去的神。有一个以上子女的,对于其他子女,要依照法律把女儿嫁出去,儿子则要分配给那些没有儿子、愿意抚养儿子的人。如果没有这样的收养人,或者有的人有过多的子女,或者有的人由于不孕而孩
740d 子太少,对于所有这些情况,由我们指定的最高和最受尊敬的官员来判断和决定,如何处理家庭成员过剩或不足的问题,并设计出一种方法,使 5040 户家庭的数量始终保持不变。有很多办法可以保持这个数目。子女过多的,就限制生育。对于相反的情况,就通过给予荣誉和耻辱来增加生育的数量,或者可
740e 以通过让年长的人劝诫年轻人来达到这一目的。在这之后,如果还是很难保持 5040 这个数字,而且生活在一起的人感情太深,使得人口过多,而我们已经无计可施了,那就可以采用我们经常提到的古老的办法,就是派遣合适的人去殖民地,让他们
741a 像朋友离开朋友一样与我们分开。另外,如果城邦遭受疾病泛滥或毁灭性战争的袭击,由于死亡,人口大大少于规定的数量,那么,虽然我们本不会自愿地接纳那些出生和教养都低劣的人,但我们不能对抗必然性,因为即使是神也不能对抗必然性。

根据目前的论述,我们提出以下建议:“我最优秀的朋友,在数量和每一种好的和高贵的品质方面,永远不要懈怠,要依
741b 据自然遵守相似、平等、相同和一致的原则。首先,最重要的

是,在一生中都要守住 5040 这个数字。其次,不要轻视你们在分配中得到的那份不多又适度的财产,不要相互买卖它们。不然,无论是那位分给你财产的神,还是立法者,都不会与你为友。”对那些不顺从的人,法律宣告,他可以在以下这些条件下选择接受或不接受分配。首先,他要知道,土地是献给诸神的。 741c
其次,男女祭司在第一次、第二次和第三次献祭时祷告,让那些买卖分得的房屋和田地的人,受到应受的惩罚。他们的祷告,要刻在庙宇里的柏木片上,作为对他人的训诫。此外,执行这 741d
些事务的任务要交给有最敏锐的目光的官员。这些官员要保持警惕,以发现违反者,使不服从法律和神明的人受到惩罚。这样一个法令,对遵循它和依据它组织的城邦有多大的好处,正如古老的谚语所说的那样,坏人永远不会知道,只有经验丰富和有良好习惯的人才知道。依照这样的安排,赚钱的机会就 741e
不多了。任何人都不应该、也不应该被允许从事任何不光彩的职业,这种职业的粗俗对自由人来说是一种耻辱,任何人都不应该想要通过这种方式来获取财富。

此外,法律还要规定,私人不得拥有金银,而只能拥有日常 742a
交易使用的钱币。在与工匠打交道时,以及支付雇工(他们是奴隶或外邦人)的报酬时,几乎不可避免地需要钱币。因此,我们认为,人们应当有一种仅在他们自己中间流通而在其他地方毫无价值的货币。然而,城邦还必须要有通用的希腊货币,供远征时使用,以及与外邦交往时使用,如派遣使节或信使的 742b
时候。如果个人非得去外邦不可,在征得官员的同意后就可以去。如果有人从外邦回来时有多余的外邦货币,就要把这些外币存入城邦,并可以获得等值的本地货币。如果有人被发现私藏外币,这些外币就要被没收。那些知情却不报告的人,要与带回外币的人一同受到诅咒和责备，并要被处以不少于带回来的外币的罚款。在男婚女嫁时，任何一方都不得给予或接受嫁妆。任何人都不应该把钱交给自己不信任的人。不得借钱给
742c 他人以获得利息，否则，借款人可以拒绝偿还借款，包括利息和本金。

这些是一个城邦在实践中应遵守的最佳规则，如果把它们
742d 与城邦的首要原则和意图联系起来，就可以看出这一点。我们认为，一个理性的治邦者的意图，并不是大多数人所说的好的立法者应有的意图。人们说，立法者仁慈地为之立法的城邦应该尽可能地大和富有，要有许多金银，并统治尽可能多的陆地和海洋上的人。他们认为这才是立法的真正目标，同时又补充
742e 说，真正的立法者希望城邦尽可能地成为最好、最幸福的地方。但他们不知道，在这些事情中，有些是可以实现的，有些是不能实现的。治理城邦的人应该着眼于可能得到的东西，而不是沉溺于不可能实现的愿望或企图完成不可能完成的事情。

公民要既幸福又善良，而立法者要努力使他们如此。但是，一个人不可能既非常富有同时又是好人，至少不可能是多数人所说的那种富有。因为，人们所说的"富人"，指的是拥有最值钱的财产的少数人，而这种财产即使是邪恶的人也可能拥
743a 有。果真如此的话，我决不会同意这样的说法：一个富人即使不是好人，也会是幸福的。一个人不可能既是好人又非常富有。有人可能会问："为什么不能呢？""因为，"我们会回答说，"既用正义的手段又用不正义的手段获得的钱财是单纯用正义的手段获得的钱财的两倍以上。而那些既不愿意在高尚之处、也不愿意在卑贱之处花费的人，其支出仅仅是那些喜欢为高尚
743b 目的花钱的人的支出的一半。这样，如果一个人收入加倍、支

出减半，那么与他情况相反的人就不可能比他富有。这些人中，有一种是好人。另一种人，只要他是个守财奴，就也不算坏，否则，他就坏透了，但正如我刚才所说的，这种人绝不是好人。一个人既用正义的手段又用不正义的手段获得钱财，同时既不正当地花钱，也不非正当地花钱，只要他节俭，就可以很富有。另外，极坏的人一般都挥霍无度，因此非常贫穷。如果一个人把钱花在高贵的东西上，并且仅仅使用正义的手段获得财 743c
富，那么他就不可能极其富有，同样也不会非常贫穷。那么，我们的说法是正确的，那就是，非常富有的人不是好人，而如果他们不是好人，他们就不幸福。”

我们立法的目的是，让公民尽可能地幸福，并尽可能地彼此友好。那么，如果公民之间有很多诉讼，有很多不正义，他们就永远不会成为朋友，除非这些事情很少、很轻微。因此，我们 743d
说，城邦里不应当有金银，也不应当有通过放债或饲养低等牲畜而进行的庸俗交易，而应当只有农业产出的东西，因为只有这种东西不会迫使我们因为追求它而忽视财富存在的目的，这个目的就是灵魂和身体。而且，如果没有体育和其他教育，灵 743e
魂和身体也永远不会成为有价值的东西。正如我们不止一次说过的，在我们的思想中，对财富的追求应该排在最后。人人都应认真对待的事情有三件，财富排在最后，身体处于中间，灵魂处于首位。就我们谈论的政治体制而言，如果按照这个标准授予荣誉，那它就能正确地制定法律。但是，如果在将来要制定的法律中，健康比节制更受尊重，或财富比健康和节制更受 744a
尊重，那么，这个法律显然是错误的。因此，立法者也应该经常问自己：“我想要的是什么？”还有，“我达到目标了吗？还是偏离了目标”？这样，他才能完成立法任务，也免去了别人的麻烦，而且这是唯一的出路。

744b 现在，让得到土地的人在我们提到的条件下保有自己的份额。如果每一个进入殖民地的人都能拥有同等数量的其他东西，那肯定是一件好事。但是，这是不可能的，因为一些人会带着较多的财产，而另一些人带来的财产比较少。因此，出于种种原因，尤其是为了城邦中的机会平等，有必要存在不平等的财产等级。为此，官职、赋税和分配要根据个人的价值来确定，
744c 不仅要考虑他祖先和他自己的美德，以及他身体的强壮和俊美，还要考虑到他富有或贫穷的程度。这样，根据这种合比例的不平等法则，人们就能尽可能平等地获得官职和荣誉，因此就不会有争吵和纠纷。出于这些原因，应根据财产的数量划分出四个等级，人们分别属于第一、第二、第三或第四等级，或用其他类似的名称。一个人可能会一直处于原有的等级，而在从
744d 贫变富或从富变贫的情况下，也可能会转入另一个等级。

在这之后，要制定的法律如下。如果一个城邦想要避免最大的灾难，这种灾难是"内战"而不是"内讧"，那么，公民就中不应该有极度的贫困和极度的富有，因为这两者都是"内战"和"内讧"的根源。因此，立法者应该为贫穷和财富确定限度。
744e 贫穷的限度应定为份地的价值。这一价值必须保持不变，官员或其他希望因美德获得尊重的人，在任何情况下都不应允许减少这一价值。在确立了这个尺度后，立法者可以允许一个人得到这个数额的 2 倍、3 倍甚至 4 倍的财富。但是，如果一个人拥有超过这个数额 4 倍的财富，无论是通过发现某物、接受馈
745a 赠或在生意中赚钱获得的，还是通过其他机遇获得的，他都要把超出的财富交给城邦和保护城邦的神，这样，他就会受到尊重，就不会受到惩罚。但如果有人违反了这条法律，任何人都

可以举报他,违法者要把超出部分一半的财产交给举报者,把另一半交给诸神。每个人的财产,除了分配得到的以外,都要公开登记在法律指派的官员保管的账簿上。这样,一切财产的 745b
争讼,都会容易处理,事实也会十分清楚。

接下来要注意的是,城市应该尽可能建在城邦的中心。我们应该选择一个拥有适合城市的东西的地方,而这些东西是很容易想出来和列举出来的。然后,我们要把城市分成 12 个部分。首先,要为赫斯提亚、宙斯和雅典娜建立圣殿,命名为“卫城”,把它用围墙围起来。12 个部分从这一点辐射开来,分割 745c
城市本身和整片领土。12 份土地应当均衡,原则是,好的土地小一些,而劣质的土地大一些。土地要分为 5040 份,每份要分成两部分,一部分在城市附近,另一部分在比较远的地方。离城市最近的地段搭配离城市最远的地段,离城市第二近的地段 745d
搭配离城市第二远的地段,以此类推。此外,在地块的两部分,应采用我们刚才提到的土壤均衡原则。土壤的好或者差要通过扩大或缩小分配的土地面积来平衡。立法者还应将公民分成 12 部分,并分配他们已经登记在册的其余财产,尽可能使 12 个部分平等。然后,要为 12 个部分指定 12 位神,每一位神分到一个部分,每个部分用各自的神的名字来命名,称为“部 745e
落”。接着,依照划分城邦土地的方法,把城市分为 12 个部分。每人要有两所房子,一所靠近中心,一所靠近边界。殖民的事情就这样完成了。

但是,我们要考虑到,我们描述的这种安排,不可能都有符合其要求的、使其能按计划实施的环境。我们的假设是,人们 746a
不反对这样的生活方式,那就是,终生容忍财产被限定在适度的范围内,接受法定的生育限制,愿意被剥夺黄金和立法者在

法令中明确禁止拥有的其他东西，并且接受乡村和城市的这种安排，也就是在中心和四周都有住所。这一切就好像立法者在
746b 说梦话，或者是在用蜡建造城邦和公民。这种反对意见是有道理的，因此，请注意我下面要说的话。“啊，我的朋友们，”立法者会对我们说，“不要以为我不知道，你们说的话有一些道理。但我认为，对于将来的而不是现在的事情，要展示其所追求的
746c 模式的人，绝不应漏掉最高贵和最真实的东西。如果他发现这一工作的任何部分不可能完成，他应该避开不去做。但是，他应该设法完成最接近和最类似的工作。应该允许立法者完成自己的计划，在完成之后，应当同他一起商讨，立法的哪一部分是可行的，哪一部分是行不通的。因为，即使是制造最平庸的
746d 物品的工匠，如果他想要有点价值，也必须让自己的作品始终保持一致。”

既然我们已经决定要划分出 12 个部分，那就让我们看看下一步要怎样做。这并不难，找到分割每部分的除数以及由此产生的其他数字，直到最终的数字 5040。法律以这种方式规
746e 定氏族、乡和村，以及军事单位和行军行列，还有货币单位、液体和固体的度量单位及砝码，以便它们能够以同单位度量并彼此一致。此外，不要担心显得过分注重细节，法律应当规定，人们拥有的所有器皿都应该有一致的尺寸。一个普遍的规则是，
747a 数的划分和变化对任何事情都是有用的，这既有数字本身的变化，也有高度和深度的变化，还有声音的变化，以及包括直上直下和圆周旋转的运动变化。

立法者要考虑所有这些事情，并要求公民尽可能不要忽视
747b 关于数字的规定。因为，与家庭管理、政治体制和所有的技艺相比，没有哪一种教育对数字的研究能像学习算术那样具有如

此强大的力量。最重要的是,算术能使天生懒惰和迟钝的人振奋起来,加快他的学习速度,增强他的记忆力,使他变得聪明,在这种神圣的技艺的帮助下,他能取得超越天赋能力的进步。只要立法者能通过法律和习俗,从人们的灵魂中驱除吝啬和贪
婪,使人们能够恰当地利用算数知识为自己造福,这种教育就 747c
是很好、很合适的。但如果做不到,这种教育就会无意中在其中培养出狡诈的习惯而不是智慧,我们可以在埃及人、腓尼基人和其他许多民族中看到这种邪恶的倾向,他们追求的和获得
的都是庸俗的东西,这是他们的立法者造成的,或是坏运气或 747d
自然的某种障碍造成的。

哦,梅吉卢,克莱尼亚,我们不能不注意到,地区之间是有区别的,有些地方使人变好,有些地方则使人变坏。制定法律时,不能忽视这一因素。各种各样的风和不同的阳光照射对一些地方有利或者不利。水也是这样。还有土壤中生长的植物,
它们不仅能对人们的身体产生或好或坏的影响,而且还能对灵 747e
魂产生类似的影响。然而,在所有这些地方中,有的地方最好,那里有神圣的风,还有精灵照管土地,那些不时来定居的人受到友好或者不友好的接待。明智的立法者应当尽可能地关注这些问题,并据此制定法律。这也是你必须做的,克莱尼亚,因为你要建立一个殖民地,你必须首先把注意力转向这些事情。

克莱尼亚:先生,你说得很好,我会照你说的去做。

第六卷

751a **雅典人**:现在,预备工作已经结束了,我们将开始任命官职。

克莱尼亚:是这样的。

雅典人:政治体制的秩序包括两部分。首先是任命官员,包括有多少人和如何选出
751b 他们。然后,为每个官职制定法律,包括法律的类型、数量和适用的对象。不过,在选举官员之前,让我们先停下来,谈一谈这件事。

克莱尼亚:什么事呢?

雅典人:我要说的是,每个人都很清楚,虽然立法是最重要的事情,但如果一个良好的城邦,有完善的法律,却任命不称职的官
751c 员,那么好的法律不仅是无用的,而且是荒谬的,还会使城邦遭受极大的伤害甚至使其毁灭。

克莱尼亚:确实如此。

雅典人:那么,我的朋友,让我们来看看,

这个城邦可能会发生什么。首先,你们知道,如果想要把官职的权力交给正确的人,这些人及其家庭必须要经过充分的检验——从青年时代直至被选中为止。其次,负责遴选的人应当受过法律习俗方面的训练,并受过良好的教育,以便能够作出 751d
正确的判断,选择或拒绝值得他们认可或反对的人。但是,我们怎么能想象,那些最近才聚在一起,彼此不了解,也没有受过训练的人,能够不在选择官员方面犯错误呢?

克莱尼亚:他们不太可能做到。

雅典人:但是,这是很重要的事情,不能找借口推脱。那
么,让我来说说,我们应该怎么做。正如你对我所说的,你已经 751e
向克里特人承诺,你和其他九个人将致力于这个新城邦的建
立,而我也答应通过现在设想的这个传奇故事来帮助你。我当 752a
然不愿意让这个故事没头没脑地在世界上到处流传,无头怪物是多么可怕的东西!

克莱尼亚:你说得很对,先生。

雅典人:是的,我将尽力照我所说的去做。

克莱尼亚:我们一定要照你的建议去做。

雅典人:在神的恩典下,只要年龄允许,我们就这样做。

克莱尼亚:神必施恩。 752b

雅典人:是的。在神的指导下,让我们继续考虑下一点吧。

克莱尼亚:是什么呢?

雅典人:请注意,我们建设城邦,这是一个勇敢和大胆的创造。

克莱尼亚:你有什么特别的想法?为什么这么说?

雅典人:事实是,我们为没有经验的人立法,但对他们将会如何接受我们颁布的法律却没有任何的不安或担心。克莱尼

752c 亚,一个人不需要很聪明就能看出这一点:没有人一开始就会轻易接受一项法律。但是,如果我们有足够长的时间,能够等到那些从小就被灌输这种法律思想、在这种思想中成长起来、习惯于这种思想的人长大并参加城邦的公开选举,如果这是可以实现的,而且是通过某种方法或手段正确地实现的,那么,我认为,最终,一个如此训练有素的城邦会很稳定的。

752d **克莱尼亚**:这样设想是有道理的。

雅典人:那么,让我们考虑一下,我们是否能找到解决这个难题的方法。克莱尼亚,我认为,克诺索斯人,比起其他克里特人,不应该仅仅满足于履行对殖民地的职责,还应该尽最大的

752e 努力,以最好和最可靠的方式任命第一批官员。法律维护者的选择最为重要,他们必须首先以最谨慎的态度被选出,而其他官员的选择就没有那么困难。

克莱尼亚:我们能想出什么办法来选举他们呢?

雅典人:方法是这样的。"克里特的孩子们,"我要对他们说,"既然克诺索斯人在大多数克里特的城邦中有优先地位,他们就应该联合来这里定居的其他人,选出 37 个人,其中 19

753a 个选自殖民者,其余的从克诺索斯的居民里选出。"克诺索斯人会将这些人移交给你的城邦,并让你成为这个殖民地的公民和那 18 个人中的一员——要么说服你,要么使用一些暴力来强迫你。

克莱尼亚:但是,先生,为什么你和梅吉卢不加入我们这个新城邦呢?

雅典人:啊,克莱尼亚,雅典是骄傲的,斯巴达也是这样。

753b 而且,它们距离那里都很远。但是,对你和其他殖民者来说,就像你所说的那样,这很方便。

我一直在谈,在目前的情况下,怎样才能最好地管理新公民。过了一段时间,如果这种政治体制还维持着,选举要按如下方式进行。所有的骑兵或步兵以及在合适的年龄服兵役的人,均应参加选举。选举要在城邦最神圣的庙宇举行,每个人 753c
都要把一块小石板带到神的祭坛前,在上面写下自己想选的人的名字、此人的父亲的名字,和此人的部落的名称和居住地区。而且,他还要在旁边以同样的方式写下自己的名字和相关情况。任何人都可以拿走任何一块自己认为写得不恰当的石板,
并在集市上展示不少于 30 天。排名在前 300 的石板由官员向 753d
全城展示,从这份名单中,人们以同样的方式再次选出自己喜欢的人。在第二轮之后,再次向大家展示前 100 个名字。在第三个回合中,有意愿参加投票的人要在祭祀的动物中间走过,并从这 100 个人中选出自己喜欢的人。得票最多的 37 人,经过审查后被任命为官员。

可是,克莱尼亚,梅吉卢,设立官员和对他们进行审查,谁 753e
能在殖民地做这些事呢?我们思考一下就会发现,一个正在建设中的城邦,必须有这样的人,但在没有任何官员之前,又不可能找到他们。然而,不管怎样,他们必须存在,而且他们不是能力差的人,而可能是能力最强的人。正如谚语所说,“良好的开端是成功的一半”。大家都称赞良好的开端。在我看来,好
的开端超过一半,而人们却没能给它足够的称赞。 754a

克莱尼亚:的确是这样。

雅典人:那么,我们不要故意回避这个难题,我们自己要头脑清楚,要知道如何处理它。现在,就我而言,我想不出处理这个问题的办法,而只能做一个陈述,在目前的情况下,这是必要的,也是有用的。

克莱尼亚:是什么呢?

雅典人:我认为,我们即将建立的这个城邦的“父亲”和
754b “母亲”,不是别人,就是它自己。我知道,许多殖民地过去和将来都与殖民者有分歧。但是,现在,这个新城邦就像家中幼年的孩子,在还缺乏教育时,天生地爱父母,也被父母爱。虽然在未来的某一天,他可能与父母不和,但他还是会回来寻求帮助,他会发现,在需要帮助时,只有家人才是自己的天然盟友。
754c 我认为,克诺索斯人对新城邦有这种父母式的情感,这一点从他们对新城邦的关心就可以看出来。这个年轻的城邦对克诺索斯人也有类似的情感。我再说一遍我刚才说过的话(好的事情多说一次也无妨),克诺索斯人应该参与这些事,从殖民者中选出至少 100 个最年长、最好的人。然后,再选出 100 个克诺索斯人。我认为,这些人要到新的城邦去,并共同履行监管
754d 的职责。官员要依照法律任命,并在任命后接受审查。这一切完成后,克诺索斯人将返回家园,这个年轻的城邦要通过自己的努力使自己安全和幸福。

我们选出的 37 个人,他们现在和将来要履行以下职责。首先,他们要担任法律维护者。其次,他们是登记册的保管人。在这些登记册中,每个人向官员登记自己的财产数额,第一等
754e 级的公民可以有 4 米纳*,第二等级的可以有 3 米纳,第三等级的可以有 2 米纳,第四等级的可以有 1 米纳。如果有人拥有未经登记的东西,这种超额财产就要被没收,而且,任何人都可以告发这个违法者。如果违法者为牟利而藐视法律,因此被判有罪,那么,这种审判就既不高尚也不显赫,而是可耻的。谁想控

* 米纳:希腊货币单位,1 米纳等于 100 德拉克马。——译者注

告此人可耻地贪恋利益,都可以把他带到法律维护者面前受
审。如果被判有罪,此人就不得再分得公共财产。城邦再次分 755a
配财产时,除了原有的份额外,他将得不到任何份额。而且,他
在有生之年,都会被登记为罪犯,任何人都可以看到他的犯罪
记录。法律维护者任职不得超过 20 年,选举的最低年龄为 50
岁。年满 60 岁当选的,只能任职 10 年,以此类推。因此,如果
一个人的年龄在 70 岁以上,他就不能再指望自己还会被允许 755b
担任法律维护者这个重要的职务。这就是法律维护者的三项
职责。随着立法的进一步展开,每一部法律还会赋予他们进一
步的职责。

现在我们来谈谈其他官员的选举。要选出将军,还有将军
在战时的助手,包括骑兵指挥官、部落指挥官,还有指挥步兵的 755c
人,大多数人称他们为“连队指挥官”,这个名称是很合适的。
将军由法律维护者从城邦的本地人中提名,正在服兵役或已经
在适龄时服过兵役的人,要从被提名的人中选举出将军。若有
人认为,在未被提名的人中,有人比被提名的人强,他就要说出 755d
自己认为更好的人和要取代的人的名字,并就此事起誓,提名
自己喜欢的人。然后,通过表决,这两人中的获胜者将被列入
选举名单。通过表决获得最多选票的三个人将被任命为将军
和军事监督,他们像法律维护者一样,要经过事先审查才能当
选。当选的将军要提名自己的 12 个连队指挥官,每个部落一 755e
名。连队指挥官的反对提名、表决和审查程序,和将军的一样。
在执行委员会和议事会被选举出来之前,法律维护者要在一个
尽可能是最神圣和最宽敞的地方召开大会,一边是重装步兵,
另一边是骑兵,第三部分,紧挨着他们的,是其他兵种。将军和
骑兵指挥官由所有人投票选出,连队指挥官只能由那些携带盾 756a

牌的人(重装步兵)投票选举。部落指挥官由骑兵选举。轻装部队、弓箭手和其他部队的指挥官,要由将军任命。还剩下骑兵指挥官的任命。由提名将军的人来提名骑兵指挥官,其选举
756b 和反对提名的方式与将军的相同。骑兵应投票,而步兵旁观选举。得票最多的两个人成为骑兵指挥官。对投票的争议,允许提出不超过两次。对于第三次提出的争议,要由主持几次选举的官员作出决定。

议事会由 360 名成员组成,因为 360 是一个方便细分的数
756c 字。如果我们把所有人分成 4 部分,每部分就是 90 人,从每个等级中就可以选出 90 名议员。首先从第一等级的人中选出候选人,所有的公民都要投票,违反者要被处以罚款。选出候选人后,要把他们的名字记录下来。这就是第一天的工作。第二天,按照与前一天相同的方式,从第二等级的人中选出候选人。
756d 第三天,从第三等级的人中选举,任何人都可以投票,但前三个等级的人必须投票,而第四即最低等级的人不受强迫,这一等级的人不投票不会受到处罚。第四天,候选人从第四个即最低等级的人中选出。他们由全体公民选出,但第三和第四等级的人,如果不愿意投票,不受处罚,而第一或第二等级的人,如果
756e 不投票,就会被处以罚款。第二等级的人要缴纳基础罚金 3 倍的罚款,第一等级的要缴纳 4 倍的罚款。到了第五天,官员要把记录下来的名字展示给全体公民看,每个人都要投票,否则就要被处以基础罚金的罚款。每一等级选出 180 人后,从中抽签选出一半。对其审查后,这些人就组成了本年度的议事会。

上面所述的选举方式是介于君主制和民主制之间的折中,
757a 这是政治制度应当始终遵循的方式。因为,即使拥有平等的地位,奴隶和主人也永远不能成为朋友,坏人也永远不会和好人

成为朋友。如果把平等给予不平等的事物，而又没有采取适当的限制措施，其结果将是不平等的，而其中的平等和不平等，这两者都会导致城邦的内讧。俗话说，"平等产生友谊"，这句话说得好，很有道理。但是，关于什么样的平等能做到这一点，是 757b
模糊和混乱的。有两种平等，虽然在名称上相同，但实际上在许多方面几乎是完全相反的。第一种平等是尺寸、重量和数量方面的平等，任何城邦或立法者很容易按照这种平等来分配荣誉，用抽签的方法平等分配。但是，还有一种更好、更高层次的平等，却不那么容易被辨认出来。这就是宙斯的裁判，它对人类的帮助只有很少的一点点，但即使是这一点点，对个人和城 757c
邦来说，也会带来极大的好处。它分给伟大者较多的东西，分给渺小者较少的东西，给予每个人适合其天性的东西。最重要的是，把较大的荣誉给予美德方面较高的人，把较小的荣誉给美德较小的人，按照美德和教育的程度成比例地分配。这就是正义，这永远是政治制度的真正原则。克莱尼亚，我们应当以此为目标，并根据这一原则建立这座新城邦和今后可能建立的 757d
其他城邦。立法者不应该关注一个或多个僭主的利益，或者民众的政权，而是应该始终关注正义。这就是我们刚才所说的，在每一种情况下把自然的平等给予不平等的人。尽管如此，为了避免某些地区陷入内战，城邦有时不得不模糊两者之间的区 757e
别。因为平等和宽容总是违反完美的、严格的正义规则。正是出于这一原因，城邦被迫要采用平等抽签的办法，以此来避免民众的不满。而且，在这样做的时候要祈祷，祈求神和好运指引城邦走向最高的正义。尽管不得不采用两种形式的平等，但 758a
我们应该尽可能少地使用依靠运气的那一种。我的朋友们，出于这些原因，城邦想要存活就必须这样做。

就像在海上航行的船必须日夜守望一样,一个城邦在周边城邦的浪潮之中,容易受到各种阴险的攻击。因此,官员们和
758b 护卫们要从早到晚轮流值班,连续不断。但是,一个庞大的群体不可能充满活力地完成这种任务。大多数议员大部分时间要留在自己家中,处理自己的私事。因此,议员们要被分为12
758c 个部分,分别对应12个月,每部分1个月,轮流守护城邦。他们的任务是及时接待本邦和外邦来访的人,这些人要么想提供信息,要么询问一些问题,如果问题是由其他城邦提出的,这个城邦就要回答,如果问题是向其他城邦提出的,这个城邦就要得到答复。此外,在有可能发生内部骚乱的时候(这种骚乱总
758d 是可能以某种形式发生),他们要尽可能地阻止其发生。如果骚乱已经发生了,他们要赶紧通知城邦,以平息骚乱。这就是为什么城邦的这个机构要负责召集和解散公众集会,包括例行的集会和紧急的集会。议事会的十二分之一,在一年的某一月里负责这些事情,在剩下的11个月里休息。议事会与城邦的
758e 其他官员合作,一起守卫城邦。这样,城邦就会井然有序。

那么,城邦的监管具体由谁来负责,应该怎样安排呢?既然整个城邦已经被分成了12个部分,是不是应该为城邦的道路、住宅、建筑、港口、市场、水源、圣所、庙宇和所有此类东西指派监督者呢?

克莱尼亚:当然应该。

759a **雅典人**:对于庙宇,我们认为,应该有看守人和男女祭司。还必须有道路和建筑的监督员,他们监督人,也监管动物,制止人畜的破坏,确保城区和郊区的秩序。为此,要任命三种官员,根据城邦的需要提供适当的服务。负责刚才提到的那些事务的人,称为"城邦管理者";负责市场秩序的人,称为"市场管理

者”;负责管理神殿的人,称为祭司。对世袭的男女祭司,不得 759b
改变其职务。但是,对于一个新城邦来说,情况可能是,很少或根本没有世袭的祭司,那我们就必须为诸神任命男女祭司。我们的官员,有些由选举产生,有些由抽签产生。将民主和非民主的方法结合起来,可以使人们相互友好、思想一致。

祭司要用抽签的方式选出,这样,对他们的选择就交托给 759c
了神,由神凭自己的意旨行事。中签的人要接受审查。首先,看他身体是否健全,出身是否合法。其次,要确保他来自一个完全纯洁的家庭,他必须是清白的,没有犯过谋杀和其他违反宗教的罪行,他的父母也要同样地纯洁。祭司们要从特尔斐神
庙获得关于神圣事务的礼法,并指定礼法的解释者,在解释者 759d
的指导下运用这些礼法。祭司的职任为 1 年,不可超过 1 年。根据宗教法律,执行这一神圣职务的人应不少于 60 岁。关于女祭司的法律也是如此。解释者的任命方式如下。12 个部落分成 3 组,每组 4 个部落,每次每组从本组部落成员中选出 4 人,共选 3 次。每组选出的 12 人中得票最多的 3 人(总共 9 人)要被仔细审查,之后被送往特尔斐神庙,由神从每个三人
组中各选出 3 人。解释者的年龄限制和审查规则和祭司的一 759e
样。这些解释者要终身任职,若有人去世,则由缺员的四个部落从死者的部落中补选。除祭司和解释者外,还必须有司库,
负责管理庙宇的基金、神圣土地及其收成和岁入。他们要从最 760a
高等级的人中选出,3 人负责最大的庙宇,2 人负责较小的庙宇,1 人负责最小的庙宇。他们的选举和审查方式与将军的相同。这些就是关于神圣事务的安排。

要尽量让所有的一切都受到保护。守护城邦的任务要交
给将军、连队指挥官、骑兵指挥官、部落指挥官和执行委员,还 760b

有城邦管理者和市场管理者（在我们选举并任命他们之后）。城邦土地的其余部分要按下述方式来守卫。全部领土已被分为 12 个几乎相等的部分，每个部落每年通过抽签分到 1 个部分。每个部落提供 5 人作为田地管理者或护卫者。这 5 个人
760c 中的每个人都有权从本部落选出 12 个青年人，这些青年的年龄不得小于 25 岁，不得超过 30 岁。用抽签的方式把这 12 个小组分配到 12 个不同的部分，每个月轮流一次，这样他们就能获得对整个城邦的经验和认识。这些护卫者及其卫士的任期是 2 年。对于抽签分配的土地部分，卫士要在护卫者的指挥
760d 下，从左到右（从西到东），每个月转入一个土地区域。为了使卫士们不仅可以了解城邦某个区域在一年中的一个季节的情况，而且还可以尽可能地体验每个地区在不同季节的情况，一
760e 年的轮回结束、第二年开始的时候，护卫者要带领他们向左往回巡视，进入各个区域，直到完成第二年的任务为止。第三年，要重新选出护卫者和卫士，每组 5 个护卫者，每人是 12 个卫士的长官。他们在各驻地工作时，职责如下。首先，尽力保卫土地，抵御敌人侵害。他们要在需要的地方挖沟渠、挖战壕，并建立防御工事来阻止那些试图以各种方式侵犯土地和财产的人。
761a 他们可以征用牲口和当地的奴隶来完成这些任务，牲口和奴隶是他们的工具，在其闲置时他们可以随便使用。对于敌人，要使每一个地方都不容易被进入。但对己方（包括人、驮畜和牲畜），要尽可能让他们容易进入，要让他们进入的每条路都尽
761b 可能地平坦。在雨水从山上流入山谷中时，应当使其有益而不是有害。要建造防御工程和沟渠截住溢出的水，要让山谷吸收、潴积雨水，为较低的田地和其他地区提供溪流和泉水，为干旱的地区提供充足的优质水源。至于水源，无论是河流还是山

泉,都要通过种植和建筑来美化和润色。要凿出渠道来连接池 761c
塘,确保供水充足。如果附近有神圣的树林或圣地,要把溪流引入诸神的庙宇,以便一年四季都能美化它们。在这些地方,年轻人要为自己和老年人建设体育场,为老年人和体弱者建造温水浴室,并储存充足的干燥木材。要热情地关照和帮助那些 761d
生病的人和因劳累而疲惫不堪的人,这要比一个不太聪明的医生强得多。这些和类似的活动既实用,又有美化的作用,还提供了不乏优雅的娱乐。在这些事务上,他们的主要职责如下:60 人组成的小分队要保卫各自的地区,不仅要防范敌人,还要防范自称是朋友的人。当奴隶或自由人冒犯了邻居或其他公 761e
民时,这种小事由 5 个护卫者处理。但是,对于索赔金额达 3 米纳的较大的争议,要由 5 个护卫者及其 12 个助手组成的 17 人小组来裁决。

每个法官和官员在任职时都应受到审查,唯一的例外是那些像君王一样有最后决定权的人。对于田地管理者也是如此。如果他们对所监管的人有不正义的行为,包括施加不公平的负担,或未经同意擅自拿走土地上的产品或农具,或接受任何形 762a
式的贿赂,或作出不公正的判决,或被阿谀奉承所迷惑,那么,他们就要在公众面前受到羞辱。对于他们对当地居民所做的不正义行为,如果索赔的金额少于 1 米纳,他们应自愿接受附近村民的审判。如果索赔数额较大,或者虽然数额较小但被告 762b
不愿意接受审判,原因是认为下月迁往一个新的地区就可以逃避审判,在这种情况下,受害人可以向普通法庭提起诉讼,如果受害人胜诉,拒绝自愿接受审判的被告就要支付双倍的赔偿。护卫者及其卫士在任职的两年期间,应在其所在地点和大家共用膳食并一起居住。如果不吃公餐,或者在外面过夜,哪怕只 762c

有一天或一夜,而且不是因为指挥官的命令或者是出于非常必要的原因,有 5 个人告发其擅离职守,并把他的名字写在集市上,那么,他就要因背叛公职而受到羞辱,任何遇见他并想惩罚
762d 他的人,都可以揍他一顿而不会因此受罚。如果某个官员犯了这样的罪,全体 60 个官员都要去审查他。如果这些官员中有人注意到或听说了这样的行为,但没有报告,那就要依据同样的法律被判有罪,并将受到比其下属更严厉的惩罚,还会被取消监管下属的资格。法律维护者应当仔细监督这些事,尽可能
762e 防止其发生,如果发生了,要让违法者得到应有的惩罚。

每个人都应该记住这条普遍的规则:没有做过仆人的人,永远不会成为值得称赞的主人。一个人应该为自己服务得好而不是指挥得好而自豪。首先,是为法律服务,这也是为神服务。其次,年轻人要为老年人和那些过着高尚生活的人服务。此外,田地管理者在两年的任职期间,每天的食物都应该是简单的和普通的。12 个卫士被选定后,他们要和 5 名护卫者集
763a 合并决定,他们是自己的仆人,他们要像仆人一样,不能使用奴隶和仆人伺候自己,而且,他们只能为公共服务而不是个人私事雇佣村民和农夫。总体来说,他们要下定决心,靠自己生活,做自己的仆人。此外,在一年中,无论冬夏,他们都要带上武
763b 器,认真巡视整个城邦。这样,他们就既能保卫城邦,又能熟悉每一个地方。没有比确切了解自己城邦的情况更重要的学问了。正是出于这个原因,以及这种活动带来的其他乐趣和好处,年轻人应该参加猎犬狩猎和其他狩猎活动。执行这项任务
763c 的人可以被称为城邦的田地管理者或看守人,叫什么名称没有多大意义,而每一个想要保卫自己城邦的人,都应尽其所能为城邦效力。

接下来我们要选出的是市场管理者和城邦管理者。田地管理者共有 60 人,相应的城邦管理者有 3 人。城邦管理者要把城邦的 12 块地分成 3 组。他们要像田地管理者一样,管理城邦的街道、从乡村通往城区的道路,还要监管建筑,确保所有 763d
这些都符合法律的要求。他们也要管理供水,确保护卫者运送和传递的水在注入水池时既纯净又充足,以美化城邦并使城邦受益。这些人要有能力和闲暇来处理公共事务。每个人都可以从最高等级的人中挑选自己喜欢的人担任城邦管理者,然后进行投票,选出得票最多的 6 人后,最终由负责选举的官员从 763e
6 人中抽签选出 3 人。通过审查后,这 3 人要根据为其制定的法律执行职务。

然后是市场管理者,选举程序与城邦管理者一样。他们要从第一等级和第二等级的人中选出,共 5 人。先投票选出 10 人,再从中抽签选出 5 人。通过审查后,这些人被宣布为官员。所有人都要为每个官员的选举投票,不投票的人,如果被报告给 764a
官员,要被罚款 50 德拉克马*,还会被贬低为坏公民。任何人都可以参加大会和公众集会。第一等级和第二等级的人必须参加,缺席者会被罚款 10 德拉克马。但对于第三等级和第四等级的人,这不是强制性的,除非官员出于紧急原因要求每个人都参加,否则他们可以不参加,且不会因此被罚款。市场管 764b
理者要根据法律的规定维持市场秩序,管理集市内的庙宇和喷泉。他们要确保没有人搞破坏,对于违反者,如果是奴隶或外国人,就用鞭子和镣铐惩罚。如果本地公民犯了这种罪,市场管理者有权对其处以 100 德拉克马的罚款,若与城邦管理者共同审 764c

* 德拉克马:希腊货币单位,100 德拉克马等于 1 米纳。——译者注

理,罚金可增加至两倍。城邦管理者在自己的职务范围内有类似的惩罚和罚款的权力。对于1米纳以下的罚金,他们有权自行实施处罚,若与市场管理者联合审判,罚金可以达到2米纳。

下一步是任命负责音乐和体育的官员。每种官员分为两类,一类负责教育,另一类负责竞赛。负责教育的官员,法律指
764d 的是那些负责体育场以及学校的秩序、教学、入学和校舍等事宜的官员。而负责竞赛的官员,法律指的是体育竞赛和音乐竞赛的裁判员,他们又被分为两类,一类负责音乐竞赛,另一类负责体育竞赛。在体育竞赛中,同样的裁判员既负责人之间的竞赛,也负责赛马。在音乐竞赛中,对于独奏和模仿表演,应该有
764e 单独的裁判员。我的意思是,一组裁判针对诗歌朗诵者、竖琴演奏者、用箫伴唱者,另一组裁判针对合唱演员。首先,我们要为儿童、男子和女子的合唱队挑选官员,负责舞蹈和其他常规
765a 音乐。合唱队有一个官员负责就够了,他的年龄不能小于40岁。对于独唱,一名年龄不小于30岁的官员也足够了,他要能够对参赛者作出适当的裁判。主持和安排合唱队的官员应该按照下述方式选出。所有从事合唱的人都要参加选举大会,如拒绝参加,就要被处以罚款,此事由法律维护者裁决。其他人
765b 如果不愿意参加,不强求他们参加。选举人应提名音乐方面的专家作为候选人,在审查中,肯定和否定的理由应仅限于一方面,即候选人是专家或不是专家。表决选出得票最多的10人,从中抽签选出1人,经过审查后,根据法律负责合唱队的事务,
765c 任期1年。以同样的程序和方式,选出1名官员负责独唱比赛和用箫伴唱的比赛,任期1年。

接着,我们要选出负责赛马和其他体育比赛的官员。这些人要从第三等级和第二等级的公民中选出,前三个等级的公民

必须参加选举,最低等级的公民可以不参加选举而不受惩罚。从投票选出的 20 个人中抽签选出 3 人,然后由复查人审查批准。但如果有人没有通过审查,就要以同样方式选出其他人, 765d
并适用同样的审查程序。

还剩下一个官职,就是负责男女青年的教育的官员。这种官员也要依法选出,有一人就够了,他必须年满 50 岁,并且要有合法的子女,最好儿女双全,如果做不到,至少要有其中之
一。当选的人和选举人都应该意识到,这是城邦高级官职中最 765e
重要的职位。因为,对于任何一种植物,如果有一个良好的开端,朝着达到其自然优良的方向发展,最初的萌芽就会对它的
成熟产生极大的影响。不仅植物如此,而且野生和驯养的动物 766a
也是这样,还有人类也是一样。正如我们所说,人是一种驯养的、文明的动物。如果一个人拥有正确的教育和幸运的天赋,他就可以成为最神圣和最文明的动物。但是,如果他没有受到足够的教育或没有受到良好的教育,就会变成世界上最野蛮的
生物。立法者应尽其最大努力选派儿童的监管人,他应当是公 766b
民中在各方面都最好的人。为此,所有的官员,除了议事会和主席团外,都要到阿波罗神庙去,从法律维护者中选出自己认为最好的人担任教育官员。得票最多的人,由除法律维护者以外的选举他的官员对他进行审查,通过审查后当选,任期 5 年。
到了第 6 年,以同样方式再选一个人担任这一职务。 766c

任何担任公职的人,如在其职务终止前 30 日以上去世,有关的官员应以同样的方式选出替代者。如果孤儿的监护人去世了,在家中居住的父母双方的亲属,关系直到堂表兄弟姐妹
为止,应当在 10 日内指定替代监护人,逾期不指定的,每人每 766d
日罚款 1 德拉克马,直到指定监护人为止。

没有正规法庭的城邦,就不是真正的城邦。但是,如果法官沉默不语,或者他所说的话就像在仲裁程序中那样,不过是双方当事人在初步调查中所说的话,那么他就不能作出公正的裁决。所以,如果法官能力很差,无论人数多少,都很难作出正
766e 确的裁判。当事人之间的争议点必须要弄清楚,而通过长时间的深思熟虑和反复的询问,往往能弄清事实。为此,与他人有
767a 法律纠纷的人,应该首先去找邻居和朋友,因为这些人最了解争议的事情。如果不能从他们那里得到满意的裁决,就可以去另一个法庭。如果这两个法庭都不能解决争议,那么第三个法庭就要结束这个诉讼。在某种意义上,设立法庭就是选举官员,因为官员也必须是某些事情的法官。法官虽然不是官员,但在裁决案件的那天,在某种程度上也是一个非常重要的官
767b 员。那么,我们就把法官当作官员来对待,然后来说说,什么人适合当法官,他们要审判什么事情,每个案件需要多少法官。由诉讼当事人通过协议共同选择法官组成的法庭,是最有权威的法庭。另外,还有两种法庭:一种是审理私人案件的法庭,也就是,一个人控告另一个人伤害了自己,希望得到裁决;另一种是审理公共案件的法庭,在这种情况下,有人认为公众的利益
767c 受到了个人的伤害,并想要捍卫公共利益。别忘了,我们要说明,法官的资格是什么,谁能成为法官。

首先应当设立一个普通法庭,针对那些第三次将纠纷诉诸法庭的人,其组成如下。在一年中的最后一天,也就是夏至之后的一个月内、新年开始的前一天,* 所有的官员,无论是任职

* 希腊各城邦使用的历法各不相同。按照雅典历法,一年 12 个月,以夏至后的第一个新月为一年的首月。——译者注

一年的还是更长时间的，都要在庙宇里集合。他们要对神发 767d
誓，要将最好的果实献给神，也就是，他们要从每个部门中选出一名法官，这个人是他们认为最好的人，他最有可能在接下来的一年里以最好和最虔诚的方式审理同胞们的案件。选举完毕后，当选者要接受选举人的审查，如果有人被否决，就要以同样的方式进行补选。通过审查的人，要审理那些拒绝接受其他法庭的裁决的当事人的案件，并公开投票。选举这些法官的议 767e
员和其他官员要旁听审判，其他人也可自愿旁听。如果有人指控某位法官故意作出错误的判决，他可以去找法律维护者申诉，在这种情况下，被判有罪的法官应当赔偿受害人一半的损失。但是，如果被定罪的法官看起来应该受到更重的惩罚，那么审理他的法官要决定他应受到什么样的额外惩罚，以及他应该向城邦和提出指控的人支付多少额外的赔偿金。在审判危害城邦的犯罪时，民众应当参与，因为，伤害城邦就是伤害所有 768a
的公民，如果不允许他们参与审判，他们完全有理由抱怨。虽然这类案件由民众提起，并最终由民众作出裁决，但案件应由3名原告和被告一致同意的最高级别的官员审理。如果双方自己不能达成一致，议事会要从双方各自选出的官员中作出选 768b
择。私人之间的诉讼也是如此，尽可能让全体公民都参与，因为不能参与审判的人会认为自己在城邦中没有地位。每个部落都要有法庭，法官通过抽签选出，他们要不偏不倚地作出裁判。所有案件的最终裁决必须由这样一个法庭作出，这就是我们所说的以尽可能最廉洁的方式建立起来的法庭。这种法庭 768c
审理那些在邻里面前和在部落法庭无法解决的纠纷。

正如我所说的，法庭不能被明确地界定为是或不是行政机关。关于法庭，我们只作了一个简略的介绍，其中有些内容讲

到了,但也遗漏了一些东西。因为,有关诉讼的法律的详细说
768d 明和界定,应当在立法快要结束时才提出。那么,就让我们等
到最后再说吧。到目前为止,关于任命官职的大部分立法已经
完成。然而,我们还没有对政治体制的整体和每一个细节进行
充分、准确的描述。为此,我们的讨论要有开头、中间和结尾,
768e 而且每一部分都要完整。不过,我们已经讨论了官员的选举,
这可以看作对先前讨论的充分的总结。现在,我们开始立法工
作吧,不要拖延和犹豫了。

克莱尼亚:先生,你说的话我完全同意。而且,我特别喜欢你谈话的方式,你把新话题的开头和前一个话题的结尾联系起来了。

769a **雅典人**:到目前为止,我们这个老年人的智慧游戏进行得还算顺利。

克莱尼亚:我认为,你是指严肃和高尚的追求,对吗?

雅典人:也许是的。但还有一件事,我想知道你们是否同意我的意见。

克莱尼亚:什么事?

雅典人:你们是否知道,画家总是在绘画上花费无穷无尽
769b 的劳动,他们加入或去掉颜色(或者用画家的专业术语来描述
这个过程),似乎永远不会停止润色自己的作品,他们的作品
逐渐变得更清晰、更美丽。

克莱尼亚:虽然我对艺术一窍不通,但我听说过这些事情,对此略知一二。

雅典人:这不要紧。我们可以用刚才提到的这个事来说明
769c 下面的问题。假设有人想画一幅最美丽的图画,并且希望自己
的作品不会变差,而是随着时间的推移不断完善。要知道,作

为一个会死去的凡人,这位画家需要有一个人来接替他,这个人要能够修正这幅画因时间的流逝而出现的瑕疵,并能够改进画家因技艺缺陷而导致的败笔,以使这幅画更加明亮和完善。否则,画家辛苦的工作就只是昙花一现。是不是这样呢?

克莱尼亚:的确如此。

雅典人:那么,立法者是不是也有类似的意愿?首先,他希 769d
望制定的法律尽可能地精确。然后,他将法律运用到实践中,随着时间的推移,他会不会发现其中的漏洞呢?你是否会认为,某个立法者如此愚蠢,竟不知道,许多事情必定会被遗漏,
需要后人来纠正,这样才能使他创建的城邦的政治体制日趋完 769e
善而不是逐渐恶化?

克莱尼亚:的确,这是每个立法者都会想到的。

雅典人:那么,如果一个人知道某种方法,可以指示他如何通过言行教会另一个人或多或少地明白,应该怎样维护和修改法律,那么他一定会完成这件事,直到达到目的为止。是吗?

克莱尼亚:当然了。 770a

雅典人:这不正是你们和我现在要做的事吗?

克莱尼亚:我们要做什么?

雅典人:我们要制定法律,并且已经选出了法律维护者。我们自己处在生命的黄昏期,而他们与我们相比还年轻。所以,我们不仅应该为他们立法,而且还应该尽力使他们既成为法律的制定者,又成为法律的维护者。

克莱尼亚:的确是的。只要我们能够做到。 770b

雅典人:不管怎样,我们应当尽力去做。

克莱尼亚:当然了。

雅典人:我们要对他们说:"噢,朋友们,法律的拯救者们,

在制定法律时,有许多细节被我们遗漏了,这是不可避免的。现在我们要尽力解释,什么是重要的,并给出一个大致的轮廓,
770c 你们要填补这个轮廓。我们会向你们说明,行动的目标是什么。梅吉卢、克莱尼亚和我经常谈这些问题,我们认为自己说得很好。我们希望,你们和我们思想一致并成为我们的学生,关注我们一致认为立法者和法律维护者应当关注的东西。我
770d 们都同意这样一个重要的观点:应该用一生的全部精力致力于获得人应有的美德,获得的方式可以是学习、习惯、占有、欲望、意见或知识,这应当是所有人——男人和女人、老年人和年轻人——的目标。对于任何可能会对此造成障碍的东西,好人应
770e 该完全不予理会。如果最终迫不得已,宁可逃离故土、成为流亡者,也不屈服于奴隶的枷锁和坏人的统治。我们必须要经受所有这些考验,而不是接受一种可能使人变坏的政治体制。这就是我们之前一致同意的原则。现在,当你们审视法律的时
771a 候,应当考虑这个双重目标。你们要谴责那些无法使公民变好的法律,而要欢迎那些能够做到这一点的法律,并且欣然接受它们,用它们来管理生活。至于对其他的所谓的好东西的追求,你们必须同它们告别。"

现在我们来讨论法律的下一个部分,从神圣的事务开始。首先,我们必须重新考虑 5040 这个数字。无论作为一个整体
771b 还是分成部分时,它都有很多便利的划分办法。我们说过,部落的数字是这个数字的十二分之一,就是每个部落划分 21 次后得到 20($20\times21\times12=5040$)。不仅总数能被 12 整除,而且每个部落中的人数也能被 12 整除。每一部分都应被看作是神赐的礼物,与一年的月份和宇宙的旋转一致。因此,每个城邦都自然地遵循这一神圣的规则,只是有些城邦在划分或分配时比

其他城邦更合理、更神圣和幸运。在我们看来,没有什么比 771c
5040 这个数字更正确的选择了。5040 可以被从 1 到 12 的所有数字整除,11 是个例外,但对此很容易补救。补救的办法是,去掉两个数字,除法的问题就解决了。只要我们有时间,就很容易说明白这一点。但就目前而言,我们要相信这个规则, 771d
据此来划分我们的城邦。我们要给每一部分派分一位神或神之子,并献上祭坛和其他神圣的仪式。每个月要在祭坛前举行两次集会来献祭,每年有 12 次在城邦分成的 12 个部落举行,12 次在部落分成的 12 个地区举行。我们这样做,首先是为了向诸神和神圣的事物表示敬意,其次,正如我们常说的那样,是为了彼此亲近、相互认识,以促进人们之间的友谊。 771e

就婚姻而言,男人必须要了解自己要娶的女人和这个女人的家庭,父亲必须了解女儿要嫁的人。在这类事情上,要尽可能避免犯任何错误,这是非常重要的。为了实现这个严肃的目的,可以为少男少女安排一起跳舞的游戏,使他们在恰当的场 772a
合、以合理的借口,在不失体面的情况下互相观察对方裸露的身体。负责合唱队的人要指挥和管理这种活动,还要和法律维护者一起,对我们遗漏的事情制定法律。正如我们说过的,在许多涉及琐碎细节的事情上,立法者难免会有疏漏。那些有经 772b
验、知道需要什么的人,应当年复一年地改进和修正法律,直到这些法律被充分确定为止。

关于献祭和跳舞,如果要获得各个方面的经验,10 年的时间是足够的。对于遗漏的地方,各个官员要向法律维护者报告,以对其进行修正,直到一切都完善为止。此时,如果立法者还在世,各官员要和立法者共同完成这个任务,但如果立法者 772c
已经去世,各官员应自己去做此事。此后,这些法律就不得再

改变了，它们与立法者最初制定的其他法律一起使用。人们不能轻易对法律作出任何改变。如果认为确实有必要改变，就必
772d 须征求全体公民和所有官员的意见，还要请教诸神的神谕。如果所有的意见都一致同意，就可以修改法律。但如果有不同意见，就不得作出任何改变，在这种情况下，如果有人反对修改，按照法律规定，他就会获胜。

如果一个25岁以上的男子，关注了某个人，也被这个人关注了，并认为自己找到了在各方面都喜欢的、适合共同生儿育
772e 女的人，那就让他结婚吧。人人都要在35岁之前结婚。但首先他要知道，应该怎样去寻求合适的和般配的伴侣。因为，正如克莱尼亚所说的那样，每项法律都要有一个合适的序言。

克莱尼亚：你提醒得正是时候，先生，不要错过谈论这个话题的好机会。

雅典人：你说得对。我们对出生在高尚家庭的人说："啊，
773a 我的孩子，你应该缔结一桩明智的人都会赞成的婚事。他们会告诫你，既不要避开与贫穷的人的婚姻，也不要刻意追求与富有的人的婚姻。不过，在其他条件相同的情况下，要倾向于选择家境比较贫寒的人作为伴侣，这样做对城邦和联姻的家庭都有好处。因为，在美德方面，平衡的和相称的东西比不调和的
773b 东西要好得多。如果一个人认为自己过于任性、做事鲁莽，他应当与沉静稳重的父母的女儿结婚。而性格与此相反的人则应该选择相反类型的家庭。对于所有的婚姻，一条普遍的规则是，每个人都应该追求的不是最能让自己快乐的婚姻，而是对城邦最有利的婚姻。每个人都有一种自然的倾向，就是选择最
773c 像自己的伴侣，而这会使整个城邦在财富和性格方面失衡。因此，在大多城邦里，出现了我们最不希望出现的后果。"

如果用法律对这些事项作出明确规定,要求有钱的人不能和有钱的人结婚,有权有势的人也不能和有权有势的人结婚,而且,慢性子的人要和急性子的人结婚,急性子的人要和慢性子的人结婚,那么,这不仅荒谬,而且会遭到普遍的怨恨。多数人很难意识到,城邦应像一碗调和了的酒,酒刚倒入时,会疯狂 773d
地起泡,但在被清醒的水神压制后,会成为一种相当好的混合体,像是一种极好的、适度的饮料。没有人明白,在婚姻中会发生同样的事情。由于法律不能规定这类问题,所以我们应该尽力用迷人的言辞说服人们,在子女的婚姻方面,性格上的平衡比财富上的平等更重要。对于那些一心要为钱而结婚的人,我 773e
们应尽力用责备来劝阻他,而不应用成文的法律来强迫他。这就是我们关于婚姻的劝勉。此外,还要加上之前说过的话,那就是,人应当永生,留下子孙后代,代他永远作神的仆人。所有 774a
这些,甚至更多,都可以作为关于婚姻和结婚义务的序言。

但是,如果一个人拒绝服从,孤僻封闭,不与人交往,以至于到 35 岁时还没有结婚,就要每年缴纳罚款。最高等级的人要缴纳 100 德拉克马,第二等级的缴纳 70 德拉克马,第三等级的缴纳 60 德拉克马,第四等级的缴纳 30 德拉克马。这些罚金要献给赫拉。谁没有按年缴纳罚金,就要支付 10 倍的罚款,这 774b
笔罚款由女神的司库来征收。司库如果没有收取罚款,就要自己支付,并在查账时对这笔款项作出说明。不结婚的人不仅要在金钱方面受到惩罚,而且也得不到年轻人对长辈的尊敬,没有年轻人会自愿服从他。如果他想要责打他人,其他人都要来救助和保护被责打的人。任何在场而又不提供帮助的人,会被 774c
法律宣布为懦夫和坏公民。

关于嫁妆彩礼,我们已经讨论过了。我要重申的是,如果

由于缺钱,穷人直到年老还未娶妻或嫁女,这是不合理的。我们城邦的公民都有生活必需品,妻子不会傲慢无礼,丈夫也不
774d 会因为贪财而对妻子卑躬屈膝。遵守这条规则的人,就做了高尚的事。但是,如果有人不遵守这一规则,给予或接受超过一定数额的嫁妆(最低等级的人为50德拉克马,第三等级的人为1米纳,第二等级的人为1.5米纳,最高等级的人为2米纳),就要向公共金库交纳超出的部分,并把其余的送出或收到的钱
774e 财献祭给赫拉和宙斯。这两位神的司库要去收罚金,就像我们刚才说过的收取不结婚者的罚款那样,否则司库就要自己缴纳这些罚款。

订婚权首先属于父亲,其次是祖父,最后是同父亲的兄弟。但如果这些人都没有,由母亲所订的婚约也同样有效。如果发生了特殊的不幸事故,就由最近的亲属和监护人行使这个权
775a 利。关于婚前祭献以及婚前、婚时和婚后的神圣仪式,应询问解释者。听从他们建议的人能够把所有的事情都做好。在婚宴时,双方家庭邀请的男性和女性朋友,每方不得超过5人。邀请的双方家庭的亲属的人数也是这样。而且,开销不得超过自己的经济能力。最高等级的人的花销最多是1米纳,第二等
775b 级是半米纳,以此类推,每个等级的花销按比例减少。遵守这一法律的人,大家都称赞他。而违反此法律的人品位低下,不懂缪斯的婚姻法则,要受到法律维护者的惩罚。

除了在酒神节上,醉酒都是不适宜的。而对于正举办婚礼
775c 的人,这就特别危险。在这样一个人生的关键时刻,新娘和新郎要特别谨慎,确保孕育新生儿时自己是清醒的。因为,谁也不知道,在哪个白天或夜晚,神会让他们怀上孩子。不应该在身体处于醉酒的状态时受孕,要让母体里的胎儿坚实、稳定和

平静。而喝醉了的人行为放肆,身体和灵魂都失常了。因此, 775d
醉酒的人是糟糕和笨拙的播种者,并且很可能生下不正常、不可靠、身体和精神都扭曲的后代。所以,一个人一年到头乃至整个一生中都要小心谨慎,尤其是在孕育孩子的时候,不能故意做有损健康的事,也不能做傲慢无礼和不正义的事。否则,
就必然会在后代的灵魂和身体上留下烙印,使他们在各方面都 775e
很差。尤其在结婚的当日和当晚,要避免这类行为。因为,开端是人类的神,若能得着各人的敬重,就必拯救万物。

新郎还要考虑到,在家中的两所房子中,有一所是自己的
孩子出生和长大的地方。新郎要离开父母,要在那里结婚,建 776a
立自己的家庭,抚养自己的孩子。在友好的关系中存在某种程度的渴望,这能将不同性格的人团结在一起。但是,过度的亲近,就会没有时间产生渴求,不知不觉地,人们因为厌腻而彼此
疏远。所以,新婚夫妇要离开自己的父母,就像移居殖民地一 776b
样,去别处居住,并且要探望父母,也接待来看望自己的父母。他们要生育和抚养孩子,把生命的火炬一代一代地传递下去,按照法律的指示永远敬拜神灵。

接下来,我们要考虑财产问题,也就是,什么样的财产是最恰当的。对于大多数财产来说,既不难理解,也不难获得。但
对于奴隶,这就很难了。原因是,我们谈论他们的方式部分是 776c
对的,部分是错的。因为,我们对奴隶的看法与实际情况有的是一致的,有的是不一致的。

梅吉卢:我不明白,先生,你是什么意思。

雅典人:这一点也不奇怪,梅吉卢,因为在希腊所有的奴隶制度中,希洛人的制度是最有争议的,有人赞成,也有人遣责。
至于马里安第尼人被赫拉克勒亚特人奴役的制度,以及佩内斯 776d

塔人被色萨利人奴役的制度,争论就不那么激烈。考虑到这些例子,我们应该如何处理占有奴隶的问题?在谈话中,我碰巧提到过这一点,你们自然也问过我这个问题。那就是,大家都同意,我们应该尽力找最好、最忠诚的奴隶。因为,许多奴隶在
776e 各方面都比主人的弟兄和儿子强,奴隶多次拯救过主人的生命、财产和家庭,大家都知道这样的故事。

梅吉卢:的确如此。

雅典人:但是,是不是也有相反的说法,说奴隶的灵魂是不健全的,任何有理智的人都不应该相信他们?我们最聪明的诗
777a 人在谈到宙斯时说:

"雷声远震的宙斯使一个人沦为奴隶,
就使这个人丧失了一半的理智。"*

人们对奴隶有两种不同的看法。有些人完全不信任奴隶,像对待野兽一样,用棍子和鞭子惩罚他们,使他们的灵魂比以前奴化了三倍,或更确切地说是许多倍。而另外一些人则恰恰相反。

梅吉卢:的确是的。

777b **克莱尼亚**:那么,先生,既然主人对待奴隶的方式有如此大的差异,在我们自己的城邦,我们该怎么做呢?

雅典人:哦,克莱尼亚,毫无疑问,人是一种棘手的动物,因
777c 此,当人被分为奴隶、自由人和主人时,就不太好管理,也不会变得好管理。奴隶是很难对付的,很多事实显示了这一点,比如迈锡尼人频繁的起义,奴隶们说同一种语言的城邦发生的大灾难,以及所谓的意大利海盗的无数次抢劫和无法无天的行

---

* 摘自荷马的史诗《奥德赛》。——译者注

为。考虑到这些，人们会感到无所适从，不知该怎么办。我们只有两个办法。第一，不要让奴隶们来自同一城邦，也要尽可 777d
能不让他们说同一种语言。第二，我们应当正确地对待他们，不仅是为了他们，而且更是为了我们自己。正确对待奴隶，就是不要傲慢地、苛刻地对待他们，如果可能的话，对他们要比对与我们平等的人更公正。因为，一个人在与自己很容易不公正对待的人打交道时的表现，能够最清楚地显示出，这个人是否自然而真诚地尊崇正义、憎恨不义。在对待奴隶时，本性和行为没有被不虔诚和不正义玷污的人，最有能力播撒美德的种 777e
子。对于主人、僭主以及所有对比自己弱小的人有权威的人，这样说都是正确的。但是，必要时还是要惩罚奴隶，而不能像对待自由人那样只是训诫他们，否则会使他们变得自负。对奴隶使用的语言应该是命令式的，不管他们是男是女，都不要和 778a
他们开玩笑。许多人愚蠢地和奴隶玩闹，惯坏了奴隶，使这种奴役的生活对主人和奴隶都变得难对付。

克莱尼亚：的确。

雅典人：我们已经尽可能地为每个公民提供了足够数量的合适的奴隶，这些奴隶可以帮助人们做各种事情。接下来我们要谈谈住所的问题，是吗？

克莱尼亚：是的。

雅典人：这座城邦是新建的，至今还无人居住，因此应当关 778b
注包括庙宇和城墙在内的所有建筑的建造方式。克莱尼亚，这个问题应该放在婚姻问题之前讨论。不过，既然我们只是在谈话，改变一下顺序也无妨。但如果我们的立法计划能够实施，如果神愿意，我们首先要安排建设房屋的事，然后才是关于婚 778c
姻的规定。现在，我们只是简单谈谈建设房屋的事。

克莱尼亚:好的。

雅典人:为了安全和清洁,庙宇要建在集市的周围,并围绕着整个城区,建在最高的地方。庙宇的旁边是官府和法庭。原
778d 告和被告要在这些最神圣的地方接受审判,部分原因是案件与神圣事务有关,部分原因是这里是神明的住所。要在这里设立法庭,审理谋杀和其他涉及死刑的犯罪。

关于城墙,梅吉卢,我同意斯巴达人的观点,应该让它们在泥土里沉睡,我们不要去建造它们。有一句诗说得很好,“城
778e 墙应该用钢和铁,而不是泥土,来建造”。此外,如果我们每年都派年轻人到乡下去挖战壕、建造防御工事阻挡敌人,防止敌人踏入我们的土地,如果我们用一堵墙把自己围起来,这是多么可笑啊。因为,这堵墙对城邦的健康毫无益处,而且,这还容
779a 易在居民心中产生一种柔弱的情绪,会诱导人们躲到里面去,而不是去击退敌人,并使人们认为,他们的平安不是因为昼夜守望,而是因为有城墙和城门的保护,于是人们就会安然大睡。人们会认为,自己生来就不应该劳动,他们不知道,真正的安宁其实是劳动的果实,而可耻的懒惰和安逸的情绪会带来新的麻
779b 烦。不过,如果人们必须要有城墙的话,那么私人住宅从一开始就应该这样建造:所有的房子都面向街道,整齐划一,以使它们具有防御能力,这样整个城邦就形成了一堵墙。城邦就像是一个单一的住宅,不仅外观上令人愉快,而且易于防御,在确保安全方面无比优越。

779c 按照计划建造房屋的任务应该由居民来承担。但是,城邦管理者应当监督,并对失职人处以罚款。这些官员还要监管城邦的清洁情况,并要防止私人在建筑或挖掘时侵占城邦的财产。他们还要关注雨水的排放,以及城邦内其他可能需要管理

的事情。法律维护者应根据经验,在必要时颁布新的法律,并 779d
补充现有法律可能存在的遗漏。现在,这些建筑,以及市场周
围的房屋、体育场、学校和剧场,都已准备就绪,等待着学生和
观众的到来,接下来,我们来谈谈有关婚姻的法律吧。

克莱尼亚:当然可以了。

雅典人:克莱尼亚,我们假设婚礼已经举行完毕。这之后
到孩子出生之前,有一年的时间。在这段时间里,在这样一个 779e
优于其他地方的城邦里,新娘和新郎应该怎样生活,这不是一
个容易回答的问题。我们已经碰到过许多这样的难题了,但这
个是最棘手的、最难解决的问题。尽管如此,克莱尼亚,对于在
我看来是正确的和真实的东西,我还是要说出来。

克莱尼亚:当然了。

雅典人:有人认为,可以为城邦的公共生活制定法律,但要 780a
把私人生活完全留给公民自己去处理,并认为人们可以随心所
欲地生活,没有必要受到任何控制。如果让私人生活不受法律
的制约,认为人们会在日常和公共生活中遵守法律,那就犯了
一个大错误。为什么这么说呢?我们要求,新郎应该像结婚前
那样参加公餐。我猜想,克莱尼亚,梅吉卢,你们城邦的立法者 780b
首次规定公餐制度时,引起了人们的惊讶。战争或其他类似的
危机产生了这种法律,而且这种情况很可能发生在处境危急又
人手不足的地方。但是,当人们尝试并习惯了公餐制后,经验
表明,这种制度十分有助于维护安全。于是,在你们那里就这 780c
样确立了公餐的习俗。

克莱尼亚:这很有可能。

雅典人:我说过,这种习俗起初可能是奇特和危险的,但现
在不再是这样了,它不会给立法造成过去那样的困难。然而,

还有另一种制度是这种制度的自然延续,如果它存在于某个地方,那将是极好的。但目前它并不存在,对此,立法者会像人们
780d 所说的那样,“把羊毛扔进火里”,做一些徒劳无益的事。而这种制度既不容易描述,也很难实施。

克莱尼亚:先生,为什么你如此犹豫呢?

雅典人:我会说给你们听的,不会白白浪费时间。一个城邦中,有法律和秩序约束的东西都是好的,而混乱或无序的东西往往会毁坏井然有序的东西。我们正在讨论的问题与此相
780e 关。在你们那里,克莱尼亚,梅吉卢,正如我说过的,男人参加
781a 公餐是天赐的、令人羡慕的制度,但女人不受法律约束,没有针对女人的公餐制度,这是错误的。女人有神秘和狡诈的弱点,而这一点却没有得到立法者的监管,这是一个巨大的错误。由于这种疏忽,你们那里很多事失去了控制,如果能够受到法律
781b 的约束,情况就会比现在好得多。忽视有关妇女的规定,可能不仅是忽视了全部问题的一半。就美德而言,女人的天性不如男人,这样一来,危害后果就会超过两倍。考虑到这一点,如果对男人和女人作出一致的规定,这会极大地有助于城邦的幸福。但目前,人类在这方面并不走运,因为在其他地方,根本没
781c 有设立公餐制度,在这些地方,有理智的人甚至都不会提起这种制度。那么,试图强迫妇女在公共场合吃喝的人,怎能不显得荒唐可笑呢?没有什么事情比这个更难以让女人忍受了。妇女们习惯于呆在隐秘的地方,如果强迫她们抛头露面,她们
781d 就会尽全力去抵抗,这对立法者来说是很难对付的。因此,正如我说过的,在其他地方,如果正确的观点被说出来,妇女会无法容忍而大喊大叫,但在这个城邦,她们也许会不一样。如果可以认为,我们关于城邦的讨论不只是闲谈,那么,如果你们愿

意听的话，我想向你们证明，这种制度是好的和适当的；但如果你们不愿意听，我就不再说了。

克莱尼亚：先生，没有什么比听你说更让我们高兴的了。

雅典人：很好。如果我提到之前的话题，你们也不必感到 781e
奇怪，因为我们有的是时间，没有什么可以阻止我们从各个角度思考法律问题。

克莱尼亚：你说得很对。

雅典人：那么，让我们回到先前讨论过的事情上去。每个
人都应该明白，人类既没有开端，也永远不会结束，而是一直存 782a
在着，并且会永远存在下去。或者，开始于很久以前，存在的时间不可估量。

克莱尼亚：的确。

雅典人：那么，我们是不是可以认为，各个城邦以各种方式创建又灭亡，存在各种各样有序和无序的习俗，以及各种各样
的对饮食的欲望？还有，在季节的变换中，动物经历了无数次 782b
的变化，是吗？

克莱尼亚：是这样的。

雅典人：我们是不是可以认为，以前根本没有酒，也没有橄榄，没有德墨忒尔* 和她女儿珀耳塞福涅** 的礼物？是不是特里普托勒墨斯*** 带来了这样的东西？在这些东西还不存在的时候，动物们是不是像现在一样，互相捕食？

克莱尼亚：的确是的。

---

* 德墨忒尔：希腊神话中的女神，是农业、谷物和丰收之神。——译者注

** 珀耳塞福涅：希腊神话中的种子女神，农业之神德墨忒尔的女儿。——译者注

*** 特里普托勒墨斯：希腊神话中的半人半神，在德墨忒尔的教导下为人类传授种植农作物的技术。——译者注

782c **雅典人**：在许多地方，用人献祭的习俗至今仍然存在。但是，另一方面，我们还听说，有些地方的人连牛肉都不吃，献给神的祭品也不是动物，而是蘸了蜂蜜的饼和水果，以及类似的没有动物肉的"纯洁"的祭品。他们不吃肉，因为他们认为自己不应该吃这些东西，也不应该用血玷污神的祭坛。在那个时
782d 代，据说人们过着一种俄耳甫斯式的生活，只吃没有生命的东西，不吃动物的肉。

克莱尼亚：人们一直这么说，很可能是真的。

雅典人：有人可能会问，说这些的目的是什么？

克莱尼亚：这是个很恰当的问题，先生。

雅典人：所以，克莱尼亚，如果可以的话，我会试着解释下一个主题。

克莱尼亚：那就继续吧。

雅典人：我看到人类的一切活动都产生于三种需要和欲
782e 望，如果正确地引导，就会产生美德，如果错误地引导，结果就相反。其中，对吃和喝的欲望从出生时就开始了。每一种生物对此都有一种本能的欲望并充满了疯狂，如果有人说不应该满足此方面的快乐和欲望，它就绝不会听从，并一定会避免与此
783a 相关的痛苦。第三个是最大的和最强烈的需求和欲望，是最后爆发的，那就是性欲之火，它在男人身上燃起各种各样的淫乱和疯狂。我们必须努力用畏惧、法律和真正的理性这三个信条来控制这三种混乱，把它们从所谓的最快乐的东西转向最好的
783b 东西，并且借助缪斯和掌管竞赛的诸神来抑制它们的发展和蔓延。

现在回到这里来：我们还是谈谈结婚以后生孩子的事吧，还有孩子出生以后的抚养和教育。这样讨论下去，我们最终会

完成关于公餐的各项法律。如果走到近处，通过近距离的观察，我们就可以更清楚地看出来，参加公餐是应该仅限于男人，还是应该也包括女人。然后，我们要确定，关于公餐需要哪些初步的法律，并且要事先制定好这些法律。正如我刚才所说， 783c
我们应该更详细地了解公餐制，这样才能更好地制定恰当的和适合的法律。

克莱尼亚：非常正确。

雅典人：那就让我们记住刚才说的话，因为以后可能还会用到。

克莱尼亚：你要我们记住什么？

雅典人：我们通过三个词语所明白的事情：第一，吃；第二， 783d
喝；第三，性欲。

克莱尼亚：我们一定会记住的，先生。

雅典人：很好。现在让我们来谈谈婚姻，来指导人们如何生育孩子，如果我们不能说服他们，就用法律来威胁他们。

克莱尼亚：你是什么意思？

雅典人：新娘和新郎应该尽力为城邦培养出最好、最美丽
的孩子。与他人合作做某件事时，对于所做的事，只要专注和 783e
用心，就一定会成功，但如果不专注或完全不用心，就会失败。所以，新郎要把心思放在新娘和生育的事情上，新娘也要这样
做，尤其是在他们还没有生孩子的时候。要选出来一些妇女监 784a
督此事，人数和任命时间由官员决定。这些妇女每天都要在爱勒提亚*的神殿里集会，时长是白天的1/3。在集会上，她们要
彼此告知，自己发现的育龄男子或妇女不遵守祭祀和婚姻的规 784b

---

* 爱勒提亚：希腊神话中的生育女神。——译者注

则的情况。如果夫妻的生育能力很强，生育孩子并受监督的时
间应为 10 年。但如果在此期间终了时仍然没有孩子，夫妻双
方应与亲属和负责监督的妇女商议，讨论对双方都有利的条
件，然后离婚。对于什么条款对双方都合适和有利，如果双方
784c 在此问题上发生了争议，夫妻要选择 10 位法律维护者处理此
事，并遵守他们的命令。

监督婚姻的妇女要进入年轻人的房屋，用警告和威胁的办
法制止他们愚蠢和错误的行为。如果做不到，就去报告法律维
护者，让法律维护者阻止他们。如果法律维护者也不能阻止他
784d 们，就要将此事公之于众，并起誓说，无法改造某某人。这样被
记录在案的男子，如果不能在法庭上使记录他的人被判决有
罪，就要被剥夺参加婚礼和儿童的生日庆典的资格。如果他参
加了，任何人都可以打他而不受惩罚。同样的规定也应适用于
女人。如果一个女人以同样的方式被记录为行为不端，又没有
获得胜诉的判决，那她就不能参加妇女的游行活动，不能接受
784e 荣誉，也不能参加婚礼和儿童的生日庆典。夫妻在生了孩子
后，如果男方或女方与另一个仍在生育年龄的异性发生性关
系，他们要受的惩罚与那些正在生育孩子的人一样。生育的时
期过去后，在这些方面节制的男人和女人应该得到良好的声
誉，而那些不节制的人则要得到相反的名誉，也就是耻辱。如
785a 果大部分人都能做到节制，就不需要制定法律了。但是，如果
有人不节制，就要制定并实施法律。

对每个人来说，第一年是整个生命的开始。无论男孩还是
女孩，都应该在他们出生时把出生的时间记录在祖先的庙宇
里。在氏族的白墙上还要刻上计算日期的官员的名字，在旁边
785b 要刻上氏族中活着的人的名字，而去世的人的名字要被抹去。

女子应在16岁至20岁结婚,男子要在30岁至35岁结婚。妇女在40岁时可以担任公职,男人是30岁。男人应从20岁到60岁服兵役。对于妇女,如果确有必要,在生完孩子后到50岁之前,也要服兵役。

第七卷

788a **雅典人**：现在，男孩女孩都出生了，我们下一步要考虑他们的抚养和教育。这是一个不能回避的问题，但它更适合通过教导和劝诫而不是通过法律来解决。在私人生活中，有许多不为大众所注意的小事，这些事情是
788b 由个人的快乐、痛苦和欲望引起的，它们与立法者的意图背道而驰，使公民的性格各不相同，这对城邦来说是一种恶。这些事情既琐碎又频繁，用法律来惩罚它们是不合适和不恰当的。但是，当人们习惯于在琐碎的事情上经常违反法律时，成文法律的权威就会被
788c 削弱。因此，虽然不能为这些小事制定法律，但也不能对其置之不理。我说得有些含混不清，但我会努力举出一些例子来阐明自己的观点，我承认，目前我所说的还不够清楚。

克莱尼亚：你说得很对。

雅典人：我认为，正确的教养能使身体和

灵魂在各方面都尽可能的优秀,是吗?

克莱尼亚:当然是的。

雅典人:最美丽的身体是那些从婴儿时期就以尽可能笔直 788d
的方式成长起来的,这一点再清楚不过了。

克莱尼亚:当然了。

雅典人:我们可以进一步观察到,每一种生物的最初生长阶段都是最快速和最明显的,是不是呢?许多人认为,一个 25 岁的人不能达到自己 5 岁时身高的两倍。

克莱尼亚:的确如此。

雅典人:但是,如果没有适当和充足的运动,身体的快速生 789a
长会带来无数的害处,是吗?

克莱尼亚:是的。

雅典人:那么,在身体获得最多的营养时,应该做最多的运动,对吗?

克莱尼亚:但是,先生,我们要让新生婴儿这么做吗?

雅典人:不,应该是在更早的时候,从未出生的婴儿开始就要这样。

克莱尼亚:你是什么意思呢,先生?你是指母体中的胎儿吗?

雅典人:没错。你们从来没有听说过,这么小的生物就要 789b
进行体育运动,对此我一点也不感到惊讶。这虽然很奇怪,我还是尽量向你们解释一下。

克莱尼亚:一定要解释。

雅典人:我们雅典人比你们更容易理解这种做法,因为我们那里的人运动得过头了。不仅是男孩,而且还有一些老年
人,养鸟并训练鸟儿们互斗。但人们远没有想到,这些动物在 789c

受到刺激互相搏斗的竞赛中得到了充分的锻炼。除此之外，他们把这些动物带在身上，较小的握在手中，较大的放在腋下，走无数斯塔德长的路。他们这样做并不是为了自己锻炼身体，而
789d 是为了这些动物的健康。任何聪明的人都可以发现，只要不断地运动，无论是身体自己在运动，还是在秋千上、海上、马背上或其他物体上摇荡，身体都会从这种摇摆和运动中受益。这样，身体就能吸收食物和饮品，让人们变得美丽、健康和强壮。

如果是这样的话，我们接下来应该做什么呢？我们是否要
789e 冒着被嘲笑的风险，制定荒谬的法律，规定孕妇必须去散步，而婴儿在还很柔软的时候，要像蜡一样被捏成模型，在襁褓里一直待到两岁？我们是不是要用法定的罚款来强迫保姆，在婴儿能够站立之前，要经常把他们带到某个地方，或是庙宇里，或是乡下，或是亲戚家，而且，在那之后，在孩子满3岁之前，还要继续抱着他们，以防在他们还小的时候因为过度压力而扭曲腿？
790a 而且，保姆应该是身体强壮的，并且不止一个。难道我们要制定这样的规则吗？难道我们要惩罚违反这种规则的人吗？不行的！这会导致我们刚才提到的那种后果。

克莱尼亚：是什么呢？

雅典人：结果是，我们会遭到嘲笑，而且保姆也不会以女性的和仆人式的态度服从我们。

克莱尼亚：那为什么还要谈这些事呢？

790b **雅典人：**原因是，当城邦中的主人和自由人听到这些规则的时候，他们很可能会得出正确的结论，那就是，如果没有适当的私人生活规范，法律的制定就没有稳定的根基。明白这一点的人，就会把刚才提到的那些规则应用到自己身上，以此来管理好自己的家庭和城邦，也就可以获得幸福。

克莱尼亚：很可能是这样的。

雅典人：因此，我们要继续立法，直到我们确立了训练幼童 790c
灵魂的规则为止，就像我们开始时讨论与他们的身体有关的规则一样。

克莱尼亚：你说得很对。

雅典人：那么，我们假定，关于幼童身体和灵魂的基本原则是，尽可能日夜持续地看护和运动，对他们是有益的，而且年龄
越小，越是如此。如果有可能的话，婴儿应该一直被摇摆，就像 790d
生活在大海里一样。照料幼童的妇女可以证明这一点，而且，接受科里班特*式治疗的妇女也采用这种方法，她们的经验也可以证明。要知道，母亲们想让躁动不安的孩子睡觉时，采用
的办法不是让孩子静止不动，相反，她们把孩子抱在怀里摇来 790e
摇去；她们也不让孩子安静，而是搂着孩子，低吟甜美的曲调。她们对待孩子，就像对待疯狂的酒神狂欢者一样，用舞蹈和音乐使其安静下来。

克莱尼亚：那么，先生，这其中的原因是什么呢？

雅典人：原因很明显。

克莱尼亚：是什么呢？

雅典人：酒神狂欢者和孩子们的情感都是一种恐惧的情
感，这两种情况都源于灵魂的一种坏习性。在这种情感上施加 791a
外在的刺激时，来自外部的运动就会战胜可怕和猛烈的内部运动，在灵魂中产生平静和安宁，平息心中痛苦的悸动。这会产生非常令人满意的结果。孩子们入睡了。酒神的狂欢者还醒

* 科里班特：希腊神话中自然女神西布莉的随从，常常手持火炬，边唱边跳，陪伴女神翻山越岭。——译者注

791b 着，他们随着箫音跳舞，献祭祈求神的帮助，使自己从狂乱的状态中恢复理智。这是一个简短又合理的解释。

克莱尼亚：的确如此。

雅典人：如果恐惧确实有这种力量，我们就能从这些事实作出以下推断：从小就生活在恐惧中的人，会更容易变得胆小。大家都会认可的是，这是一种培养懦弱而不是勇敢的方法。

克莱尼亚：毫无疑问是这样的。

791c **雅典人**：但另一方面，我们可以说，要从小培养勇气，就要战胜袭击我们的害怕和恐惧。

克莱尼亚：的确是的。

雅典人：所以，可以说，对于小孩子，锻炼和运动对在灵魂中培养美德大有裨益。

克莱尼亚：非常正确。

雅典人：此外，好的性情与高尚的品德相关，而坏的性情与怯懦有很大关系。

克莱尼亚：的确。

791d **雅典人**：那么，我们怎样才能从一开始就给新生儿自然地灌输这两种性情中我们希望的那一种呢？我们要设法说明，我们如何以及在何种程度上能够做到这一点。

克莱尼亚：我们确实应当这样做。

雅典人：人们普遍认为，奢侈会使年轻人的性情变得乖戾、暴躁，并容易为小事而发怒。另一方面，过度和野蛮的奴役会使人变得卑微、心胸狭窄和厌世，使他们成为不受欢迎的人。

791e **克莱尼亚**：但是，对于因为听不懂语言而无法接受教育的幼童，城邦该如何教育他们呢？

雅典人：我来告诉你怎么办。刚出生的动物都有哭的习惯，特别是人，比任何动物都爱哭。

克莱尼亚：确实是的。

雅典人：当保姆想知道婴儿想要什么时，是不是根据这些 792a
信号来判断呢？当给婴儿一件东西时，如果他一声不响，就说明他感到高兴，但是，如果他哭泣和哭喊，他就是不高兴了。婴儿通过眼泪和哭泣来表明自己的喜爱和厌恶，这并不是一个吉利的预示。一个人在这样一种好或坏的状态下度过的时间不少于 3 年，这是一生中至关重要的一段时间。

克莱尼亚：的确。

雅典人：在你们看来，脾气暴躁、一点也不快乐的人，是不 792b
是很忧郁呢？这种人是不是比那些好人更爱抱怨呢？

克莱尼亚：在我看来是这样的。

雅典人：那么，如果在这 3 年里，用一切可行的方法确保婴儿尽可能少地感到悲伤、恐惧和痛苦，我们是不是可以指望，其灵魂会变得温柔和快乐？

克莱尼亚：当然是的，先生，而且，如果我们能给他带来各 792c
种欢乐，那就更是如此了。

雅典人：我不同意你的观点，克莱尼亚，你的话让我吃惊。用这种方式抚养孩子，会彻底毁灭他，而这种毁坏从教育的一开始就出现了。让我们看看我说得对不对。

克莱尼亚：请继续讲。

雅典人：我们争论的这个问题是非常重要的，我希望你，梅吉卢，能帮我们作出裁断。我认为，正确的生活方式应该是，既
不寻求快乐，也不完全逃避痛苦，而应该处于中间状态，就是我 792d
刚才所说的温和而且快乐的状态。在神谕的启示下，我们把这种境界归于神。我认为，想要成为神圣的人，就要设法达到这

种居中的状态。不应该一味地只追求快乐,因为这并不能避免痛苦,不应该让任何人——无论是年轻人或老年人,男人还是
792e 女人——这样做。对于刚出生的婴儿更要如此,因为人在这个时期比其他任何时候都更容易通过习惯形成性格。而且,如果我不担心显得可笑的话,我还会说,怀孕的妇女应该比其他妇女受到更多的关照,她们应该避免过度的和强烈的快乐和痛苦,应该培养她们温和、仁慈和善良的性情。

793a **克莱尼亚**:先生,你不必问梅吉卢,我们谁说得对。因为我也认为,所有的人都应该避免极度的痛苦和极度的快乐,应当追求中间的状态。你说得很好,我还要补充说,我的答复也很好,是不是呢?

雅典人:很好,克莱尼亚。现在,我们三个人进一步考虑下面的问题吧。

克莱尼亚:是什么呢?

雅典人:我们现在讨论的规则,通常被称为不成文的习惯,
793b 就是人们所说的"祖传礼法"。我们刚才得出的结论是正确的,那就是,既不能称这些规则为法律,也不能对它们置之不理。因为它们是政治体制的纽带,把现在已经制定的和将来要制定的成文法联系在一起。它们很像是古老的、祖传的习俗。
793c 如果能够被正确地确立和遵守,它们就可以保卫和维护已经制定的成文法。但是,如果偏离了正确的方向而陷入混乱,它们就会像建筑物的支柱倒塌一样,出现整体的崩溃,一件东西被另一件东西埋在下面,首先倒塌的是支柱本身,然后是上层的建筑。考虑到这一点,克莱尼亚,我们要用一切可能的方法把
793d 这个新城邦联合起来。对于法律、习俗和规则,无论大小,都不要遗漏,因为只有通过这些东西,一个城邦才能牢固地结合在

一起,而这些东西只有相互依存才能持久。因此,如果许多看似微不足道的习俗或习惯的涌入使我们的法律变得冗长,我们也不必感到惊讶。

克莱尼亚:非常正确,我们同意。

雅典人:对于3岁以下的孩子,无论是男孩还是女孩,如果 793e
能够严格执行我们的规定,并把它们作为主要目标,这将对孩子十分有益。但到了3岁、4岁、5岁甚至6岁时,孩子的性格需要通过运动来形成。这个时候要通过惩罚来防止他们变得任性,但不能羞辱他们。我们说过,对于奴隶,我们不应该在惩
罚之外加上侮辱来激怒他们,也不应该让他们不受惩罚,以免 794a
他们变得任性。对于自由人,也适用同样的规则。

这个年龄的孩子自发创造的游戏,大多是他们聚在一起时自己发明的。所有3岁到6岁的孩子都要在村庄的庙宇里聚集,一个村庄的孩子们聚集在同一个地方。而且,保姆要确保
孩子举止得体、有秩序。保姆和孩子都要受12名妇女的监管, 794b
法律维护者为每个群体指派1名妇女,任职1年。这些妇女由监督婚姻的妇女选出,每个部落选出1人。她们被任命后,就要担任公职,每天到庙宇里去,在公共奴隶的协助下,惩罚违反
规定的男女奴隶和外邦人。如果公民对惩罚有异议,就要交给 794c
城邦管理者处理。若是没有异议,就由监管的妇女负责惩罚。到了6岁后,男女就要分开,男孩要和男孩在一起,同样地,女孩要和女孩在一起。这时候孩子们必须开始学习了。男孩要去找老师学习骑马、射箭、掷标枪和投石器。女孩如果愿意,也
可以去学,要学会如何使用武器尤其是重型武器。我要指出的 794d
是,现在普遍的做法通常被误解了。

克莱尼亚:哪一方面呢?

雅典人：我是指，大家都认为，右手和左手天生就有不同的用途，但在使用左右脚和腿时就没有差异。其实，在使用双手
794e 方面，由于保姆和母亲的愚蠢，我们似乎被弄残废了。尽管我们的四肢天生是均衡的，但我们的坏习惯却使它们变得不一样。在某些情况下，这是无关紧要的，例如，在我们左手拿着竖
795a 琴，右手拿着琴拨时。但在其他情况下，这样的区分是十分愚蠢的。斯基泰人的习俗证明了这一点。他们不是只用左手握弓，也不是只用右手拉箭，而是两只手都用来做这两件事。在驾马车和其他事情中也有很多类似的例子。从这些例子中我们可以看到，那些让左手比右手弱的人的行为是违背自然的。
795b 在使用兽角制作的拨子和类似的乐器时，如我刚才所说，这是无关紧要的。但在战争中使用弓和标枪等铁制武器时，问题就大了。特别是在用重武器对抗重武器的情况下，在这方面学习过的和没有学习过的人、受过训练的和没有受过训练的人之间，是有很大差别的。这正如在角斗、拳击或摔跤中技艺高超
795c 的人能用左侧身体战斗，在对手迫使他改变位置时，他不会变得麻木或跛脚。在使用重武器的战斗以及其他战斗中，如果我没有弄错的话，也是如此。人有两副肢体可以用来进攻和防御，应该尽其所能，而不应该让它们闲置或受不到训练。的确，如果一个人生来就拥有革律翁*或布里阿柔斯**的身躯，凭他
795d 那一百只手，他应该能掷出一百只飞镖。男女官员要监督所有这些事情。女官员监督孩子们的照料和娱乐，男官员监督孩子们的教育。要确保所有的孩子，无论男女，双手双脚都尽可能

---

* 革律翁：希腊神话中的巨人，有三个身躯和三头六臂。——译者注

** 布里阿柔斯：希腊神话中的百臂巨人，有五十个头、一百只手、一百只眼睛。——译者注

地灵巧,不要让坏习惯损害先天的才能。

教育有两个分支,一个是关注身体的体育锻炼,另一个是旨在改善灵魂的音乐。体育锻炼也有两个分支——舞蹈和摔 795e
跤。一种舞蹈模仿音乐朗诵,注重的是保持高贵和自由的风度。另一种舞蹈注重的是四肢和其他身体部位的健康、敏捷和美丽,通过适当的弯曲和伸展,进行有节奏的运动,形成各种形式的舞蹈。至于安泰乌斯*和塞西翁**出于虚荣心而发明的摔 796a
跤技巧,以及埃庇乌斯***和阿米库斯****发明的拳击技巧,在战争中毫无用处,不值得多说。但是,为了健康,摔跤时要挺直身体,要放松颈部、双手和身体两侧,要有活力和毅力,要镇静,这些原则总是有用的,不可忽视。在谈到立法的这一部分时,要对老师和学生提出这样的要求。老师应当慷慨地传授这些规 796b
则,而学生应感恩地领受。而且,我们也不能忽视适合模仿战争的合唱表演。在克里特有献给库列特*****的全副武装舞蹈,而斯巴达人有献给狄俄斯库里******的全副武装舞蹈。在雅典,我们的雅典娜也很喜欢这种舞蹈。她认为,空着手跳舞是不合适的,用全套盔甲装扮自己,并穿着这身衣服跳舞。男孩和女 796c
孩应当模仿她,以此来对女神的恩宠表达敬重。这种舞蹈既适合战争时期,也适用于节日的场合。

从很小的时候开始,一直到服兵役时,男孩们在参加敬拜诸神的游行和列队时,都要配备武器和马匹,在向诸神和诸神

---

* 安泰乌斯:希腊神话中的巨人,力大无穷,经常与人挑战格斗,所向无敌。——译者注

** 塞西翁:希腊神话中的人物,十分强壮,擅长摔跤。——译者注

*** 埃庇乌斯:希腊神话中的人物,发明了拳击。——译者注

**** 阿米库斯:希腊神话中的人物,拳击手,贝布莱斯的国王。——译者注

***** 库列特:希腊神话中保护小宙斯的精灵。——译者注

****** 狄俄斯库里:希腊神话中的双子神。——译者注

796d 之子祈祷时,他们齐步舞蹈,步伐或轻快或缓慢。如果举办竞赛和预备竞赛,也要这样。这样的活动在和平与战争中都是有用的,对城邦和家庭都是有益的。而其他的体力劳动、运动和体育锻炼都不适合自由人。现在,哦,梅吉卢,克莱尼亚,我已经相当详尽地描述了我先前提到的体育锻炼,这就是它的全部
796e 内容。如果你们知道更好的,就提出来,好吗?

克莱尼亚:先生,关于体育锻炼和竞赛,拒绝你提出的规则,提出更好的,这不是一件容易的事。

雅典人:接下来,关于缪斯和阿波罗的馈赠,我们现在要说说还没有说过的事情。以前,我们以为已经全都说完了,其实还剩下体育锻炼没有说。而现在,我们已经弄清楚了,有些内容被遗漏了,而且这些被遗漏的内容是应当首先要说的。那么,让我们来谈谈这些问题吧。

克莱尼亚:我们一定要这样做。

797a **雅典人:**那么,请听我说。尽管以前我对你们说过这些事,但现在我和你们都还是要谨慎,因为这些事非常奇特和不寻常。我要说的话许多人都不敢说,但我有信心坚持下去。

克莱尼亚:你指的是什么呢,先生?

雅典人:我要说的是,在各个城邦里,通常没有人意识到,儿童的游戏对立法有重大影响,它能决定法律是否持久。如果
797b 规定了游戏规则并让孩子们总是在同样的条件下以同样的方式玩同样的游戏,从同样的玩具中获得同样的乐趣,那么严肃的法律就可以保持稳定。但是,如果这些游戏总是在变化,其中总有创新,在不断的变化中,孩子们的兴趣就总是从一种游戏转向另一种,这样,无论是在行为举止上还是在衣着上,他们
797c 都不会有固定的和公认的得体和不得体的标准。相反,谁能在

形式、颜色或诸如此类的问题上创造出新奇的东西，谁就会受到特别的尊敬，而对于一个城邦，可以说，没有比这种人更糟糕的祸害了。因为这种人潜移默化地改变了年轻人的性格，使他们蔑视古老的东西、崇拜新事物。我再次重申，一个城邦所遭受的最大伤害莫过于这样的说法和想法。你们愿意听我说说，这罪恶有多大吗？

克莱尼亚：你是指城邦中蔑视旧事物的罪恶吗？ 797d

雅典人：没错。

克莱尼亚：如果你说的是这个方面，你会发现我们愿意听你说，而且非常喜欢听。

雅典人：我当然希望是这样。

克莱尼亚：请继续说下去吧。

雅典人：好吧，让我们用比以往任何时候都认真的态度来倾听对方的观点并讨论这个问题吧。我们会发现，除了对于坏的东西外，变化总是十分危险的。对于季节、风、身体的习惯和
灵魂的性情，都是这样，如我刚才所说，只有对于坏的东西除 797e
外。你若观察身体，就会看到它是如何习惯于某些食物、饮品和运动的。虽然起初很不适应，但随着时间的流逝，身体就逐
渐适应了这些东西，熟悉并喜欢上了它们，使生活过得健康而 798a
快乐。如果有人被迫接受一种更好的饮食，开始时他会感到不适，但随后就会克服困难，适应这种新食物，慢慢地恢复常态。我们可以认为，同样的道理也适用于人的理智和灵魂的本性。
如果人们在某些法律的约束中长大，并且这些法律在神的保佑 798b
下很长一段时间都没有改变，他们既不记得，也没听说过以前的情况与现在不同，那么，人们就会因为灵魂的敬畏和恐惧而不去改变任何已经确立的东西。

立法者应当设法让人们尊重古老的东西。我想出的办法是这样的。正如我前面所说的，人们往往认为，当孩子们的游
798c 戏被改变时，这只是在玩游戏而已，而没有意识到，这种改变会产生十分严重和有害的后果。因此，人们乐意遵从孩子们的愿望，而不是阻止他们。没有人想到，当这些在游戏中创新的孩子长大成人后，他们将与上一代人不同，并且，由于这种不同，他们会渴望一种不同的生活方式，在这种欲望的影响下，他们就会想要其他的制度和法律。也没有人想到，城邦将会面临我
798d 刚才所说的最大的邪恶。身体外表上的变化不是大的恶，但是道德褒贬的频繁变化却是最大的恶，对此必须十分小心。

克莱尼亚：确实是的。

雅典人：那么，现在我们还坚持之前的主张吗？我没说过，
798e 旋律和音乐通常是表现人的善与恶的方法。你们怎么看？

克莱尼亚：我们的观点没有改变。

雅典人：那么，我们应该想尽一切办法，阻止年轻人模仿新的舞蹈和歌曲，而且还要阻止其他人用各种享乐来诱惑他们，是吗？

克莱尼亚：你说得太对了。

799a **雅典人：**为了达到这一目的，我们之中有谁能提出比埃及人更好的办法呢？

克莱尼亚：他们的办法是什么？

雅典人：把所有的舞蹈和歌曲都用于献祭。首先，要规定神圣的节日，列出每年要举行的节日，规定在什么日期举行以
799b 及要供奉的神、神之子和精灵。接下来，要规定每次祭祀时唱什么歌曲、跳什么舞蹈。这些事情安排好了之后，全体公民要向命运女神和其他诸神献祭并奠酒，把每首圣歌分别献给相应

的神和精灵。如果有人违反这些规则,用不同的舞蹈和歌曲献祭,男女祭司就要依照宗教和法律,在法律维护者的帮助下,把这个人从节日活动中驱逐出去。如果此人反抗,那么在他的有生之年,任何人都可以控告他不虔诚。

克莱尼亚:你说得对。

雅典人:在处理这个问题时,我们的举止要符合老年人的 799c
身份。

克莱尼亚:你指的是什么?

雅典人:我的意思是,任何一个年轻人,更不用说上了年纪的人,当看到或听到奇怪或不习惯的事情时,都不会立刻接受这种迷惑人的东西。他会停下来思考,就像一个人站在三条路
的交汇处,不清楚该走哪条路。他可能是一个人,也可能和别 799d
人在一起,他会问自己或者同行者:"走哪一条路呢?"在确定了正确的道路之前,他是不会向前走的。我们现在也必须这样做。现在出现了一个有关法律的奇怪的问题,我们要仔细研究它。对于这样重大的问题,我们这个年龄的人不应该轻率地假设或自信地认为自己可以立刻说出正确的观点。

克莱尼亚:你说得很对。

雅典人:所以,我们要花一些时间来讨论这个问题,只有在 799e
进行了充分的研究之后,我们才能得出正确的结论。但是,没有什么能阻碍我们完成正在讨论的这些法律,让我们继续进行到底吧。如果神愿意的话,这个讨论一旦完成,我们面前的问题很可能就解决了。

克莱尼亚:你说得很好,先生。我们就照你说的做吧。

雅典人:那么,让我们都认可这样一个奇怪的说法吧:我们
的歌曲现在成了法律。而古人也这样称呼竖琴的曲调,所以他 800a

们也许不会反对我们现在的说法。一定有人在睡梦中或清醒时,朦朦胧胧地预见到了。不管怎样,就让我们的法律是这样的吧:任何人在唱歌或跳舞时,都不得与公共的和神圣的曲调以及年轻人的合唱表演相悖,就像不得触犯其他法律一样。凡遵守这法律的,就不受责罚。但不服从的人,如我刚才所说,要
800b 受到法律维护者和男女祭司的惩罚。我们的法律就这样规定,好吗?

克莱尼亚:很好。

雅典人:那么,怎样通过法律来制定这些规则,才能不被嘲笑呢?让我们来看看。我认为,唯一稳妥的方法是,首先为起草者拟定一些范例。其中一个范例如下。假设在献祭进行的
800c 过程中,祭品正在按照法律的规定被焚烧,有个人,是儿子或是兄弟,站在祭坛和祭品旁边,说了极其亵渎的话,他的话必会使他的父亲和他的亲属十分沮丧并产生不祥的预感,是不是呢?

克莱尼亚:当然了。

雅典人:几乎所有的城邦都会发生这样的事。每当官员举
800d 行公开献祭时,总是让很多支合唱队站在离圣坛不远的地方,不时地对神圣的仪式进行各种可怕的亵渎,用最令人痛心的言辞、节奏和旋律刺激着听众的灵魂。在城邦献祭时,谁让人们哭得最多,谁就获得胜利。我们难道不应该禁止这样的习俗吗?如果有时在不圣洁、不吉利的日子里,公民有必要听到这
800e 样的哀歌,那么就让从外邦雇来的歌唱者组成合唱队来唱,就像雇人在葬礼上用卡里亚挽歌护送死者一样。对于这类习俗,这是合适的安排。而且,唱这种挽歌的人的服饰,不应有花环和金饰,而应是与此相反的装扮。这个主题已经说得够多了。我想再问一遍,我们是否应该把这个范例作为唱歌的一项规则呢?

克莱尼亚:是什么呢?

雅典人:就是要使用吉利的言辞。在我们的城邦里,所听到的都是预示着吉兆的歌声。是不是我不必再问,就可以假定 801a
你们同意我的意见?

克莱尼亚:当然可以。这项法律是我们全票通过的。

雅典人:那么,下一个关于音乐的法律是什么呢?是不是,献祭的时候应该向诸神祷告?

克莱尼亚:当然是的。

雅典人:第三条法律,我想是这样的,诗人知道祈祷是向神提出的请求,因此必须格外小心,不要错误地祈求恶而不是善, 801b
因为作这样的祈祷肯定是太荒谬了。

克莱尼亚:的确。

雅典人:我们刚才的论述是不是可以使我们深信,我们的城邦不应该祈求金银财宝?

克莱尼亚:肯定是的。

雅典人:我们的这个论点说明了什么?这是不是说明,诗人并不总是能够正确地辨别什么是善、什么是恶?所以,如果 801c
一个诗人用歌曲或词句作了错误的祈祷,他就会使我们的公民在最重要的事情上为善的反面祈祷。正如我们已经说过的,没有比这更严重的错误了。那么,我们是否应该把这一点作为一个关于音乐的法律和范例呢?

克莱尼亚:什么法律?请解释得清楚些。

雅典人:我们应该制定一条法律,规定诗人不能创作与城 801d
邦认为的合法、正义、美丽和善的思想相违背的东西,是不是呢?诗人在把自己的作品展示给指定的官员和法律维护者并获得他们的批准之前,不得给其他人看。实际上,我们已经任命了一些官员，他们是音乐事务的立法者和教育主管。我再次问一个我常问的问题：这是不是我们的第三条法律、规则和范例？你们怎么看？

克莱尼亚：是这样的。

801e **雅典人**：接下来，对诸神祈祷时献上圣歌和赞美诗来赞美神，这是十分正确的。在诸神之后，要以同样的方式、恰如其分地向精灵和英雄祈祷并献上赞美。

克莱尼亚：的确是的。

雅典人：之后，没有人会反对这样一项法律：已故的公民，若在世时付出了辛苦的劳动或做了高尚的事，并一生遵守法律，那他就应该受到赞颂。

克莱尼亚：完全正确。

802a **雅典人**：但是，用赞美诗和颂词来赞扬那些还活着的人是很冒险的。应该在一个人完成整个生命历程并到达崇高的终点之后，我们再赞美他。无论男女，凡是在品德上杰出的人，都应该受到同样的赞扬。

关于歌曲和舞蹈的规定如下。有许多优秀的古代乐曲和舞蹈，新建的城邦可以自由地从中选择合适的和恰当的。要任
802b 命年龄不低于 50 岁的人来作出选择，在古老的作品中找出合适的。对于有缺陷或完全不合适的，要么完全抛弃，要么征求诗人和音乐家的意见并利用他们的诗歌天才，进行修正和改
802c 造。但是，除了极少数的情况，我们不相信他们的审美和喜好。我们要向他们解释立法者的意图，让他们据此来安排舞蹈、音乐和合唱。不受约束的音乐，一旦受到约束，即使没有甜美的音乐曲调，也会变得比以往好一千倍。毕竟，所有的音乐都同样能带来快乐。如果一个人从童年到成年，一直聆听节制、有

序的音乐,那么当他听到相反的音乐时,就会感到厌恶,说它是 802d
“粗俗的”。但是,如果他在粗俗的、甜蜜的音乐中长大,他就会认为与此相反的音乐是冷酷的和令人不快的。因此,正如我们刚才所说的,就带来的快乐而言,两种音乐不相上下。它们最大的区别在于,一种音乐使其教育的人变好,而另一种则使人变坏。

克莱尼亚:非常正确。

雅典人:此外,我们要根据一般的原则区分和决定什么歌
曲适合女人,什么适合男人,并为这些歌曲配上合适的旋律和 802e
节奏。因为,如果给歌曲配上不合适的伴奏,歌词和曲调、节拍和节奏之间就会不和谐,这是很糟糕的。因此,立法者至少要对这些事项的纲要进行立法。由于两性的自然差异,男女都要有自己的歌词和曲调。要根据女人的自然特性为她们指定歌曲。我们可以认为,气势恢宏的和男子气概的东西适合男人。而适度和温和的东西,无论在法律上还是在日常用语中,都适
合女性。这就是我们对这件事的规定。 803a

接下来,我们谈谈这些事情的教导和传授的问题,以什么方式、针对什么人以及在什么时候进行。就像造船匠首先要画出龙骨的线条并以此来勾勒出船的轮廓一样,我们似乎也在做同样的事。我们要根据不同人的灵魂本性来区分生活的模式,并据此来“摆放龙骨”。我们要正确地思考,应该用什么方法
和什么生活方式来最好地驾驭生命之舟。人类的事情并不值 803b
得严肃地对待,但是我们又必须严肃地对待,一种悲哀的必然性束缚着我们。然而,既然我们已经走到这一步,如果我们能找到一种恰当的方法,这可能是很适合我们去做的事情。但是,这是什么意思呢?也许有人会问这个问题,而且问得很对。

803c **克莱尼亚**：的确是的。

雅典人：我认为，对于严肃的事，应当严肃对待；对于不严肃的事，就不应当严肃对待。依据自然，真正值得严肃对待的是神，而人，正如我们之前说过的，是神创造出来的玩偶，而这正是人最好的一面。因此，无论男女，都应当在一生中扮演好这个最高贵游戏中的角色，但这与他们现在的心境完全不同。

803d **克莱尼亚**：在什么方面？

雅典人：人们以为，严肃的事情是为了游戏。他们认为，有关战争的事情是严肃的，应该为了和平而认真对待。但事实上，在战争中现在没有、过去没有、将来也不会有任何真正的游戏或教育，而在我们看来，游戏和教育是最严肃的事情。我认为，每个人都应该尽可能长久地、尽可能好地过和平的生活。
803e 什么才是正确的生活方式呢？我们应该在游戏中度过一生——献祭、唱歌和跳舞，这样就能够赢得诸神的恩宠，并在战争中保卫自己，征服敌人。通过什么样的歌曲和舞蹈可以达到这两个目标，我们在前面已经大致说明了，并且已经指出了实现目标的途径。我们相信诗人所说的是对的：

804a "特勒马科斯，有些事情你自己会想到，
有些事情神会指示你。因为我相信，
你的出生和成长都是神的旨意。"*

我们的孩子也应该有同样的想法。他们要相信，对他们来说，我们所说的虽然已经很充分了，但精灵和神会在其他事情
804b 上给他们启示，告诉他们何时、向什么神献祭和跳舞，如何赢得神的恩宠，并以合乎自然的方式生活。要知道，人类在大部分

* 摘自荷马的史诗《奥德赛》。——译者注

时候是玩偶,只是偶尔会分得真理。

梅吉卢:你在贬低人类,先生。

雅典人:不,梅吉卢,不要惊讶,请体谅我。我一心一意想的是神,在那种感觉下,我说了这些话。如果你们愿意,我们就承认,人类不应该被轻视,而应当被认真对待。 804c

接下来,我们的主题是体育场和学校,在城的中心有三处。在城外也有三个地方,有训练马匹的场所,并有宽阔的场地,可以射箭和掷箭,供年轻人学习和练习。关于这些,我们已经说过了。如果说得不够明确,我们就进一步谈谈,并把它们规定在法律中。教师要住在这些地方,教授学生有关战争和音乐的 804d
知识。这些教师是从外邦聘请来的,要向他们支付报酬。

父亲不得自己任意决定是否让孩子去上学。正如俗话所说,"每个人都必须尽可能地"接受教育,因为他们属于城邦而不属于父母。这项法律既适用于男性,也适用于女性,他们要 804e
进行同样的训练。我大胆地断言,体操和马术对男人和对女人都一样适合。古代传说使我相信了这一点,而且现在,据说在黑海附近有很多被称作萨尔马提亚人的妇女,她们不仅像男人 805a
一样骑马,而且还像男人一样使用弓箭和其他武器。我还要进一步说,如果这些事情都是可能的,那么没有什么比在我们自己城邦盛行的做法更荒谬的了,那就是,男人和女人不一致地、同心协力地做同样的事。这样,城邦就不再是一个整体,而是减少到一半,但仍要付出同样多的花费和劳动。对于立法者来 805b
说,还有什么比这更大的错误呢?

克莱尼亚:的确如此,先生。我们所说的许多事情与我们的习俗背道而驰。可是你说,我们的谈话应该继续下去,当讨论结束时,我们就采纳我们赞成的结论。你说得很有道理,现

805c 在我为自己说过的话而自责。你按照自己的想法继续说下去吧。

雅典人：我想说，克莱尼亚，就像我之前说的，如果这些事情的可能性在事实上没有得到充分证明，就可能会有人否定我们的说法，但是，反对我们这项法律的人必须找到其他的策略。
805d 如果做不到这一点，我们的说法就有效，就没人能否认，女人应该尽可能地与男人共享教育和其他事情。如果女人不与男人共享生活的各个方面，那就要为她们设计自己的生活方式。

克莱尼亚：当然了。

雅典人：那么，在各地现行的各种生活方式中，哪一种比我
805e 们现在采用的更可取呢？我们难道更喜欢色雷斯人和许多其他部族采用的方式吗？他们让女人种地、照看牛羊，像使用奴隶一样使用她们。或者，应该像我们雅典和希腊其他城邦那样吗？我们是这样做的，就像俗话所说的，“把所有的东西都集中在一间屋子里”，把所有的东西都托付给女人，她们是这些
806a 东西的管理人，也负责纺纱和织布。或者，我们应该采取折中的方式？就像斯巴达那样，梅吉卢。女孩参加体育锻炼和艺术活动，成年妇女不从事纺织工作，而是努力“编织”一种既不卑微也非无用的生活，她们从事照顾家庭和抚养孩子的艰辛工作，但不服兵役。因此，即使她们有必要为保卫自己的城邦和
806b 孩子而战，她们也无法像亚马逊女人那样熟练地使用弓箭和其他投掷物，也不能像女神雅典娜那样拿着矛和盾，英勇地抵抗侵犯，摆出战斗的姿态使敌人胆战心惊。如果她们以这种方式
806c 生活，就肯定不敢仿效萨尔马提亚人的方式，那里的女人看起来就像男人。在这个问题上，谁愿意，谁就去赞扬你们斯巴达的立法者吧。但我要坚持自己的观点。一个立法者必须是完

整的,而不能是半个立法者。他不应该只监管男人,却让女人过着随心所欲的、奢侈的和没有秩序的生活,因为这样,他实际上只让城邦得到了一半而不是整个的幸福。

梅吉卢:我们该怎么办,克莱尼亚?我们能让一个外邦人这样来贬低斯巴达吗?

克莱尼亚:是的,因为我们允许他自由发表意见,在我们的 806d
立法完成之前,应该让他继续说下去。

梅吉卢:你说得对。

雅典人:那么,现在我可以继续讲下去吗?

克莱尼亚:当然了。

雅典人:假设人们能得到适度的生活必需品,他们把与技
艺有关的事情委托给了别人,把土地交给了奴隶耕种,土地能 806e
生产出足够的粮食来满足人们适度的需求,那么,他们的生活会是怎样的呢?此外,男人们有单独的公共餐室,他们的家人(包括女孩和她们的母亲)的公共餐室在旁边。餐室都由男官员和女官员负责,他们每日要监督就餐者的行为并在餐后解散
集会。官员和就餐者为当天要敬拜的神奠酒后,就各自回家。 807a
对生活如此有序的人来说,难道还有其他必要和适宜的活动吗?他们每个人都能像野兽一样被养得膘肥体壮,是吗?这样的生活既不正确也不高尚,过这种生活的人也不能避免应有的
命运。懒惰而肥壮的野兽应有的命运是,被那种勇敢的、由于 807b
艰苦的劳动而瘦得皮包骨头的野兽撕成碎片。

如果我们认真地考虑,就会感到失望,因为在妇女、儿童、房屋和所有其他东西都是个人私有的情况下,我们永远不能真正地实施这些规则。但如果我们能实现次好的安排,我也会非
常满意。对于生活在次好安排下的人来说,仍有一项工作要完 807c

成，这项工作绝不是微不足道的，而是公正的法律赋予他们的最伟大的任务。与追求达尔菲或奥林匹斯的胜利、完全没有空闲去做其他事情的生活相比，我们所说的真正配得上“生活”称号的生活，由于它追求身体上和灵魂上的美德，因而加倍
807d (不，远远超过双倍)地缺少空闲。绝不让不重要的事妨碍必要的体育锻炼、营养摄入以及对灵魂的教导和道德的培养，对于这样做的人来说，要从这些事情中获得完全和充分的好处，夜以继日的时间都不够用。

807e 为了做到这一点，所有的自由人都应该安排好，从早上到晚上、从晚上到第二天日出如何度过时间。但是，如果立法者事无巨细地规定家庭生活中鸡毛蒜皮的小事，这是不体面的。特别是关于夜间保持警觉的规定，这仅适用于那些始终要保卫
808a 整个城邦的人。如果一个公民整个夜晚都在睡觉，而不是总是第一个醒来和起床并让所有的仆人都看到他，这样的行为，无论依据习俗还是法律，都应该被视为是可耻的，配不上自由人的身份。如果一个家庭的女主人被女佣叫醒，而不是自己第一个起床并叫醒其他人，这是可耻的，而家里所有的奴隶，包括男奴、女奴和童奴，都会这样认为并彼此宣告，甚至全家人都会这
808b 样惊叹。如果起得早，城邦的官员以及私人房屋的男主人和女主人就可以在太阳升起之前，处理许多公共事务和家庭事务。依据自然，过多的睡眠不适合我们的灵魂和身体以及它们所进行的活动。因为，一个人睡着的时候就和死人一样，没有价值。
808c 而那些热爱生命和有理智的人，则会尽可能长时间地保持清醒，只留下对健康有利的睡眠时间。一旦养成了良好的习惯，就不需要太多的睡眠。城邦中在夜里醒着的官员，会使恶人——无论是敌人还是公民——感到害怕，会受到正义和有节

制的人的赞扬和尊敬,因为这样的官员对他们自己和整个城邦都是有益的。以这种方式度过夜晚,除了上述种种好处外,还能使城邦居民的灵魂更加坚韧。

天一亮,孩子们就应该去找自己的老师。因为,正如没有 808d
牧人,羊和其他动物就不能生存,孩子不能没有老师,奴隶也不能没有主人。在所有的动物中,孩子是最难管理的,因为他们的理性之泉还没有得到控制,他们是最叛逆、最淘气、最粗野的
动物。所以,必须用许多"笼头"捆绑他们。起初,在孩子离开 808e
母亲和保姆的时候,因为他太幼稚和无知,所以必须由导师来管理。之后,作为一个自由人,他要受到教师的监管,并学习各种科目。但他也是一个奴隶,如果他自己、他的导师或者教师
做了错事,任何碰巧遇到的自由人都可以惩罚他们。凡遇到了 809a
这种情况却没有施加惩罚的人,就要蒙受极大的耻辱。负责教育的法律维护者要盯着这个人,因为这个人遇到了犯了上述错误的人,却没有施加惩罚,或者没有用恰当的方式施加惩罚。此外,这位官员还要以敏锐的眼光,特别关注孩子的教育,引导他们的自然本性走上正道,按照法律的指引,让他们始终朝着好的方向发展。

我们的法律如何能使主管教育的官员得到充分的训练呢?
到目前为止,法律还不够明确和充分。它提到了一些事情,但 809b
也忽略了一些事情。但是,法律不应忽略任何东西,而应充分说明每一件事情,这样法律维护者才能向人们解释和传授法律。关于舞蹈、音乐和合唱,要选择、修正和供奉哪些类型,这些事情我们已经讨论过了。但是,优秀的教育导师啊,我们从
来没有讨论过,学生应如何使用那种没有韵律的作品。你已经 809c
知道,他们要学习和练习那些军事方面的东西。但是,我的朋

友,立法者至今还没有向你充分说明的事情是:首先是文学,其次是竖琴,再者是算数。我们刚才说过,这些是所有人都必须学的,是参加战争、处理家事和管理城邦所必需的。出于同样的原因,天体——星、日、月——的运行的知识是有用的,关于
809d 这些事物的规定对城邦是必要的。我的意思是,日组成月,月组成年,这样,季节、祭祀和节日就有了自然的规律和秩序,城邦就能够保持活力和警觉,就可以给诸神以应有的尊荣,人们
809e 在这些事情上就更理智。啊,我的朋友,立法者还没有向你充分地说明这些。那么,请注意我现在要说的话。首先,我们已经告诉过你,你在文学方面得到的指导还不够。我们抱怨的是,法律没有明确地告诉你,一个人要成为优秀的公民,是必须认真地学习这门学问,还是根本不应该学习它。对于竖琴也是
810a 一样。我们现在确定,应当学习这些东西。孩子要从 10 岁开始,用大约 3 年的时间学习文学,要从 13 岁开始学习弹奏竖琴,并连续学习 3 年。无论父亲还是孩子自己,无论愿意还是不愿意学习,都不得违反法律的规定缩短或延长学习年限。违反这些规定的人要被剥夺获得荣誉的资格,我们稍后会谈到这
810b 种荣誉。你要了解,孩子要学什么,老师要教什么。孩子要学会识字,以便能够读和写。但是,要在一定的年龄获得写作方面的优美和敏捷,需要天然的禀赋,如果他们达不到这样的成就,就随他们去吧。在阅读诗人的作品方面,有些作品没有竖琴的伴奏,包括有韵律的和没有韵律的。没有韵律的作品只是
810c 用平淡的词句写成,不包括节奏或和声。创作这类作品的作曲家中,有些人给我们留下了有害的作品。优秀的法律维护者啊,你打算拿它们怎么办呢?关于这件事,立法者应该怎样正确地指示你呢?我认为他会很为难。

克莱尼亚:困难在哪里呢,先生?你为什么感到这么困惑?

雅典人:你们问得好,克莱尼亚,还有梅吉卢,你们是我在立法工作中的伙伴,我必须向你们说明,这项任务中困难的部分和容易的部分。

克莱尼亚:就目前的问题而言,你指的是什么?你遇到了 810d
什么问题?

雅典人:我来告诉你们吧。要反驳成千上万的人经常说的话,是很困难的。

克莱尼亚:噢,你认为,我们之前讨论的法律只有很少一部分或在很小的问题上与多数人的观点矛盾,是吗?

雅典人:的确是的。我觉得,你是要告诉我,我们的这条立法之路可能会遭到一些人的反对,但也会有许多人赞同。赞同
的人即使数量不多,但也不是低劣的人。你要我在这些人的陪 810e
伴下,沿着我们目前的讨论开辟出来的立法道路前进,勇往直前,不要畏缩。

克莱尼亚:当然了。

雅典人:我不会退缩的。我要说的是,有很多诗人写六音步诗、三音步诗和其他有各种各样韵律的诗,有些诗人是严肃的,有些诗人想逗大家一乐。所有的人都认为,接受良好教育
的年轻人应该在这些诗人的熏陶下成长。有些人认为,要让年 811a
轻人经常听并大声朗读,不断地学习,把所有的诗都背下来。另一些人则精选诗人们的优秀作品,将其汇编在一起,他们告诉我们说,如果我们想通过广泛多样的教导让年轻人变得善良和聪明,就必须让年轻人把这些东西牢记在心。现在,你们是否想让我坦率地告诉这些人,他们所说的哪些是错误的,哪些是正确的?

克莱尼亚:是的。

811b **雅典人**:但是,我该怎么简短又恰当地评价他们呢?我的看法是,如果我没有弄错的话,大家都一致认为,这些人说了许多正确的话,也说了许多不正确的话。如果确实如此,那么我可以肯定,全面广泛的学习对年轻人来说是危险的。

克莱尼亚:那你对法律维护者有什么建议?

雅典人:在什么方面?

克莱尼亚:我的意思是,他应该遵循什么样的原则,以指导
811c 年轻人应该学习什么,不能学习什么。请回答这个问题吧,不要回避。

雅典人:克莱尼亚,我想我是幸运的。

克莱尼亚:为什么这么说呢?

雅典人:事实上,我并不是完全没有头绪。回顾我们从黎明开始的讨论,我相信这些话受到了神的启示,在我看来,它们
811d 很像一首诗。当我回想起我们说过的话时,我自然感到高兴。因为,在我看来,与我听过的所有诗歌和散文相比,我们的这些话是最恰当的,特别适合年轻人听。我想,对于负责教育的法
811e 律维护者,无法找到比这更好的范例了,他们应该建议教师教给年轻人这些言辞和其他类似的话语。如果他们在诗歌或散文中偶然发现了与之相关或类似的话语,就不应该放过它们,要把它们写下来。他们应该要求教师学习并认同这些话语。
812a 他们不得雇佣不认可这些话语的教师,而只有那些赞同的人才可以被雇佣为教师,才可以受托负责年轻人的教导和教育。就此,关于文学和文学教师的谈论,就告一段落吧。

克莱尼亚:我认为,先生,我们并没有偏离最初设定的论点。可是,我们的讨论整体上是否正确,我就不大有把握了。

雅典人:我们经常说,克莱尼亚,当我们结束对法律的讨论时,真实情况就会变得更加清晰。

克莱尼亚:是的。 812b

雅典人:现在我们已经讲完了文学教师,是不是该谈谈竖琴教师了?

克莱尼亚:的确是的。

雅典人:我想,我们要回顾一下以前的讨论,这样才能在这些科目的教学和训练方面给竖琴教师分配适当的职责。

克莱尼亚:你指的是什么?

雅典人:如果我没记错的话,我们说过,那些唱狄俄尼索斯
赞美诗的 60 岁的歌手,对韵律和节奏有特别敏锐的洞察力。 812c
对于模仿灵魂激情的音乐,他们能够分辨出好的和坏的。他们会摒弃其中一种,在赞美诗和歌曲中展示另一种,吸引年轻人的灵魂,召唤年轻人追随并通过模仿的方式获得美德。

克莱尼亚:说得对。

雅典人:为了达到这一目的,教师和学生都要使用竖琴的 812d
音符,因为竖琴的弦音是清晰的,能够为歌曲配上一致的音符。但是,当琴弦发出的曲调与作曲者的曲调不一致时,或者低音和高音、慢速和快速、尖锐和低沉组合在一起时,或者用竖琴的
音符展现各种各样的节奏变化时,这些复杂的和变化的节奏, 812e
对于那些必须在 3 年内迅速掌握有用的音乐知识的人来说,是不合适的。因为,相互矛盾的东西是混乱的,会造成学习上的困难。而我们的年轻人应该迅速地学习,他们应当学习的科目既不是不重要的,也不是很少。随着时间的推移,我们会进一步说明有哪些科目。让教育官员按照我们所说的方式来规范
这些事情吧。至于合唱队的指挥要教哪些和什么样的曲调和 813a

词句,我们已经详细地说明过了。我们说过,这些歌曲应当用于献祭,并对应适当的节日,这样就能给城邦提供无害的娱乐,使城邦受益。

克莱尼亚:这一点你说得很对。

雅典人:那就让选出的音乐官员采纳我们的这些规则吧,因为它们是正确的。愿他在工作中交好运!现在,关于以前说
813b 过的舞蹈和体育的规则,我们来补充一些内容。在音乐教学方面,我们补充了未讨论的问题,现在我们在体育方面也要这样做。男孩和女孩都必须学习舞蹈和体育,是吗?

克莱尼亚:是的。

雅典人:那么,男孩应该由男舞蹈老师指导,女孩应该由女舞蹈老师指导。

克莱尼亚:是的。

雅典人:那么,让我们再一次召唤在这方面承担重要职责
813c 的人,也就是年轻人的管理者。他要负责音乐和体育,有许多事情要做。

克莱尼亚:但像这样一个年纪大的人,怎么能管理这么多事务呢?

雅典人:啊,我的朋友,这不会有什么困难的,因为法律已经赋予他权力,并且还会继续赋予他权力,让他去选择任何自己想要的人——无论男女——作为履行这项职责的助手。出于必要的责任感和对自己职务重要性的认识,他知道应该选
813d 谁,并且会竭力避免选错人。他明白,如果一个人从小就受到良好的教育,那么一切都会一帆风顺。但如果情况相反,我们就不应该说,也不会说,接下来会发生什么,以免那些喜欢预言的人对我们尚在襁褓中的城邦发出警报。

关于舞蹈和体育，我们说了很多。我们把所有的军事训练
都包含在体育中，比如射箭、投掷武器、使用轻型盾牌和重型武 813e
器的战斗、军队队形、行军、扎营以及骑兵训练。对于这些事
情，需要有公立教师，由城邦支付报酬。学生不仅包括城邦里
的男孩和成年男子，还包括应该学习这些东西的女孩和成年妇
女。女孩应该练习武装跳舞和格斗技术，而成年妇女应该参加 814a
行军、列队并练习使用武器。女人们应该这样做，如果没有其
他原因，至少是出于这个原因，那就是，如果所有的军队必须离
开城邦在外作战，她们能够承担起保护孩子和城邦里其他人的
责任。而另一方面，一种情况也很有可能会发生，那就是，来自
外邦的敌人，无论是希腊人还是非希腊人，他们凶猛而强大，对
城邦发动战争，迫使妇女们为保卫城邦而战。那么，如果女人 814b
被教育得很糟糕，以至于连鸟类都不如（要知道，鸟类为了自
己的孩子愿意冒一切风险，甚至不惜牺牲自己的生命，与最强
壮的野兽搏斗），那么，这对城邦来说是极大的耻辱。如果她
们立即冲向庙宇，挤在祭坛和神龛前，这就会给人类带来天性
极其懦弱的恶名。

克莱尼亚：先生，如果一个城邦发生这种事，除了会造成伤 814c
害之外，也是极不体面的。

雅典人：那么，我们是否应该制定这样一条法律，规定女人不应忽视军事训练，所有公民，无论男女，都必须重视军事训练？

克莱尼亚：我非常赞成。

雅典人：关于摔跤，我们谈了一部分。但我认为，最重要的
部分我们还没有谈。而且，如果不用身体演示配合语言来解
释，就很难表达我们的意思。关于这些，我们随后再说。到时 814d

候，在言语和实践结合起来时，我们才能清楚地解释刚才所说的话，那就是，在所有的运动中，摔跤是最接近军事技艺的运动，而且，练习摔跤是为了军事战斗，而不是说，军事战斗是为了摔跤。

克莱尼亚：你说得很好。

814e **雅典人**：摔跤就说这么多吧，现在我们谈谈其他的运动。这些运动可以被称为舞蹈，有两种：一种是高贵的，模仿优美的动作；另一种是低俗的，模仿丑陋的动作。两种舞蹈各有两个分支。高贵的舞蹈中的一种是模仿战争中的运动，模仿的是激烈运动中美丽的身体和勇敢的灵魂。另一种模仿成功和适度快乐状态下的有节制的灵魂，这种舞蹈可以被恰当地称为是
815a “和平之舞”。模仿战争的舞蹈不同于和平之舞，可以被恰当地称为“皮洛士之舞”。它模仿躲避打击和射击的动作，如闪身、退后、跳跃、蹲伏。还有相反的动作，如射箭、投掷标枪和猛
815b 击的动作。如果模仿的是优美的身体和灵魂，动作直接而有力，四肢大致笔直，那么，我认为，这样的模仿是正确的，但反过来就不对了。在和平之舞中，我们必须考虑的是，一个人的举止是否自然而优雅，是否以适合守法人的方式来对待高贵的舞
815c 蹈。但是，在继续讨论之前，我必须把有疑问的舞蹈和没有疑问的舞蹈区分开来。什么是有疑问的舞蹈呢？该如何区分这两种舞蹈呢？酒神类的舞蹈，据说是醉酒者模仿山林女神、潘神*、西勒诺斯**和森林之神的舞蹈。这类舞蹈在赎罪和入会的仪式中表演。这些舞蹈不应被界定为和平之舞或战争之舞，

---

* 潘神：又称为牧神，希腊神话中照顾羊群和牧羊人的神。——译者注

** 西勒诺斯：希腊神话中的山林之神。——译者注

或者任何一种具有实际意义的舞蹈。在我看来,界定它的最正确的方法是将它与和平之舞和战争之舞区分开来,并宣布这种 815d
舞蹈不适合我们的公民。我们把它放在一边,继续讨论战争之舞与和平之舞,因为这些无疑与我们有关。

至于不好战的缪斯的舞蹈,人们以此敬奉诸神和诸神之子,描绘繁荣的景象。这一类又可细分为两类:一类表现的是, 815e
人们从某种劳动或危险中解脱出来,获得了更大的快乐;另一类表现的是保存和增加原有的快乐,这种快乐不那么令人兴奋。在这种情况下,人的身体在快乐越大时运动得越剧烈,在快乐越小时运动得越不剧烈。一个比较有秩序、在勇敢方面受到较好训练的人,动作就不那么猛烈。但是,一个胆怯、在节制 816a
方面缺乏训练的人,就会做出较大、较猛烈的动作。总的来说,无论是在唱歌时还是在说话时,没有人在使用声音时能让自己的身体完全静止。因此,用动作对语言进行模仿,就产生了整个舞蹈技艺。在各种模仿中,有的人的动作是有序的,有的人的动作是无序的。我们可以看到,许多古老的名称是合乎自然 816b
的、值得称赞的。其中一个是为繁荣时期适度享乐的人的舞蹈起的名称。不管当时是谁给这些舞蹈命名的,当他称这些舞蹈为"埃米利亚"或和谐之舞时,就给了它们一个非常正确的、富有诗意的、合乎情理的名字。由此形成了两种高贵的舞蹈,一种是战争之舞,被称为"皮洛士"舞,另一种是和平之舞,被称为"埃米利亚"舞或和谐之舞。这样,每种舞蹈都有了合适的 816c
名称。立法者应该在大纲中陈述这些舞蹈,法律维护者应该找到它们,然后把舞蹈和音乐结合起来,分配到各个节日,为每种献祭指定适合的舞蹈。当这些舞蹈按照适当的规则用于献祭后,无论是在跳舞还是在唱歌方面,都不能再做改动。从此,城

816d 邦和公民就能以同样的方式生活，并享受同样的乐趣，就能生活得很好、很幸福。

关于适合优美的身体和高尚的灵魂的舞蹈，我们的讨论已经很充分了。但是，我们也有必要考虑和评价丑陋的身体和思想，以及那些在喜剧中通过言语、歌曲、舞蹈和模仿逗人发笑的人。因为，一个人想要变得明智，如果不了解可笑的东西，就不
816e 能理解严肃的东西，反之亦然。但是，如果一个人想要获得哪怕是一小部分的美德，他就不能同时做到既严肃又可笑。正因为这个原因，我们应该学习这两种东西，这样就不会由于无知做或说任何荒谬的事。我们应该命令奴隶和雇佣外邦人模仿这些可笑的东西，但我们自己永远不应该对这些东西产生兴趣，也不应该让男女自由人去学习它们。在这种模仿中，总有
817a 一些新奇的东西。这些引人发笑的表演，通常被称为喜剧。那么，在法律和我们的谈话中，我们就把这些规定作为这种表演的规则吧。

如果有一位所谓的“严肃”诗人，即写悲剧的诗人，来到我们这里，对我们说：“啊，先生们，我们可以去你们的城邦和土地吗？我们可以带着我们的诗歌去吗？你们对此的看法是什
817b 么？”我们该怎样回答这个神圣的人呢？我认为，我们的回答应该是这样的：“优秀的外邦人啊，我们也是悲剧诗人，我们尽自己最大的努力创作最优秀的和最高贵的悲剧。我们整个政治体制都是在模仿最美好、最高尚的生活，我们认为这正是最真实的悲剧。你是诗人，我们也是诗人，你和我们创作同类的
817c 作品，是创作最高贵戏剧的竞争对手。正如我们所希望的那样，只有真正的法律才能自然地使这种戏剧臻于完美。那么，不要以为我们轻易会允许你在市场上搭建舞台，会允许你们的

演员用悦耳的音调和比我们更响亮的声音,对我们的妇女、儿童和普通民众高谈阔论,而你们说的不是和我们相同的制度,而在大部分情况下,说的是相反的制度。在官员决定你的作品是否适合朗诵、是否可以发表之前,允许你这样做的人一定是 817d
疯了。因此,温柔的缪斯的子孙,你首先要把自己的诗歌向官员们展示一下,让他们把你的诗歌和我们的比较一下,如果你的和我们的一样或者更好,我们就允许你表演,但如果不是这样,我的朋友,我们就不允许。”

那么,如果你们同意的话,这些就是关于有关整个合唱技 817e
艺和与之相关的教学的法律,而且,对奴隶和对主人的规定要有区别。

克莱尼亚:我们当然同意了。

雅典人:对自由人,还有三门功课要学。首先是计算和与数字有关的东西。第二是长度、面积和体积的测量,第三是星辰的运行以及它们之间的相互关系。不是每个人都需要精确 818a
地研究这些东西,只有少数人需要这样做。我们在最后指出这些人是谁,这样比较合适。对大多数人来说,虽然不知道许多被正确地称为“必要”的东西是可耻的,但要让每个人都详细地研究这些问题并不容易,甚至是根本不可能的。但其中有些东西是必要的,不能被拒绝,也许这就是那个关于神的谚语的作者的想法,他说:“即使是神也不会对抗必然性。”如果我没 818b
有弄错的话,他指的是神圣的必然性。因为,如果像大多数人引用这句话时所说的那样,这是人的必然性,那这句谚语就太幼稚了。

克莱尼亚:先生,哪些必需的知识是属神的而不是属人的?

雅典人:我认为,如果要成为能够认真照管人类的神、精灵 818c

或英雄,就必须实践和学习这些知识。如果一个人不认识1、2、3,不能分辨奇数和偶数,根本不会计算,也不知道怎样划分昼夜,对太阳、月亮和星星的运行一无所知,那么,无论如何,他
818d 都不能被称为神圣的人。如果认为,对一个想要了解最高层次知识的人来说,所有这些知识都不是必要的,那就太愚蠢了。但首先必须确定的是,这些知识是什么,它们有多少,应该什么时候学习,什么知识应该结合在一起学习,什么知识应该分别学习,怎样把它们联系在一起。完成这些之后,我们就可以开
818e 始学习了。这种基于自然的必然性约束着我们,正如我们说过的,诸神都不会与之对抗。

克莱尼亚:是的,先生,你所说的是正确的,是符合自然的。

雅典人:是的,克莱尼亚,是这样的。但是,很难对这些问题进行立法。如果你们同意,我们就在以后合适的时间制定这方面的法律。

克莱尼亚:对这类问题的忽视是我们城邦的习惯,看起来,先生,这使你感到很害怕。但你害怕是不对的,请不要因此而却步,继续说下去吧。

819a **雅典人:**我确实对你所说的习惯感到害怕,但更让我担心的是那些用错误的方法学习这些知识的人。因为,完全无知并不是那么可怕或极端邪恶,也不是最大的恶。更有害的是,获得了大量的知识和学问,但接受的是坏的训练。

克莱尼亚:没错。

819b **雅典人:**我认为,所有的自由人都应该学习这些知识,就像埃及孩子要学习自己的文字一样。在那里,人们为孩子发明了算术游戏,让他们通过游戏和娱乐学习数学。孩子们分发苹果和花环,把一定数量的东西在较多和较少的人中分配。他们安

排拳击手和摔跤手,通过抽签配对或轮空,并按照自然顺序安排各个回合。另一种游戏是分发器皿,有时是金、铜、银等器皿 819c 混合在一起,有时只使用一种。就像我刚才说的,使用常用的数字来做游戏,这种方式使孩子们更容易理解军队的部署和远征,并使他们在管理家庭时更能干、更清醒。同样,学习度量长 819d 度、面积和体积,能够消除他们的无知,这种无知是与生俱来的,是荒谬而又可耻的。

克莱尼亚:你指的是哪一种无知?

雅典人:哦,亲爱的克莱尼亚,当我最近听说我们在这件事上的处境时,我自己也大为吃惊。我觉得这情形与其说是人类的情形,不如说是猪的情形。我不仅为自己感到羞愧,也为整 819e 个希腊感到羞愧。

克莱尼亚:关于什么呢?请说说,先生,你是什么意思呢?

雅典人:我会说的。或者,我可以用一个问题来说明我的意思,请你来回答。我想,你知道"长度"是什么吧?

克莱尼亚:当然了。

雅典人:知道"面积"是什么吗?

克莱尼亚:当然知道。

雅典人:你知道,这是两种不同的东西,除此之外还有第三个东西,就是体积,是吗?

克莱尼亚:当然。

雅典人:这三种东西,是可以用同单位度量的,是不是呢?

克莱尼亚:是的。

雅典人:也就是说,长度与长度可以用同单位度量,面积之 820a 间也是可以用同单位度量的,体积也是这样的,是吗?

克莱尼亚:的确是的。

雅典人:但是,如果有些东西可以用同单位度量,而有些东西不可以用同单位度量,而你却认为所有的东西都可以用同单位度量,对此你怎么看?

克莱尼亚:显然很不满意。

雅典人:关于长度、面积和体积的关系,或面积与长度之间的关系,我们希腊人认为,它们之间可以用同单位度量,是吗?

820b **克莱尼亚**:肯定是的。

雅典人:但是如果它们不可以用同单位度量,而我们所有人都认为它们可以用同单位度量,我们就会为自己的同胞感到羞耻,是吗?我们是不是会对他们说:"优秀的希腊人哪,我们曾说过,尽管知道这些东西并没有什么了不起的,但这是必要的知识,不知道这些知识是可耻的。"

克莱尼亚:当然了。

820c **雅典人**:除此之外,还有与之密切相关的其他事情,在这些事情中,我们发现许多与上述错误相似的错误。

克莱尼亚:是什么呢?

雅典人:可以用同单位度量和不可以用同单位度量之间天然的联系。如果一个人不想一无是处,就有必要通过思考来区分它们。通过向对方提出这样的问题,在一个值得参与的游戏中竞争,对于老年人,这是一种比跳棋更好、更优雅的消磨时间的方式。

820d **克莱尼亚**:我敢说,学习这些和玩跳棋并没有太大的不同。

雅典人:克莱尼亚,我认为年轻人应该学习这些科目,因为它们既没有危害,又不难学。在游戏中学习它们,会带来好处,而不会伤害我们的城邦。如果有人不同意,我们就要听听他怎么说。

克莱尼亚:的确是的。 820e

雅典人:那么,如果情况确实如此,我们就要采纳这些课程;但如果情况明显与此相反,我们就要把它们排除在外。

克莱尼亚:显然是这样的。

雅典人:那么,我们是不是应该把这些作为必须学习的科目?这样我们的法律就不会有漏洞了。这些东西可以被当作抵押品,独立于政治体制的其他部分。如果今后,交付抵押品的我们,或者接受抵押品的你们,对抵押品不满意的话,可以把它们赎回,把它们从我们的政治体制中拿走。

克莱尼亚:这是很正确的方法。

雅典人:接下来,让我们考虑一下,是否赞成年轻人学习天文学。

克莱尼亚:请继续讲下去吧。

雅典人:关于这一点,确实有一个非常奇怪的事实,令人难以忍受。

克莱尼亚:你指的是什么? 821a

雅典人:人们说,我们不应该研究伟大的诸神和宇宙,也不应该忙于对其作出解释,因为这样做是不虔诚的。但是,事实恰恰相反。

克莱尼亚:你是什么意思呢?

雅典人:我的话听起来自相矛盾,而且,也许与老人的身份不相称。但是,如果一个人认为一门学问是高尚的、真实的、对城邦有益的,而且是神所喜爱的,他就不能不把它说出来。 821b

克莱尼亚:你的话是合理的。但是,在有关星辰的问题上,我们能找到什么样的学科呢?

雅典人:我亲爱的朋友们,可以说,关于太阳和月亮这两位伟大的神,现在我们所有的希腊人都说了错误的话。

克莱尼亚:什么错误呢?

雅典人:我们说,它们以及和它们一起的其他星辰,决不会沿着同一条轨道运行,所以我们称它们为“行星”。

821c **克莱尼亚**:是的,天哪,先生,确实如此。我一生中也常常看见,晨星、昏星和其他星星从不在同一轨道上运行,而是在各个方向上“漫游”。至于太阳和月亮,我们都知道,它们一直是这样的。

821d **雅典人**:正是如此,梅吉卢,克莱尼亚。我坚持认为,我们的公民和年轻人应该学习关于天上诸神的知识,这样才能不亵渎神灵,才能用虔诚的语言献祭和祈祷。

克莱尼亚:你是对的。前提是,要有可能学习你所说的知识。而且,如果学习能纠正可能犯的错误,那么我也同意,应该学习如此重要的学科。既然如此,你要尽力把自己的意思解释清楚,我们也尽力去弄明白你的话。

821e **雅典人**:要理解我的意思有些困难,但不是很难,也不需要花很多时间。我自己就可以作为一个证据。虽然我听说这些的时候已经不再年轻(事实上,就在不久前),但我可以在较短的时间内向你们解释清楚。如果这些东西很难,我这个年纪的人就无法向同样是老人的你们解释清楚。

822a **克莱尼亚**:你说得对。但是,你所说的那种绝妙的、适合年轻人学习的、而我们却一无所知的学问,究竟是什么呢?请尽量清楚地向我们解释一下。

雅典人:我会的。朋友们,认为太阳、月亮和其他星辰在“漫游”的观点是不正确的,事实与此完全相反。它们中的每一个总是沿着一个而不是很多个轨道运动,虽然表面上看,它

们似乎是在许多个轨道上运动。它们中最快的被错误地认为
是最慢的,反过来,最慢的又被错误地认为是最快的。如果这 822b
些都是事实,而我们的观点却是相反的,那就想象一下,假设我
们对奥林匹亚的赛马或者长跑运动员有类似的看法,把最快的
说成是最慢的,把最慢的说成是最快的,并把失败者当作胜利
者来赞扬,在这种情况下,我们的赞扬就是不正确的,而且赛跑
者也不会高兴,因为他们只是凡人。对人犯这种错误是可笑 822c
的,但当我们对神犯同样的错误时,这就并不可笑。

克莱尼亚:我认为,这比可笑更糟糕。

雅典人:无论如何,诸神不会喜欢我们散布错误的言论。

克莱尼亚:如果事实如你所说的话,的确是这样的。

雅典人:如果我们能证明这确实是事实,就要学习所有这些科目,并达到一定的程度,但如果我们证明不了,就不去管它们。我们就这样达成一致好吗?

克莱尼亚:很好。 822d

雅典人:教育立法中有关学习科目的内容,已经说得够多
了。现在我们要转向狩猎和类似的事情。除了制定法律,立法
者似乎还有其他的责任。在法律之外有某种东西,它位于告诫
和法律之间,这在我们的讨论中曾多次出现过。例如,在幼儿 822e
的培养方面,我们说,这类问题不能不管理,但如果把这种管理
制定成法律,那将是非常愚蠢的。当法律和整个政治制度都这
样写下来时,如果我们说美德最佳的人是最好地服务于法律并
完全服从法律的人,那我们的赞扬就是不完整的。更完美的赞
美是,美德最佳的人在一生中始终服从立法者制定的成文规
则,包括成文的法律以及立法者写下的有关赞成和谴责的文 823a
字。这是赞扬一个公民的最正确的话。除了制定法律之外,立

法者还必须结合法律,写下自己认为是高贵的和卑贱的东西。最优秀的公民必须遵守这些原则,就像必须遵守通过惩罚而得到认可的法律规则一样。

823b 我举一个例子,以此来证明我的话。狩猎的范围很广,这个名称包括许多内容。人们捕猎水中的动物,也捕猎空中的动物,还捕猎陆地上各种各样的动物。而且,被捕猎的不仅是野生动物,还有对人的捕猎,这也要考虑到。一种对人的捕猎发生在战争中,但有的捕猎也出现在友谊中。在友谊中猎捕人,有时值得赞扬,有时应受到指责。还有强盗的抢劫和军队之间
823c 的攻击,也是对人的猎捕。立法者在制定关于狩猎的法律时,既不能不关注这些事,也不能制定威胁性的法律来对这些事确立规则和施加处罚。那该怎么办呢?立法者要从年轻人锻炼和运动的角度来赞扬和谴责与狩猎有关的事情,而年轻人必须顺从地听立法者的话。他们不应被快乐和痛苦所妨碍,要尊重
823d 和执行赞美中的命令,而不是那些以惩罚威胁的、由法律规定的命令。在这个前提下,我们可以对狩猎适度地赞扬和谴责。赞美那些能使年轻人的灵魂变好的,而谴责那些起相反作用的。

现在,让我们以祈祷的形式对年轻人说:"哦,朋友们,"我们要对他们说,"但愿你们,不论是醒着还是睡着,永远不会有
823e 欲望或热情在海上狩猎、钓鱼,或用鱼钩或鱼篮(这是一种懒惰的发明)捕猎水中动物。不要让任何在海上抓人和当海盗的欲望进入你们的灵魂,因为这会使你们成为残忍的无法无天的猎人。但愿你们永远不会有在城里或乡下偷东西的念头。任
824a 何一个年轻人都不要有捕鸟的狡猾的想法,这不是自由人该有的想法。身强力壮的人只能猎捕陆地动物。其中一种叫做夜

间狩猎,猎人们轮流睡觉,这是懒人的做法,不值得称赞。同样,那些能让人们从劳作中得到休息的狩猎活动也不值得称赞,因为这些猎人征服野兽的野性力量靠的是网和陷阱,而不是辛勤的劳作。因此,唯一的一种,也是最好的一种,就是用马、狗和猎人自己的身体来猎取四足动物。战胜动物的方法是追赶它们、攻击它们、向它们投掷,这些亲手抓住猎物的人有神圣的男子汉气概。"

刚才的话,就是对这些事情的赞扬和谴责。法律规定如下:任何人都不得阻止真正神圣的狩猎者随心所欲地狩猎。但是,对于那些用网和陷阱在夜间打猎的人,不允许他们在任何地方狩猎。在山上和荒地可以捕鸟,但在耕地和圣地的旷野不可捕鸟。凡遇见这种情况的人,都可以阻止。渔民可以在除港口、圣河、圣池和圣湖之外的任何地方捕鱼,但不得污染水域。

现在我们可以说,我们已经完成了关于教育的立法。

克莱尼亚:你说得对。

第八卷

828a **雅典人**:接下来,我们要安排节日并制定有关节日的法律。特尔斐的神谕会指示我们,为了城邦的利益,应当如何献祭、对哪些神献祭。至于献祭的时间和次数,可以由我们决定。

克莱尼亚:是的,次数我们可以决定。

828b **雅典人**:那我们先说说次数。总数为 365 次,每天 1 次。这样,每天至少有一个官员为城邦、公民及其财产向某位神或精灵献祭。神谕解释者、男女祭司和占卜者要与法律维护者一同商议,对立法者不可避免会遗漏的事情作出安排。可以说,正是这些人应该注意到遗漏了什么。法律要规定,12 个节日献
828c
给 12 位神,12 个部落以这些神命名。人们每个月都向一位神献祭,并以适合诸神和季节的方式举办合唱表演、音乐比赛和体育竞赛。还要为女人设立节日,区分出只有女人庆祝

的节日和男女都参加的节日。此外,冥神和相应的献祭,不能与被称为天神的诸神和相应的献祭混淆,而要区分开来,要根据法律,把纪念冥神的节日安排在第十二个月即普路托月。对 828d
这样一位神,好战的人不应厌恶,而应尊敬他,要始终把他当作人类的好朋友。因为,我确实认为,对于灵魂和身体来说,结合一点也不比分解好。

此外,那些想正确地管理这些事务的人要明白,在拥有闲暇和提供生活必需品方面,没有任何城邦能比得上我们的城 829a
邦,还要明白,城邦像人一样,应该过上幸福的生活。想要过幸福的生活,首先不能行不义,其次自己也不能遭受不义。达到第一个目标并不难,但要拥有免遭不义的能力却非常困难。除了至善的人,没有人能完全不受不义的侵害。在这一点上,城邦就像个人。如果城邦是善的,就能过和平的生活,如果它是恶的,就会过内外交战的生活。既然如此,人们就应当——不 829b
仅在战争期间,而且在和平时期——为战争而训练。因此,一个明智的城邦应该,不论严寒酷暑,每个月都进行不少于一天的军事训练,如果官员认为合适的话,次数可以更多。如果官员让人们集体训练,所有人,无论男女老幼,都要加入其中,其他时候,则要分头训练。在献祭时,还要经常进行一些高贵的游戏,尽可能真实地模仿战争中的战斗,以此作为庆祝节日的 829c
竞赛活动。在每一个这样的场合,胜利者和杰出的人应该得到奖励,而且还要根据每个人不仅在比赛中而且在生活中表现出的性格,为他们谱写赞美和责备的诗,赞美优秀的人,责备低劣的人。不是每个人都能创作这样的诗。首先,这种诗人必须至少有 50 岁。此外,他不能是这样一个人,即虽然可能有音乐和 829d
诗歌天赋,但一生中从未做过任何高尚或杰出的事。我们应该唱的诗，即使不太有音乐感，但它们是优秀的诗人创作的，这些诗人在城邦受到尊敬，是行为高尚的艺术家。教育官员和法律维护者负责选出这些诗人，并授予他们特权，让他们成为唯一有权自由创作诗歌的人，而其他人都没有这种特权。而且，任何人都不得唱没有得到法律维护者批准的诗，即使它的曲调比
829e 塔米拉和俄耳甫斯的歌甜美也不行。应当吟唱的是那些被判定为神圣的、献给诸神的诗，以及那些被认为是高尚的人创作的责备和赞美之歌。关于服兵役和自由创作诗歌的规定，应该平等地适用于男人和女人。

立法者要问自己："当我已经建设好整个城邦的时候，我要
830a 培养出什么样的公民？他们是最激烈的比赛的参赛者，有无数的竞争对手，是吗？""当然。"人们会正确地回答。那么，如果我们训练的是拳击手、角斗士或其他类似比赛中的参赛者，他们在比赛之前难道不与对手碰面练习吗？难道他们不做任何准备，难道不每天练习？如果我们是拳击手，我们应该在比赛
830b 前许多天就开始学习搏击，并努力练习，模仿在比赛时要使用的所有攻击和反击方法。为了尽可能地模仿真实的比赛，我们应该戴上拳击手套，而不是牛皮手套，这样我们就能更好地练习击打和躲避。如果我们没有训练伙伴，我们就挂一个无生命的模型来练习，难道我们会因为担心被愚蠢的人嘲笑而不敢这
830c 么做吗？如果我们根本没有训练伙伴，无论是有生命的还是无生命的，我们难道不应该在没有对手的情况下与自己打斗吗？或者，我们还能用什么其他方式来进行这种没有对手的练习呢？

克莱尼亚：你说的方法，先生，是唯一的方法。

雅典人：当我们城邦的军队要参加伟大的战斗，为生命、孩

子、财产和整个城邦而战的时候，难道他们会比拳击手准备得 830d
更差吗？难道立法者会因为担心他们之间的对抗训练在某些人看来是可笑的，就不制定法律要求他们进行野战操练了吗？立法者要规定，如有可能，每天都要进行不使用重型武器的小型军事演习，并以此为目的来安排舞蹈和体育锻炼。每月至少
举行一次使用重型武器的大型演习。在演习中，人们在城邦内 830e
相互竞争，争夺阵地，设置埋伏，进行各种形式的模拟战争。他们戴着拳击手套战斗，投掷标枪，使用有点危险、尽可能接近真实的武器，这样，这项运动就不是完全不令人恐惧的，而是有些
令人恐惧的，并在一定程度上能够显示出谁勇敢、谁懦弱。对 831a
于勇敢者，立法者应适当地授予荣誉，而对于懦弱者，则应给予耻辱，这样就可以使整个城邦为真正的战斗做好准备。如果有人在这种模仿战斗中被杀死了，那杀人就是无意的，我们要让那个杀人者被合法净化，成为清白的人。因为，以这种方式死去的人不多，而其他并不次于死者的人会成长起来取代死者。但是，如果恐惧消失了，人们就无法找到检验人性优劣的方法，
这对城邦的危害比失去少数人更大。 831b

克莱尼亚：我们非常同意，先生，对这样的事情，我们应该制定法律并在整个城邦付诸实施。

雅典人：我们是否知道，为什么目前在城邦里，这种合唱表演和竞赛，除了极小规模的外，几乎再也看不到了？是因为民众和立法者的无知吗？

克莱尼亚：也许吧。

雅典人：当然不是，亲爱的克莱尼亚。我们应该说，有两个 831c
原因，而且都是很充分的原因。

克莱尼亚：是什么呢？

雅典人：一个原因是对财富的贪欲，这使一个人除了自己的私人财产外，没有闲暇时间去关注任何其他事情。每个人的灵魂都吊在这上面，除了日常收益，什么都不关心。为了自己，
831d 人们愿意学习任何知识，愿意做任何事，但对其他的事情都不屑一顾。这就是一个原因，可以解释为什么一个城邦不认真对待这种竞赛或其他美好和高尚的活动。由于对金银的贪得无厌，每一个人都愿意辛勤地劳作，愿意从事各种工作，无论这种工作是高贵还是卑贱，只要能因此致富就行。任何事，即使是
831e 不圣洁的、污秽的、极其卑贱的，只要能让他像野兽一样大吃大喝、放纵性欲，他就毫无顾忌。

克莱尼亚：没错。

雅典人：那么，我所说的这一点就是一个原因，它使城邦不能进行充分的战争准备，不能从事高尚的事情，使那些有秩序、有节制人成为了小贩、船商和奴仆，使那些勇敢的人成了海盗、
832a 小偷、盗窃庙宇者、好战者和僭主。在某些情况下，这些人并不是邪恶的，而是不幸的。

克莱尼亚：你是什么意思？

雅典人：他们被迫在灵魂永远饥饿的情况下度过一生，难道不是真正的不幸吗？

克莱尼亚：这是一个原因，那么，先生，你所说的第二个原因是什么呢？

雅典人：你提醒了我，这很好。

克莱尼亚：一个原因，如你所说，是终生对财富永不满足的
832b 追求，它使人沉迷，妨碍他们恰当地进行军事训练。现在请告诉我，另一个原因是什么？

雅典人：你是不是认为，我犹豫不决，是因为感到困惑？

克莱尼亚：不是的。只是你让我们觉得，你十分厌恶贪图财富的性格，所以你对它的批评太苛刻，超出了我们现在讨论的需要。

雅典人：你的指责很恰当，克莱尼亚。现在我就说说第二个原因。

克莱尼亚：请继续吧。

雅典人：我认为，另一个原因是我在前面的讨论中经常提 832c
到的非政治体制——民主制、寡头制、僭主制。这些都不是政治体制，因为它们不是对自愿的臣民实行的自愿的统治。它们正确的名称应该是"派系"，统治者是自愿的，但臣民是不情愿的，是在暴力下被迫服从。出于对臣民的恐惧，统治者永远不会愿意让臣民变得高贵、富有、强壮、勇敢和好战。这两个原因几乎是所有邪恶的主要根源，也是我刚才所说的那种邪恶的最
主要的原因。而我们现在为之立法的政治体制已经避开了这 832d
两个原因，因为它使人们享有大量的闲暇，不受彼此的支配。因此，我认为，我们的法律不可能使人们成为贪财的人。我们自然可以合理地认为，只有在这种政治体制下，我们描述的那种教育和按照我们的思路构建的军事训练才能得以实现。

克莱尼亚：说得很好。

雅典人：接下来，我们要记住，就体育竞赛而言，军事方面 832e
的竞赛都应该举行，并为胜利者颁发奖品，而那些非军事的竞赛则必须放弃。关于这些竞赛，法律最好在一开始就作出规定。首先，让我们谈谈赛跑和速度竞赛。

克莱尼亚：好的。

雅典人：毫无疑问，在战争中最重要的是身体的灵活，包括
手和脚的灵活。因为，逃跑和擒敌需要敏捷的脚步，而近距离 833a

搏斗需要强壮和力量。

克莱尼亚:没错。

雅典人:但是,如果没有武器,二者都不能发挥最大的作用。

克莱尼亚:的确。

雅典人:在比赛中,按照惯例,传令官应首先召集赛跑者。赛跑者要全副武装,我们不应奖励赤手空拳的参赛者。首先入
833b 场的是持武器的单程赛跑者,接下来是跑双程的赛跑者,第三是跑中等距离的赛跑者,第四是长跑者。在第五场比赛中,首先是重装赛跑者,他身穿重装盔甲,要跑 60 斯塔德去阿瑞斯*神庙,再跑回来,并且要在平坦的路面上跑。而他的对手,是带着全套装备的弓箭手,要翻山越岭,跑 100 斯塔德到达阿波罗
833c 和阿耳特弥斯**神庙,然后返回。这就是比赛的顺序。我们等待这些赛跑者归来,然后给每个获胜者颁发奖品。

克莱尼亚:这很好。

雅典人:我们把这些比赛分为三个组别:儿童组、青年组和男子组。对于弓箭手和重装赛跑者的比赛,我们规定青年组赛跑的路程为全程的三分之二,儿童组赛跑的路程为全程的一
833d 半。至于女性,青春期以下的女孩,要在赛场内裸体赛跑,参加单程、双程、中距离和长距离赛跑。13 岁以上的未婚女子也要参加比赛,至少到 18 岁,最多不超过 20 岁。她们要穿着合适的衣服参加比赛。这些就是关于男女赛跑的规定。

833e 在力量竞赛方面,我们不举办现在流行的摔跤和类似的竞

---

* 阿瑞斯:希腊神话中的战争之神。——译者注

** 阿耳特弥斯:希腊神话中的狩猎女神。——译者注

赛,而要举办一对一、二对二直至十对十的重装竞赛。我们需要确定,为了取得胜利,一个人不应该忍受什么、不应该做什么以及在多大程度上这样,正如在摔跤比赛中,参与者要制定规则来评判好的动作和坏的动作。因此,我们要召集重装竞赛的顶级选手,由他们制定规则来判定,在这类竞赛中谁应该成为胜利者,胜利者应该做什么和避免什么,同样地,他们还要制定 834a
规则来判定谁是失败者。对于未婚女性,也要制定同样的法律。摔跤应该被轻装竞赛所取代,参赛者比赛时使用弓箭、盾牌、标枪,用投石器和手枪投掷石头。要为这类竞赛制定规则,按照规则为获胜者授予荣誉、颁发奖品。

在这之后,我们要对赛马立法。我们不需要很多马,因为 834b
在克里特这样的地方,马是没有多大用处的,我们自然不会在养马和赛马上花很多心思。至于战车,我们这里没有人拥有它们,也没有人想到举办这方面的竞赛。而如果不按照自己的习俗举办竞赛,那是很不理智的。如果我们为赛马设立奖项(这 834c
里的马包括没有长牙的小马驹、成年马和介于两者之间的马),那我们就有了一种与城邦特性相符的竞赛。骑手要依照法律比赛和竞争,部落指挥官和骑兵指挥官负责对比赛本身和全副武装的参赛者作出评判。但如果为不带武器的人举办竞赛,无论是针对此类运动还是体育锻炼,这种立法都是错误的。 834d
另一方面,骑马作战的克里特弓箭手和标枪手是很有用的人,因此我们不妨为这类人举办竞赛作为娱乐。法律不能强迫妇女参加这些竞赛。但是,如果以前的训练使她们养成了这种习惯,而且她们身体足够强壮并愿意参加,那就让她们参加吧,不要因此指责她们。

至此,关于体育竞赛和训练,我们的讨论已经完成。我们 834e

谈到了体育竞赛和在教师监督下的日常训练。同样,关于音乐,我们也基本讨论完了。关于吟诵诗人及其随从的安排,以及节日期间要表演的合唱比赛,这些都要在为诸神和精灵指定了日、月、年之后再确定。到那时,就可以决定,是否每三年或
835a 每五年举行一次,或根据诸神就此给出的指示作出安排。同时,我们可以预期,各种音乐比赛轮流举行,由裁判员、教育官员和法律维护者安排,他们要为此聚集在一起,就合唱以及合
835b 唱比赛制定法律,规定何时举行、谁表演、谁为表演者伴奏。关于融合着节奏和舞蹈的歌词、歌曲和曲调,每一种形式应当具有什么样的特性,最初的立法者要作出规定。后继的立法者应该遵循这些规则,在适当的时候举办竞赛和相应的献祭,并安排城邦要庆祝的节日。

现在,对于这些和类似的事情,我们不难确定,应该如何对它们立法。而且,如果对此有所改变,城邦既不会得到多少好
835c 处,也不会遭受多少损失。然而,有一件事情却非常重要,而且很困难,只有神才能对此立法(如果有可能从神那里得到关于这件事的指示的话)。但由于得不到神的帮助,我们需要一个大胆的人,他把坦率看得高于一切,会直言不讳地说出自己认为对城邦和公民最有利的事。在人们灵魂堕落的情况下,他制定最适合城邦政治体制的法律。他能抵制最强烈的欲望,他不需凡人相助,只接受理性的指引。

835d **克莱尼亚:**这是什么意思,先生,你在说什么?我们不明白你的意思。

雅典人:你们不明白,这很有可能,我会尽量向你们解释得更清楚一些。当我谈到教育时,我看到青年男女在友好地交往。在我问自己如何管理这样一个城邦时,很自然地产生了一

种不安的感觉。在这个城邦里,青年男女都得到了良好的培养,并且不需要从事繁重的体力劳动,而这种劳动最能抑制放 835e
纵。在那里,人们一生只关心献祭、节日和合唱。在这样一个城邦里,年轻人怎样才能戒除那些常常使许多人毁灭的欲望呢?在试图使理性成为法律时,怎样才能要求人们戒除欲望?
已经制定的法律可能会压制大多数的欲望。例如,禁止过度的 836a
财富对节制是非常有利的,我们对青年的整个教育充满了以此为目标的法律。此外,官员们有训练有素的双眼,他们总是盯着这一点,时刻监视着年轻人。这样,在人类力所能及的范围内,大多数欲望受到了约束。

但是,青年男女以及成年男女之间的情爱,给个人和城邦 836b
带来了无数的罪恶,我们该如何防范呢?在这种情况下,有什么办法能使人们逃离如此巨大的危险呢?的确,克莱尼亚,这是个难题。尽管在许多方面,克里特和斯巴达在制定与一般习俗不同的法律时为我们提供了很大的帮助,但是在情爱问题上(这里只有我们自己,所以我可以直说),他们是完全反对我们
的。如果有人遵循自然规律,采纳拉伊俄斯*时代之前盛行的 836c
法律,宣称男性与男性不能像男性与女性一样发生性关系,并引用野生动物的本性作为证据,证明雄性之间不应当有肉体接触,因为这样做不符合本性,那么,他的观点就既不能令人信
服,也不符合你们城邦的情况。而且,这些做法与我们所说的 836d
立法者应始终遵守的原则相抵触。我们总是在问,哪些法律有益于美德,哪些对美德无益。假设我们同意,法律承认这种行为是高尚的,或者至少不是可耻的,那么,这会有利于美德吗?

---

* 拉伊俄斯:希腊神话中的底比斯国王。——译者注

它会在被诱惑的人的灵魂中注入勇敢的品质吗？它会在诱惑者的灵魂中注入节制的品质吗？没有人会被这些观点误导。
836e 相反，所有人都会责备那些懦弱的、屈服于享乐、无法抗拒快乐的人，都会指责那些模仿女人的男人，说这些人娘娘腔。那么，谁会制定允许这种行为的法律呢？几乎所有人，只要他知道什么是真正的法律，就不会制定这样的法律。我们怎样才能证明
837a 我们所说的是正确的呢？想要正确思考这些问题的人，必须辨明友谊、欲望和爱的自然本性。这里包含两种东西，从这两种中又生出第三种，而它们共用一个名称，所以造成了极大的混乱和模糊。

克莱尼亚：怎么会是这样呢？

雅典人："友爱"这个词，用在美德方面相似的人或地位平等的人之间。虽然穷与富是相反的，但这个词也用在穷人和富人的关系上。当友爱变得强烈时，我们就称之为爱。

837b **克莱尼亚：**的确是的。

雅典人：对立双方之间的友爱是可怕而野蛮的，而且往往不是互惠的。而相似的人之间的友爱是温柔的，而且是互惠的。至于由这两种混合而成的第三种，首先，要确定被这第三种爱所吸引的人想要什么，是有困难的。其次，这个人被两种爱拉向了相反的方向，不知所措。一个鼓励他享受青春之美，
837c 另一个禁止他这么做。一个爱肉体的人，会像渴望成熟的果实一样渴望肉体的绽放，他会让自己尽情享用，而不考虑所爱之人的灵魂性情。另一种人把肉体的欲望视为次要的东西，去看它而不是去爱它，他真正渴望的是所爱之人的灵魂，认为肉体的满足是放荡，他敬畏节制、勇敢、高贵和明智，渴望与纯洁的
837d 爱人永远纯洁地生活在一起。由前两种爱混合而成的爱，就是

我们所说的第三种爱。法律难道要禁止所有这三种爱,并且防止它们在我们中间出现吗?或者,我们希望自己的城邦拥有那种有美德的、能使年轻人变得尽可能善的爱,而且,如果可能的话,应该禁止另外两种爱,难道不是这样吗?你说呢,我的朋友,梅吉卢?

梅吉卢:我认为,先生,你刚才说的完全正确。 837e

雅典人:看来,如我所料,你同意我的说法,亲爱的朋友。我不需要去探究你们斯巴达的法律对这些事情的看法,只要你同意我的观点就足够了。稍后我会谈到同样的问题,到时我会说服克莱尼亚也同意我的观点。现在,假设你们都同意我的观点。我们继续讨论法律吧。

梅吉卢:很好。

雅典人:我知道目前有一个制定这条法律的办法,这个办 838a
法一方面很容易,另一方面却极其困难。

梅吉卢:你指的是什么?

雅典人:我们都知道,大多数人,尽管他们的本性是无法无天的,却严格地限制自己与美人性交,而且这并不违背他们的意愿,而是完全符合他们的意愿。

梅吉卢:你是指什么时候?

雅典人:当那个美人是兄弟姐妹时。对于儿子和女儿,同 838b
样有不成文的法律非常有效地保护着他们。任何人,无论是公开的还是秘密的,都不能与自己的儿女发生性关系。而且,大多数人根本就没有这种想法。

梅吉卢:是这样的。

雅典人:短短的一句话不就能浇灭这种欲望吗?

梅吉卢:你指的是什么话?

838c 雅典人："这种行为是邪恶的，是为神所憎恨的，是最可耻的。"这是因为，从来没有人说过相反的话。我们每个人，从出生时起，就随时随地能听到这种观点。无论是在喜剧中还是在严肃的悲剧中，都是这样。舞台上提厄斯忒斯、俄狄浦斯以及偷偷与妹妹性交的马卡瑞斯，都心甘情愿地自杀，以此作为对自己罪孽的惩罚。*

838d 梅吉卢：你说得很对。没有人试图以任何方式违背这条规则，舆论具有惊人的力量。

雅典人：我说的是对的，立法者想要抑制某种控制人类的欲望时，他很容易知道应该如何去做。他要让所有人——包括奴隶、自由人、妇女、儿童以及整个城邦——相信，这种说法是
838e 神圣的，这是他制定的法律最可靠的基础。

梅吉卢：确实如此。可是，他怎么能让所有的人都同意他的观点呢？

雅典人：你提出的这一点很好。这正是我说过的，我有办法通过法律促使人们用自然性交来生育后代。那就是，一方面，要禁止男人之间性交，不准故意破坏人类繁衍的种子，也不
839a 准把它们播撒在岩石上，因为这会使它们永远无法生根和繁衍后代。另一方面，要避开不希望让种子在那里发芽的女性领域。如果这一法律能被永久地实施，并且能获得如同阻止父母和子女性交一样的权威，如果它能延伸到其他的性欲望并取得胜利，这就会带来无数的好处。因为，这一法律符合自然，它能
839b 阻止男人的性疯狂和各种淫乱，防止无节制的饮食，还能使男

---

* 提厄斯忒斯、俄狄浦斯、马卡瑞斯：希腊神话中的人物，共同特点是有乱伦的行为。——译者注

人亲近和喜爱自己的妻子。如果能制定这样的法律,还会带来无数其他的好处。假定某个精力充沛的年轻人站在旁边,听到这条法律后,他用粗鲁的语言谴责我们,说我们正在制定愚蠢的、不可能实现的法律,到处都是他的吵闹声。我说过,我知道
有一种办法,能确保这项法律永远有效,这在一方面很容易,但 839c
在另一方面却是很困难。不难看出,这是可能的,也不难知道,如何做到这一点。我说过,这条法律一旦被神圣化,它就能支配每个人的灵魂,使人们产生畏惧并完全服从。但是,现在事情已经到了这样的地步,那就是,即使在这种情况下,这项法律似乎也不会出现。同样的事情也发生在公餐制上,人们不相
信,一个城邦能够一直这样做。虽然在你们那里存在公餐制这 839d
种做法,能够部分地驳斥这种怀疑,但即使在你们的城邦,女性的公餐制也被认为是不自然和不可能的。正是想到了这种怀疑所具有的强大力量,我才说,这两种做法很难在法律中永久存在。

梅吉卢:你说得对。

雅典人:为了说明,这些法律没有超越人类能力的范围,它们是可能实现的,我试着找一些有说服力的论据,好吗?

克莱尼亚:当然好了。

雅典人:哪种人更愿意控制性欲并在这一问题上遵守法律 839e
呢,是身体状况良好且不缺乏锻炼的人,还是身体状况不好的人?

克莱尼亚:是那种不缺乏锻炼的人。

雅典人:我们都听说过塔伦托姆的伊库斯吧,他参加过奥 840a
林匹亚的比赛和其他的比赛。据说,他一心追求胜利,由于他对技艺的热情,还由于他的勇敢和节制,在整个训练过程中,他

从来没有碰过一个女人,更别说男孩了。同样的事情也发生在克里斯、阿斯特拉斯、狄奥泊斯和很多其他人身上。可是,克莱
840b 尼亚,这些人在灵魂上受到的教育比你们那里和我们那里的人差得多,但他们的身体则强壮得多。

克莱尼亚:你说得对,关于这些运动员的说法,古代的传说可以证实。

雅典人:这些人有一种坚韧不拔的精神,为了在摔跤、跑步等方面取得胜利,他们放弃了大多数人认为是极快乐的东西。难道我们的年轻人就不能为了更高尚的胜利而有同样的忍耐
840c 力吗?这是一切胜利中最伟大的胜利,从儿时起,我们就这样告诉他们,用故事、言辞和歌曲使他们相信这一点。

克莱尼亚:你说的是什么胜利?

雅典人:战胜快乐的胜利,如果他们赢了,他们就会幸福地生活。而如果他们被打败了,情况就恰恰相反。而且,我们可以认为,由于害怕亵渎神灵,他们能够控制那些比他们低劣的人都能控制的冲动吗,是不是呢?

克莱尼亚:我认为是的。

840d **雅典人:**既然我们的立法已经到了这个地步,并且由于许多人的堕落而陷入了困境,我认为,我们的法律必须向前推进并宣布,我们的公民不能比鸟类和其他动物差。这些动物群居生活,但在繁殖期之前不性交,过着贞洁和独身的生活。到了繁殖的时候,它们雌雄结合在一起,在圣洁和纯真中度过余生,
840e 坚定地遵守爱的契约。当然,我们的公民应该比这些动物更好。但是,如果他们被其他的希腊人和非希腊人的习惯所腐化,在耳闻目睹这些人中间盛行的所谓自由的爱情后,自己不能战胜这种诱惑,那么法律维护者就要行使立法者的职权,为

他们制定第二项法律。

克莱尼亚：如果现在的法律不能实施，你会建议他们制定 841a
什么法律？

雅典人：很明显，克莱尼亚，这是一项次好的法律。

克莱尼亚：那是什么呢？

雅典人：我们的公民不应该让享乐因放纵而加强，而应该通过辛苦的劳作将其转移到身体的其他部位。如果对性的放
纵从来都是带着一种羞耻感发生的，那么情况就会是这样。于 841b
是，由于羞耻，人们很少放纵性欲，由于很少放纵，人们发现它是一个不那么暴虐的女主人。人们做这种事时不应该被发现。习惯和不成文法应当认可，秘密地去做是体面的，若被人发现就是可耻的，但并不是要完全禁欲。这样，我们的法律就会有关于可耻和高尚的次好的标准，是次一等的正确标准。对于那
些堕落的人，我们认为他们被自己打败了。他们作为一类人， 841c
要受到三种东西的约束，以避免他们违反法律。

克莱尼亚：是什么东西？

雅典人：对神的敬畏，对荣誉的热爱，对灵魂而非身体的美的渴求。这些或许是不切实际的愿望，但如果这些愿望能实
现，那它就是城邦的一大幸事。如果神愿意，在性爱的问题上， 841d
我们可以实施以下两者之一。第一，任何人不得碰触自己的妻子之外的其他出身高贵的女人和自由民女人，不得在妓女身上播下不圣洁的私生子的种子，也不得违背自然地与男性发生性关系。第二，完全禁止男性之间的性行为，而和女人的关系，除了诸神允许并经过神圣的结婚仪式进入自己的房子的女人外，
若与别的女人有性关系，无论这个女人是买来的还是用别的方 841e
法得到的，如果这种行为被他人发现，我们的法律就要剥夺干

了这种事的人的荣誉和公民资格,把他作为外邦人对待。这样的法律会被认为是正确的。这个法律,不管称它是一条还是两
842a 条,我们都要把它作为关于性和爱的法律,由它来规定,人们因欲望而发生的性交是正确的还是错误的。

梅吉卢:先生,我愿意接受你所说的法律。克莱尼亚应该告诉我们他的看法。

克莱尼亚:我会的,梅吉卢,等时机成熟了再说吧。现在,我想我们最好还是让我们的这位朋友继续谈他的法律吧。

梅吉卢:好的。

842b **雅典人**:现在我们已经谈到设立公餐制这一步了,我们说,这在大多数地方是困难的,但在克里特,没有人会质疑它的正确性。那么,如何安排公餐制呢?是像克里特那样,还是像斯巴达那样,或者有比这两者更适合我们的第三种形式?这件事情很容易弄清楚,但是弄清楚也不会带来多么大的好处,因为目前的安排已经很好了。

842c 接下来的问题是组织食物的供应,以及如何使这些食物与膳食相适应。在其他城邦,食物的来源多种多样,至少是我们的两倍。大多数希腊人从海上和陆地获取食物,但我们的公民只能从陆地获取食物。这样一来,立法者的任务就不那么困难
842d 了,因为只需要一半的法律,甚至远远少于一半的法律就够了。而且,这些法律更适合自由人。我们的立法者可以不去理会航运、批发、零售、客栈、关税、采矿、贷款、复利和无数其他类似的
842e 事情,而只需要为农民、牧民、养蜂人和工具看管者立法。立法者已经为最重要的事情制定了法律,包括婚姻、孩子的出生、养育和教育以及官员的任命。现在,他要转向食物和提供食物的人。

首先,应该有名为“农业法”的法律。第一条是地界之神宙斯的法律。任何人不得移动土地界碑,无论这个界碑是本邦人的,还是外邦人的(如果他的土地在边界上,与外邦毗邻)。
要知道,这是在“移动不得移动的东西”。一个人宁可去搬不 843a
是界碑的最大的石头,也不要去搬用来与同邦人的或外邦人的土地划出界线的小石头。在与同邦人的土地分界的情况下,部落之神宙斯是见证者,而在与外邦人的土地分界的情况下,外邦人之神宙斯是见证者。任何一位神被惊醒,可怕的战争就会随之而来。遵守法律的人永远不会知道不遵守法律的致命后果,但藐视律法的人将受到双重惩罚,第一是来自神,第二是来
自法律。谁也不可擅自挪移邻居的地界。若有人挪移,任何人 843b
都可以将此人报告给土地的主人,由主人将其带到法庭上。如果一个人因这种暗中或强行分割土地的行为被定罪,法庭要决定他应该受到什么惩罚或支付多少罚金。

此外,还有邻里之间互相造成的许多小伤害,如果这种伤
害经常出现,就可能会引起很大的敌意,使邻里关系变得十分 843c
糟糕。因此,人人应当非常小心,不要冒犯邻居,尤其不能侵占邻居的土地。任何人都可以轻易地伤害他人,但并非人人都能善待他人。越界侵占邻人土地的,应当赔偿损失,而且,为了纠
正这种无耻和卑劣的行为,要向被害人支付两倍于损失的赔偿 843d
金。对于所有这些和类似的事项,田地管理者应当审查,充当裁判者和损失评估人。我们以前说过,重大案件,要由这个地区的全体官员共同处理,而较小案件,则由护卫者负责。如果有人侵犯牧场,田地管理者应当查看损害情况,并确定处罚。
如果有人通过诱骗蜜蜂而占有别人的蜂群,用敲击声引诱别人 843e
的蜂群,就要赔偿损失。如果有人在烧自己的木柴时没有顾及

邻舍的财物，也要赔偿，金额由官员决定。如果一个人在种树时，没有在树和邻居的土地之间留出足够的空间，也是如此。

关于诸如此类的事情，许多立法者已经说得很充分了，我们应该运用这些法律，而不是要求城邦伟大的立法者对无数的
844a 琐碎事务立法，任何普通的立法者都能够处理这些小事。例如，关于农田供水，有一些古老而又精细的法律规定，我们在这里讨论这些法律，只要下面这些就足够了。想把水引到自己土地上的人，可以从公共的溪流汲水，但不可截取他人的地表水。可以把水引向任何方向，但要避开房屋、庙宇和坟墓，并且在挖
844b 凿水道时不得造成任何损害。在一些地区，由于土壤天然干燥，雨水不能汇聚，导致供水不足，人们就要在自己的土地上挖下去，直到挖到黏土。如果在这个深度找不到水，就可以从邻居那里取水给全家人喝。如果邻居的水也有限，那就要向田地
844c 管理者申请水的配给，这样就可以每天都取到水并与邻居分享。下大雨时，如果住在低处的人不给住在高处的人或者相邻的人留出排水口并造成了损害，或者情况相反，住在高处的人任意让水流下来并给住在低处的人造成了损失，而双方又不能达成和解，那么任何一方都可以请来城邦管理者（如果是在城里）或田地管理者（如果是在乡下）来决定，双方应当怎么做。
844d 不服从决定的人将因其恶意和顽固受到指控，如果被判有罪，就要向受害方支付双倍的赔偿，作为不服从官员的惩罚。

关于收获的果实，分享的规则如下。秋天女神赐给我们两件礼物，一件是狄俄尼索斯的欢乐，这个不能储藏，而另一件是依照自然本性适合储藏的东西。关于收割的法律如下。在大
844e 角星升起的季节来临之前，如果有人吃了田野的果实，无论是葡萄还是无花果，无论是自己土地上的还是别人土地上的，都

要被处以罚款。如果是自己土地上的，要支付 50 德拉克马的罚款，献给狄俄尼索斯；如果是从邻居那里摘的，要支付 1 米纳的罚款；如果是从其他地方摘的，要支付 2/3 米纳的罚款。那些想采摘上等葡萄或上等无花果的人，如果从自己的土地上摘，就可以根据自己的喜好，决定怎样摘、何时摘。但是，如果未经许可从别人的土地上采摘这些东西，就要受到处罚，因为法律规定，“你不能动不是你放置的东西”。如果奴隶未经土 845a
地所有者同意，摘了这类水果，就要被鞭打，鞭打的次数等于葡萄或无花果的数量。如果客籍民*购买了这种上等的果实，他就可以随意采摘。如果外邦人路过这里，想要吃东西，外邦人及其随从可以采摘上等果实，不必付钱，这是我们款待外邦人 845b
的礼物。但是法律应该禁止外邦人吃那些不得食用的水果和类似的东西。如果外邦人或者其奴隶，在不知情的情况下吃了这种水果，奴隶要受到鞭打的惩罚，自由人要被斥责并驱逐出城邦，还要告知他，只能采摘那些不适合做葡萄干、酒和无花果干，不能储藏的水果。对于梨、苹果、石榴和类似的水果，私自 845c
摘取并不可耻。但是，如果一个年龄在 30 岁以下的人因此被抓住，就要被鞭打并被驱逐出城邦，但不能让他受伤，而且，对于这种惩罚，自由人无权获得法律救济。外邦人可以像吃其他秋天的水果一样吃这种水果。如果一个 30 岁以上的人摘了这种水果，当场吃了，没有带走，他就可以和外邦人一样，分享这些果子。如果在以后的某个场合，有人想起他的这种违法行 845d
为，并将此事告知法官，那他就会丧失获得荣誉的资格。

水是果园里最重要的营养，但也很容易受到污染。土壤、

---

* 客籍民：离开母邦定居外邦的人。——译者注

阳光、空气，它们和水一起滋养着植物，却不容易被污染、转移
845e 和偷窃，而这些情况很可能发生在水的问题上，因此，水必须受
到法律的保护。这项法律如下。如果有人使用投毒、挖掘或盗
窃的方法，故意污染他人的泉水或池塘中的水，受害方可以向
城邦管理者告发，并记录损失的数额。因投毒污染水被判有罪
的人，不仅要支付罚金，还要净化泉水或池水，净化的方法由法
律解释者根据具体情况决定。

846a 至于把收获的果实带回家，任何人都可以经过任何路径把
属于自己的东西带回家，前提是不给别人造成损失，或者自己
获得的收益不少于给邻居造成的损失的 3 倍。官员应当处理
这种事，对待其他类似事件也是如此。比如，一个人在使用自
己的财产时，故意暗中或以暴力伤害他人或者损害他人财产。
对于这类事件，如果所造成的损害不超过 3 米纳，受害方要向
官员报告损失情况并可以获得赔偿。但如果损失的数额较大，
846b 就要将案件提交普通法庭，让加害人受到惩罚。

如果官员在裁决时作出不公正的判决，这个官员就要向受
害方支付双倍的赔偿金。任何人都可以就任何案件，在普通法
庭上控告官员的不公正行为。有成千上万琐碎的法律来规范
846c 惩罚的实施，包括书状申请、司法传票、传唤证人（是否需要两
名证人，或者需要多少名证人）以及其他类似的事项。所有这
些细节在立法中都不能被忽略，但这些都不值得年迈的立法者
关注。年轻的立法者要模仿之前制定的关于重大事情的立法，
为这些琐碎的事情制定法律，并在实践中考察这些法律的实用
性和必要性，把法律令人满意地确定下来。在法律确立了之
后，就不要改变它们，要让人们在生活中遵守它们。

846d 对于艺匠，应当这样定规。公民或公民的奴隶不得从事手

工业。为维持和保护城邦的公共秩序,每个公民要有一门技艺,这需要长期的实践、大量的学习和全身心的投入。几乎没有人有足够的能力从事两种工作或两种手艺,或者自己从事一 846e
种,同时监督别人从事另一种。那么,下面这一条要作为城邦的重要规则。铁匠不能同时充当木匠,木匠也不能监督铁匠的工作,不能把这个作为借口:一个人会认真地监督为自己工作
的仆人,因为从这种来源中获得的收益比从自己的技艺中获得 847a
的收益要多。城邦里的每个人都只能有一门技艺,并以此谋生。城邦管理者必须努力维护这一法律,如果一个人关注某种技艺而不追求美德,就要用谴责和羞辱来惩罚他,直到把他拉
回正道为止。如果一个外邦人从事两种行业,就要受到监禁、 847b
罚款和被驱逐出城邦的惩罚,以此迫使他只从事一种而不是多种技艺。关于工匠的报酬、拒绝收货,以及别人对工匠所做的和工匠对别人所做的不正义的事,涉及的金额不超过 50 德拉克马的,由城邦管理者作出裁决。如果涉及的金额较大,则由普通法庭依法裁决。

进口和出口货物无须缴纳关税。宗教仪式用的乳香和类
似香料,国内不生产的紫色和其他染料,以及其他非必需的工 847c
艺原料,都不得进口。另一方面,也不得出口本邦必须留存的物品。这些事项的审查和监督,由 12 名法律监护者负责,他们
的年龄应仅低于 5 名最年长的法律维护者。关于武器和军事 847d
装备,如果需要进口用于军事的技艺、植物、金属、捆绑材料或动物,由骑兵指挥官和将军负责,城邦要发货和收货,法律维护者要为此制定适当的法律。但是,对于这些物品和其他货物,
不得在城邦境内以赚钱为目的从事零售贸易。 847e

关于食物和农产品的分配,正确和适当的方式是采用类似

于克里特的做法。每个人都要把土壤的收成根据消费的顺序
848a 分成 12 份。比如小麦和大麦,每十二分之一要按比例分成 3 份。其他作物以及每个地区可出售的动物,都要按照同样的方式分配。第一部分给自由民;第二部分给奴隶;第三部分给工匠和外邦人,包括因为居住在这里而需要必要食物的外邦人,以及为办理公私事务来访的外邦人。只有第三部分是必须出
848b 售的,而其余三分之二,不得强迫任何人出售。但是,最正确的分配方法是什么?首先,很明显,我们的分配从一方面看是均等的,从另一方面看是不均等的。

克莱尼亚:你是什么意思?

雅典人:我的意思是,土地会生产和滋养各种各样的食物,有些较好,有些较差。

克莱尼亚:的确是这样的。

雅典人:那么,那三份中的任何一份,无论是主人的、奴隶的,还是外邦人的,都不能优于另外两份。每个人分得的应是
848c 均等的和相似的。每个公民应得到两份,分给奴隶和自由人,并自行决定分配的数量和种类。剩下的要分给牲畜,计算出养在土地上的动物的数量,并据此分配。

在这之后,要为公民安排他们各自的住房。合适的安排如
848d 下。要有 12 个村庄,分别位于 12 个地区的中心。在每个村庄,首先要设置属于诸神和伴随的精灵的庙宇和市场。如果当地有马格尼西亚*诸神,或仍然留在人们记忆中的其他古代神的神殿,我们要像古人一样敬拜这些神。每个地区都要为赫斯

* 马格尼西亚:柏拉图在《法律篇》中假想的一个城邦。——译者注

提亚*、宙斯、雅典娜以及各地的守护神建造庙宇。首先要在这些庙宇周围地势最高的地方建造房屋，为守卫者提供最安全 848e
的防御场所。其余的地区要按如下方法安置。把工匠分成13组。其中一组在城里定居，再把他们分成12个小组，分别对应城里的12个区。其余的人分配到周围的村庄。在每个村庄，都要为农夫安置相应的工匠。田地管理者负责这些事务，决定每个地方需要多少名工匠、什么样的工匠以及这些工匠住在什么地方，以便给农民带来最小的麻烦和最大的好处。同样地， 849a
在城里，城市管理者也要负责这些事务。

市场管理者负责与市场有关的事情。首先，他们要看管市场旁边的庙宇，防止其受到损害。其次，他们还要监督个人行为，防止任何人对他人做不义之事，并要惩罚那些应受惩罚的人。在买卖物品方面，首先应确保，公民向外邦人出售商品是 849b
符合法律规定的。每月的第一天，代理人要拿出卖给外邦人的那部分货物，这个代理人是代民办事的外邦人或奴隶。首先拿出的是谷物的十二分之一，在第一个集市日，外邦人要购买整个月所需的谷物以及其他相关物品。在每月的第十日，要买卖足够使用一个月的流质货物。每月的第二十日要举办第三次 849c
市场，每个人按照自己的意愿买卖牲畜，农夫销售外邦人必须通过购买获得的东西，包括的器具和其他货物（如兽皮、各种衣服、织物、毛毡和其他类似的东西）。但是，这些东西，包括大麦粉、小麦粉和其他各种食物，都不能通过零售的方式出售给公民或他们的奴隶，也不能从零售商那里购买。而在外邦人 849d
市场上，外邦人可以通过被称为"零售贸易"的方式，向工匠及

---

* 赫斯提亚：希腊神话中的炉灶、家庭、圣火女神。——译者注

其奴隶出售酒和谷物。屠夫屠宰牲口后，可以把肉卖给外邦人、工匠和奴隶。外邦人如果愿意，可以随时向本地的代理人
849e 大量购买木柴，还可以按照自己的意愿，把它们转卖给其他外邦人，并自行决定出售的时间和数量。人们所需的其他货物和工具，应在公共市场上出售，法律维护者、市场管理者和城邦管理者要划出合适的地点，为各种商品设立摊位。在这些地方，人们要用货币兑换商品，或用商品兑换货币，并不得赊账。赊
850a 账者无论是否要回了自己的钱，都要自行承担后果，这种交易不受法律保护。如果法律规定了财产增加或者减少的限度，而买卖财产的数量或价值超出了法定限额，那么，超出的部分应登记在法律维护者的名册上，不足的部分要被取消。同样的规则也适用于客籍民财产的登记。

任何人在符合以下条件的情况下，都可以成为客籍民。外
850b 邦人如愿意，可以在这里居住，但必须有技艺，而且自登记之日起，在这里居住不得超过 20 年。他要品行端正，但不需要交任何居民税，也不用交买卖税。20 年的期限届满后，他要带着自己的财产离开。如果在这几年里，他碰巧为城邦作出了重大贡献而因此出名，而且他认为自己可以说服全民大会和议事会允
850c 许他延迟离开，甚至允许他终生居留，他就要去说服城邦，城邦在他的请求下作出的任何允诺都要兑现。客籍民的子女，若是工匠且年满 15 岁，居留期间从满 15 岁开始计算。他们可以在这里居住 20 年，然后离开，去自己想去的地方。如果想留下，
850d 就要以刚才所说的方式获得许可。如果离开，就要删除官员保存的登记册内的相关记录。

第九卷

雅典人：在立法的自然顺序中，所有这些事情之后是审判。涉及农业及其相关事项的审判，我们已经讨论过了，但更重要的还没有讨论。我们要把它们列举出来，然后讨论每种罪行应受到的惩罚以及由谁来审判这些罪行。 853a 853b

克莱尼亚：很好。

雅典人：从某种意义上说，为所有我们提议的事项都制定法律是一件不光彩的事。因为像我们这样的城邦，正如我们所说的，应该治理得很好，并拥有一切有利于实现美德的东西。我们假设，在这个城邦里长大的某些人与其他城邦的人一样邪恶，有必要预先制定法律来威胁这些人，在这种人出现时，用法律来阻止并惩罚他们，仿佛他们肯定会出现似的，那么，正如我所说的，这在某种意义上是可耻的。我们现在不是像古代的立法者那 853c

样,为英雄即诸神之子立法。据说,当时的立法者是诸神的后代,所以他们为其他的神的后代立法。而我们是凡人,只能为
853d 人类的后代立法,因此我们可以担心,唯恐我们的某些公民有坚硬的心和难以驯服的冷酷脾气。就像坚硬的豆子不能在火上煮软一样,有些人无法被法律的力量制服。出于这些人的缘故,尽管这是一项不光彩的任务,我们还是要制定一项关于抢劫庙宇的法律,以防有人胆敢犯下这样的罪行。我们既不希望也很难想象,受过良好教养的公民会犯这种罪,但奴隶、外邦人和外邦人的奴隶可能会犯这种罪。那么,基于以上这一点,同
854a 时也是为了预防人类本性的普遍弱点,我将陈述关于抢劫庙宇和其他类似的不可救药的或几乎不可救药的犯罪的法律。

按照我们先前一致同意的规则,这样的法律要有一个简短的序言。对于那个白天被邪恶的欲望驱使、晚上被邪恶的欲望
854b 唤醒而想去抢劫庙宇的罪犯,我们可以用下面的话来劝诫他:"朋友,现在驱使你抢劫庙宇的邪恶,既不属于人类,也不属于神,而是发端于一种疯狂,这种疯狂源于人类一种古老的未赎之罪,是一种不断重复的诅咒。你必须竭尽全力去防范,我们将向你解释如何防范。当你有这样的意图时,要去参加洗涤罪恶的仪式,向解除诅咒的神明祈祷。要和那些被认为有美德的
854c 人在一起。听他们讲,自己试着重复这样的话,那就是,每个人都应该尊重高尚和公正的东西。远离恶人,不要回头。如果这样做了后,你的疾病减轻了,那很好。但如果不是,那就承认死亡比生命更高贵,然后结束自己的生命。"对于那些企图做这些不虔诚的事、破坏公民生活的人,这个序言是我们说给他们听的。

对那些遵守法律的人,就不必说什么了。但是,对于那些

不遵守法律的人,我们就要在序言之后制定下面的法律。抢劫 854d
庙宇被抓住的人,如果是奴隶或外邦人,就要把他所做的坏事
刻在他的脸上和手上,还要按照法官判定的数目鞭打他,然后
把他赤身裸体扔到境外。受到这种惩罚后,他很可能会变得有
规矩,会变好。因为,法律所施加的惩罚并不是为恶而设的,而
通常是为了产生两种结果之一:使受惩罚的人变好,或不让他 854e
变得更坏。如果某个公民被发现做了这样的事,即对神、父母
或城邦犯下了严重的、不可告人的罪行,法官就要认定这个人
已经无可救药了。因为,虽然他从小就受到了良好的教育和训
练,却仍未能避免犯下最严重的罪行。他将被处以死刑,这对
他来说是最小的不幸。而且,他不光彩地死去,并被扔到境外, 855a
他的例子会使他人受益。他的孩子和他的家庭,如果避开这位
父亲的道路,就可以获得美名、被人称赞,因为他们高尚、勇敢、
避恶向善。他们的财产也不应该被没充公,因为在这样的政治
体制中,公民的份地应总是保持不变和平等。凡犯了罪应当被
处以罚款的,如果罚款数额在份地之外的财产范围内,就要支 855b
付罚款。超过这个范围的罚款,无须支付。法律维护者应查阅
书面记录,以获得这方面的准确数字,并将每一案件的真实情
况告知法官,以防止土地因资金不足而荒废。如果有人被处以
很高的罚款,而他的朋友不愿意为他担保,不愿意替他缴纳罚
款而让他获得自由,那么他就要受到长期监禁和羞辱的惩罚。 855c
凡犯罪的,无论犯了什么罪,即使逃到了外邦,也要受到惩罚。
刑罚有死刑、监禁、鞭打,或以羞辱的方式坐着或站着,或站在
边境的庙宇里,或我们刚才所说的支付罚款。

在判处死刑的案件中,法官应由法律维护者和官员组成,
这些官员是因上一年工作出色而被选中的。如何将案件提交 855d

法庭、如何送达传票，这类事情可以留给年轻的立法者去决定。但我们要为投票立法。投票应公开进行。在投票之前，法官要按资历高低排列成一排，面对原告和被告就座。凡是有时间的
855e 公民，都应出席并认真旁听审判。原告首先发言，然后被告发言。在这些发言之后，最年长的法官进行审问，详细审查双方的陈述。在最年长的法官之后，其他法官依次发言，审查当事人陈述中的遗漏或错误。觉得没有什么可审问的法官，就让下一位法官发言。所有的法官都要在记录有关陈述的文件上签字确认，然后把文件放在赫斯提亚的祭坛上。第二天，他们又
856a 要在同一个地方聚集，以同样的方式审理案件，并在文件上签名。这样的程序要进行三次，有了足够的证据和证人后，法官要在赫斯提亚面前发誓说，自己会尽其所能公正而正确地作出裁判，然后每一位法官投下神圣的一票。这样，审判就结束了。

856b 在宗教案件之后，紧接着是颠覆政治体制的案件。通过使法律臣服于人来操控法律，并通过违法使用暴力和煽动内乱而使城邦屈从于派系的人，应当被视为城邦最大的敌人。如果一个担任城邦要职的官员，虽然没有参与这些活动，但也没有发
856c 现这种罪行，或者，虽然发现了，却由于懦弱没有为保卫城邦而去惩罚违法者，这样的官员应被视为第二邪恶的人。任何一个有能力做点好事的人，都应该向官员告发，并以暴力和非法颠覆政治体制的罪名将叛乱者送上法庭。审判这类案件的法官和审判抢劫庙宇的案件的法官相同。整个程序也是一样的。多数票可以决定判处死刑。

856d 还要制定下面的法律。除非某人的父亲、祖父和曾祖父都被判处死刑，否则父亲所受的耻辱和惩罚不得落在子女身上。如果某人的父亲、祖父和曾祖父都被判处死刑，此人就要带上

除份地财产外的所有财产,被驱逐回原籍。有些人有不止一个10岁以上的儿子,那么,经父亲、祖父或外祖父提名后,从中抽签选出10人,把名单送到特尔斐神那儿去。被神选中的人,就 856e
成为死者家产的继承人。愿他交好运!

克莱尼亚:很好。

雅典人:接下来,第三项法律适用于背叛城邦的犯罪,审理案件的法官和程序与前面的一样。至于罪犯的后代,是留在城
邦,还是被驱逐出城邦,这项法律适用于背叛城邦、抢劫庙宇和 857a
颠覆政治体制这三种犯罪。关于盗窃,无论盗窃的数额多少,都适用同一法律并据此处以惩罚。如果被判有罪,并且有足够的超出份地的财产,就要支付赃物价值两倍的赔偿。如果没有足够的钱赔偿,就要被关起来,直到支付了这笔钱或说服起诉
人饶恕他。如果一个人盗窃城邦的公共财产,那么,如果他能 857b
说服城邦赦免他,或者支付两倍于赃款的赔偿,他就可以被释放。

克莱尼亚:你凭什么说,先生,不管偷盗的东西是多少,是圣物还是俗物,不管有什么差异,所有的盗窃都是一样的?对于各种不同的盗窃,难道立法者不应该对它们施加不同的惩罚吗?

雅典人:说得好,克莱尼亚!在我跑得过快的时候,你撞了 857c
我一下,让我恢复了理智。你使我想起了我以前的一个想法,那就是,迄今为止很多法律都没有被正确地制定出来。事实上,当前的例子就可以说明这一点。我的话是什么意思呢?我曾经作了一个不错的比较,把生活在现在的法律之下的人与被奴隶医生治疗的奴隶进行了比较。有一点你可以非常肯定,那
就是,如果一个以经验而不是理智行医的医生,遇到一个自由 857d

民医生与一个自由民病人交谈,自由民医生用的是哲学般的语言,从疾病的起源入手,讨论身体的整体性质,那么,另外那个医生就会立刻大笑起来,说出大多数所谓的医生脱口而出的
857e 话:"愚蠢的家伙,你不是在给病人看病,而是在教育他。他不想成为一名医生,只想恢复健康。"

克莱尼亚:他这么说难道不对吗?

雅典人:也许他是对的。他也许会对我们说,像我们现在这样谈论法律的人,是在教育公民,而不是在立法。他这样说是不是也对呢?

克莱尼亚:也许是的。

雅典人:但是,现在我们很幸运。

克莱尼亚:在哪方面?

858a **雅典人:**我们并非被迫制定法律,而是可以思考政治制度的各种形式,确定什么是最好的,什么是最必要的,以及它们是以何种方式产生的。关于法律,如果我们愿意,就可以选择最好的,或者选择最必要的。我们该如何选择?

克莱尼亚:我们提出的这种选择是荒谬的,先生。我们好
858b 像变得和立法者一样,被某种迫切需要立法的东西所束缚,不能把工作拖到明天了。如果神同意,我可以说,我们就像泥瓦匠或其他开始建造工作的人一样,可以收集一堆材料,然后在闲暇时从这些材料中选择适合我们要建造的建筑的材料。那么,让我们假定,我们现在并不是迫不得已地要建造什么,而是以一种悠闲的方式,一边收集材料,一边把材料组装在一起。
858c 我们可以说,我们的法律有一部分已经制定好了,还有一部分正在收集中。

雅典人:是的,克莱尼亚,这样一来,我们对法律的研究会

更符合自然。有一件事与立法者有关,我希望你们考虑一下。

克莱尼亚:是什么呢?

雅典人:在我们的城邦里,有许多作品和书面的论述,其中既有立法者撰写的,也有其他人撰写的。

克莱尼亚:的确。

雅典人:我们是否应该关注其他人的作品(诗人还有其他 858d
一些人,用韵律或非韵律的方式写下了关于生活的忠告),而不去关注立法者的作品?或者,我们应该把立法者的作品放在首位?

克莱尼亚:对立法者的关注应远远超过其他人。

雅典人:在所有的作者中,只有立法者不会就高尚、善良和正义提出忠告,不会去指出这些东西是什么,也不会教导那些想要幸福的人如何去实践它们。是不是呢?

克莱尼亚:当然不是了。

雅典人:荷马、提尔泰奥斯和其他诗人在自己的作品中写 858e
下了有关生活及其追求的糟糕的规则,这是可耻的,而写下这类规则的吕库尔戈斯、梭伦和其他立法者就不那么可耻,难道不是这样的吗?在城邦的所有作品中,那些与法律有关的作品,当你展开阅读时,难道不应该是最高贵、最好的吗?其他的
作品要与这些法律作品一致,如果不一致,就要被认为是荒谬 859a
的。我们认为,城邦的法律应该是怎样的?是应该以慈爱、理智的父母的形象出现,还是应该像暴君和僭主那样发号施令和
施加威胁,把法令写在墙上,然后一走了之?让我们考虑一下, 859b
我们是否要充满热情地讨论法律,而不论是否成功。在这个过程中,如果遇到麻烦,那就让它们来吧。我们祈求神保佑,神若恩典,我们就会成功。

克莱尼亚：你说得对，我们就照你说的去做吧。

雅典人：那么，正如我们计划的那样，现在我们要仔细地讨论与抢劫庙宇、各种形式的盗窃以及其他各种罪行有关的法
859c 律。如果在立法过程中，我们已经确定了一些事情，而对另一些事情还没有作出决定，我们也不要因此感到烦恼。因为，到目前为止，我们还不是立法者，而只是在成为立法者的过程中，也许我们最终会成为立法者。如果你们愿意，我们就用我说过的方式来讨论我提到的那些事情。

克莱尼亚：当然同意。

雅典人：关于高尚的事物和正义的事物，让我们试着弄清楚，我们自己在多大程度上意见一致，在多大程度上有分歧，大多数人（无论如何，我们应该表示，我们希望与他们有所不同）
859d 之间的意见有多一致，有多不一致。

克莱尼亚：你所说的我们之间的分歧是什么？

雅典人：我会尽力解释。我们都同意，整体的正义以及正义的人、事物和行为是高贵的。所以，如果有人主张，正义的人，即使身体上有缺陷，仍然是完美的，因为他们在性情上是正
859e 义的，那么，没有人会说这有什么错。

克莱尼亚：这是正确的。

雅典人：也许是的。但让我们进一步思考一下，如果所有的正义都是高贵的，那么"所有"就包括遭受正义的惩罚。

克莱尼亚：那么，接下来呢？

雅典人：那就是，正义的行为，其高贵程度与正义程度差不多。

克莱尼亚：当然了。

860a **雅典人：**如果我们的论点前后一致，那就应该承认，遭受正

义的惩罚如果是正义的,也是高贵的,对吗?

克莱尼亚:是的。

雅典人:但是,如果我们承认,遭受正义的惩罚是正义的,却是可耻的,"可耻"这个词就适用于正义,那么正义和高贵不就不一致了吗?

克莱尼亚:你这话是什么意思?

雅典人:这并不难理解。我们刚才制定的法律似乎与我们现在所说的完全相反。

克莱尼亚:是什么呢?

雅典人:如果我没记错的话,我们已经制定了这样的法律: 860b
抢劫庙宇和颠覆政治体制的人,应该被依法处死。而当我们着手制定各种类似的法律时,我们停了下来,因为我们看到这些惩罚太多太重,它们既是所有痛苦中最正义的,也是最可耻的。这样一来,正义的和高贵的,有时是一致的,有时又是截然相反的,是吗?

克莱尼亚:似乎是这样的。

雅典人:这是由于许多人把高贵的事情和正义的事情分开 860c
了,对它们的说法不一致。

克莱尼亚:的确如此,先生。

雅典人:那么,克莱尼亚,现在让我们看看,我们自己在这个问题上是否一致。

克莱尼亚:什么一致?你指的是什么?

雅典人:我想我在前面的讨论中已经说得很清楚了,或者,我以前没有说明白,现在我来说。

克莱尼亚:是什么呢?

雅典人:所有的坏人,在各方面都不是故意作恶的。我要 860d

从这里进一步推断。

克莱尼亚：你是什么意思？

雅典人：不正义的人确实是坏的，但他的坏是违背自己的意愿的。但是，如果说自愿的行为是不情愿的，这就是不合逻辑的。因此，在那些认为不正义是非自愿的人看来，不正义的人作出不正义的行为是违背自己意愿的。我同意这个结论，因为我承认，人们做不正义的事，都是非自愿的。如果任何爱争
860e 论或傲慢的人说，虽然有些人是违背自己的意愿做出不正义的事来，但也有许多人是自愿地做不正义的事的，那我就不同意他的看法。我怎样才能避免前后矛盾呢？克莱尼亚，梅吉卢，假如你们两位问我："如果情况是这样的话，先生，关于为马格尼西亚立法，你有什么建议吗？我们要不要立法？"我会回答说："当然要立法。""那么，"你们会问，"是否要区分自愿的和非自愿的不正义行为？我们是否应该对自愿的错误和犯罪施
861a 加较为严厉的惩罚，对非自愿的给予较轻的惩罚？还是我们应该对所有人实施同等的惩罚，理由是根本不存在自愿的不正义行为？"

克莱尼亚：你说得很对，先生，我们该怎样运用现在的这些说法呢？

雅典人：这个问题问得很好。首先，让我们这样来运用它们……

克莱尼亚：怎样？

雅典人：让我们回想一下，刚才我们说过，我们关于正义的
861b 观点是非常混乱和不一致的。明白了这一点，我们再次问自己，我们是否已经找到了解决困惑的办法？我们是否弄清楚了，自愿的不正义行为和非自愿的不正义行为有什么区别？在

所有的城邦里,每位立法者都会把这两者区分开来,并据此制定法律。而我们现在所作的陈述,难道只是说说而已,然后就作罢了吗?难道它像是一位神所作的神谕,对于为什么正确,不需要解释,是吗?不能被理解的东西,怎么能成为立法的依 861c
据呢?这是不可能的。因此,在立法之前,我们必须弄清这两种行为以及它们之间的区别。这样,当我们对其中任何一种施以惩罚时,每个人都能理解我们的规则,并能判断惩罚是否适当。

克莱尼亚:我同意你的看法,先生。因为,我们要从以下两者选择其一:要么,我们不能说所有的不正义行为都是非自愿的,要么,先做个区分,以确认这样说是正确的。 861d

雅典人:在这两种选择中,第一种对我来说是无法接受的,因为不坚持自己坚信的真理,这样既不合法,也不虔诚。但是,如果两者之间的区别不在于自愿的和非自愿的,那我们就要尽力找出其他的解释。

克莱尼亚:的确是的,先生。关于这件事,我们没有其他可行的办法了。

雅典人:是这样的。公民们在交易和交往中,很可能会对 861e
彼此造成许多伤害,这些伤害既有自愿的,也有非自愿的。

克莱尼亚:确实是的。

雅典人:没有人会认为,所有这些伤害都是不正义的,也不会据此认为,这些不正义有两种,一种是自愿的,另一种是非自愿的。在所有的伤害中,非自愿伤害的数量和严重程度并不比自愿的伤害小。请思考一下,我要说的话是对还是错。我并不 862a
是说,克莱尼亚,梅吉卢,如果一个人非自愿地伤害了别人,那他就非自愿地做了不正义的行为。我不会为这种行为立法,因

为这是在为非自愿的不正义立法。我要说,这样的伤害,无论大小,都不是不正义的行为。而且,如果我的观点没错的话,我
862b 们就会经常说,当一种利益被错误地给予时,给予利益者是不正义的。一般来说,我的朋友们,某人给了某人某物,或者相反,某人拿走了某物,这样的事情不应该被简单地称为正义或不正义。立法者应该考虑的是,一个人是否出于正义的原则和意图在做有利于他人或伤害他人的事。立法者要关注不正义和伤害这两样东西。当损害发生时,立法者要通过法律,尽其
862c 所能弥补损失,挽救被破坏的,恢复被毁坏的,补偿死亡或受伤的人。当伤害得到补偿时,立法者要用法律的手段使造成伤害的人和遭受伤害的人成为朋友而不是敌人。

克莱尼亚:这样做是对的。

雅典人:那么,对于不正义的伤害以及获利(假设一个人的不正义行为使他人获得利益),我们要把它们当作灵魂的疾病,它们中所有可以治愈的,我们都要治愈。我们认为,治疗不正义的方法是这样的……

克莱尼亚:什么方法?

862d **雅典人**:是这样的。当有人做了不正义的事时,不论大小,法律都要劝诫和强迫他不再自愿做或至少很少做类似的事,而且,他还要赔偿造成的损失。无论通过言语还是行动,使其快乐还是让其痛苦,给予荣誉还是耻辱,给予奖励还是施加惩罚,或其他任何方式,法律都要设法引导人们憎恨不正义的事物,
862e 热爱或至少不憎恨正义的事物——这是法律最高尚的任务。但是,如果立法者发现不可救药的人,应该确定什么样的惩罚、制定什么样的法律呢?他很清楚,这样的人继续活下去对他们自己没有什么好处,而且,如果他们死去,对其他人会有双倍的

好处，因为他们可以作为一个警告，告诫其他人不要做不正义的事，同时，还可以使城邦少了些坏人。在这种情况下，而且仅 863a
在这种情况下，立法者应当以死刑作为对犯罪的惩罚。

克莱尼亚：你所说的在我看来是非常合理的，但我们还是希望你能更清楚地说明，伤害和不正义之间的区别，以及其中自愿和非自愿的各种复杂情况。

雅典人：我会尽力照你的意思去做，把事情解释清楚。关 863b
于灵魂，你们在彼此交谈中说过或听到过这一点，那就是，它的天性中有一个要素（或是状态或部分）是愤怒，这一要素具有好争斗的本性，以其非理智的力量推翻了许多东西。

克莱尼亚：的确是的。

雅典人：快乐不同于愤怒，快乐有一种相反的力量，通过说服和欺骗来达到自己的目的。

克莱尼亚：太对了。

雅典人：说无知是犯错的第三个原因，这是对的。然而，立 863c
法者最好把无知分为两类：单纯的无知是小错的根源；双重的无知在于，一个人不仅无知，而且自负，自以为对自己实际上一无所知的事情了如指掌。这第二种无知，当它与权力和强力结合在一起时，立法者就要把它视为巨大而野蛮的罪恶的根源。
但如果它伴随着软弱，就会导致幼稚的和老糊涂的错误，立法 863d
者会把这看作是过错，并为犯这些错误的人制定相应的法律，而这是最温和、最仁慈的法律。

克莱尼亚：你说得完全正确。

雅典人：我们大家都认为，就快乐和愤怒而言，有些人控制它们，有些人被它们控制。实际上，确实如此。

克莱尼亚：的确是的。

雅典人：但是从来没有人说过，人能控制无知或被无知控制。

863e **克莱尼亚**：确实如此。

雅典人：我们认为，这些东西常常拉着一个人向自己意愿的相反方向走。

克莱尼亚：是的，经常是这样的。

雅典人：现在我可以清楚地、毫不含糊地为你们解读我所说的正义和不正义。当愤怒和恐惧、快乐和痛苦、嫉妒和欲望
864a 支配灵魂时，不管它们是否造成伤害，我都称之为不正义。如果最好的意见（不论城邦或个人如何理解最好）控制着人的灵魂并规范人的生活，即使这种意见在某些方面有错，我们都会说，依据这种意见做的事是正义的，而且人所受到的控制也是正义的，对人的一生来说也是最好的——尽管许多人认为，这
864b 种意见造成的伤害是非自愿的不正义。我们不要再讨论名称的问题了。既然我们已经弄清楚了三种类型的错误，我们就要牢牢记住它们。其中一种是痛苦的，我们称之为愤怒和恐惧。

克莱尼亚：完全正确。

雅典人：第二种是快乐和欲望。第三种是截然不同的，是关于至善的期望和意见。最后一种可以再细分为三种，这样，
864c 现在就有五种类型。对于这五类，我们要制定不同的法律，共有两大类法律。

克莱尼亚：是哪两大类呢？

雅典人：一类针对在公开场合暴力实施的行为，另一类针对在黑暗中用秘密的欺骗手段实施的行为。有时，这两种类型会结合在一起，这种情况下的法律是最严厉的。

克莱尼亚：自然应当如此。

雅典人：现在让我们回到离题前的话题，继续我们的立法工作。我认为，我们已经制定了法律，来对付那些抢劫庙宇的 864d 人、背叛城邦的人和颠覆政治体制的人。当一个人疯了，或患了某种疾病，或过度衰老，或处于幼稚的状态（这种情况下，他比疯子好不了多少），他可能会做出这类事情。如果行为人或行为人的辩护人向被选来审理案件的法官清楚地证明了这一点，而且法官认为违法行为是在上述状态下实施的，那么，违法 864e 者就要赔偿其所造成的损害。他若没有杀人，手上没有染血，就可以免受别的刑罚。他若杀了人，就要离开家去另一个城邦，被流放 1 年。如果他在法律规定的期限届满前回来，或者踏上故土的任何地方，他就要被法律维护者监禁，在公共监狱中关押 2 年，然后才能被释放。

既然已经谈到杀人案件，我们接下来就制定涉及各种杀人 865a 罪的法律。首先，谈谈暴力和非自愿的杀人。如果有人在体育竞赛和公共游戏中，无意中杀死了朋友，死者无论当场死亡还是因受伤事后死亡，或者，如果同样的情况发生在战争中或军事训练（包括不佩戴盔甲的标枪训练和带重武器的模拟战争训 865b 练）中，那么，杀人者要根据特尔斐的礼法接受净化，之后就可以被视为是清白的。对于医生来说也是如此。如果病人的死亡违背医生的意愿，那么，根据法律医生就是清白的。

如果一个人用自己的双手，或是手无寸铁，或是用工具或武器，无意中杀死了另一个人，或者，如果他用食物或饮料，或用火或用寒冷，或用窒息的方法，杀死他人，无论是亲手为之还是借助他人的力量，都应被视为亲手杀人的行为，并要受以下 865c 处罚。如果杀死了他人的奴隶，就要根据自己的奴隶被杀可能会造成的损失，赔偿死者主人的损失，否则，就要被罚支付两倍

于死者价格的罚款，具体数额由法官决定。而且，比起那些在
865d 竞赛中杀人的人，对他要进行更大和更多的净化，这件事由神
选出的解释者负责。若杀的是自己的奴隶，在被净化之后，就
免罪了。若无意中杀死了自由人，就要像杀死奴隶那样接受净
化。而且，他要留意一个古老的传说，大意如下。一个被暴力
865e 杀害的自由民，在刚死的时候，会对杀人者十分愤怒。暴力死
亡的经历使死者心中充满了恐惧，当他看到杀害他的凶手在他
常去的地方游荡时，他吓得魂不守舍。当他感到不安时，他就
会回忆往事，并竭力去干扰凶手及其行为。因此，杀人者应当
在一年中远离受害人，不能出现在自己城邦的任何地方。如果
866a 死者是外邦人，在同样的期限内，杀人者不得进入该外邦人的
城邦。如果一个人自觉遵守这条法律，那么关注这些规则实施
的死者近亲就会宽恕他并与他和平相处。但如果有人不遵守
这条法律，竟敢未经净化就去祭坛献祭，或者违反流放期间的
866b 规定，那么死者的近亲就要以谋杀罪起诉他。如果他被定罪，
就要受到双倍的惩罚。如果死者的近亲不起诉杀人者，那污染
就要落在他自己头上。死者会将罪责推到自己的近亲身上，而
任何人都可以起诉死者的近亲，并根据法律强迫他离开自己的
城邦 5 年。

如果一个外邦人无意中杀死了居住在城邦里的另一个外
866c 邦人，任何人都可以根据同样的法律起诉。如果杀人者是客籍
民，他就要被流放 1 年。如果杀人者是完全的外邦人，无论被
杀害的是外邦人、客籍民还是公民，除了净化外，他还要被终身
驱逐出我们的法律所管辖的城邦。如果他非法回来，法律维护
者将判处他死刑。如果他有财产，就要交给被害人的近亲。如
866d 果船只失事，他被迫回来，他就要在海水能没过脚的地方扎营，

等着有船把他带走。但是,如果他被人强行从陆地带进来,第一个见到他的官员要解救他,并把他安全地送出边境。

如果有人亲手杀了一个自由民,而且是在愤怒之下干的,对于这种行为,我们必须加以区分。一种情况是,因一时冲动,突然地、毫无预谋地用拳头或诸如此类的方法杀害他人,而事 866e
后立即又悔恨不已。另一种因愤怒杀人的情况是,被言语或行为侮辱的人,为寻求报复,故意杀死他人,并且对杀人行为毫不后悔。看来,我们必须承认,因愤怒而引起的谋杀有两种,可以 867a
说它们介于自愿和非自愿之间。不过,每一种类型都与自愿或不自愿的杀人有相似之处。一个人把自己的愤怒积存起来,不立即、突然地报复,而是怀着阴险的意图,在一段时间之后报复,这类似于自愿杀人。如果一个人不克制自己的愤怒,而是在一时冲动和非故意的情况下立即报复,这就与非自愿杀人类似。然而,他的行为也不完全是非自愿的,而只是类似于非自愿的行为。因此,对于因愤怒杀人的行为,很难确定,在法律上 867b
应该将其视为自愿的还是非自愿的。最好和最正确的做法是,只把它们分别看作是自愿的和非自愿的相似物,并根据是否有预谋,对其加以区分。对有预谋的愤怒杀人者,应当处以较为严厉的惩罚,而对没有预谋、因冲动杀人的人,处以较轻的惩罚。因为,对于与较大的恶类似的情况,应当处以较重的惩罚;而对于与较小的恶类似的情况,则要处以较轻的惩罚。我们的 867c
法律应该是这样的。

克莱尼亚:当然了。

雅典人:那么,现在回到我们的话题上来,我们要宣布下面的话。如果有人亲手杀死了一个自由民,杀人是出于愤怒,但没有预谋,那么,杀人者除了要受到与不是出于愤怒而杀人的

人一样的惩罚外，还要被流放 2 年，以使他学会抑制自己的愤
867d 怒。出于愤怒杀人而且事先有预谋的人，除了要受到与前者相同的惩罚外，还要被流放 3 年而不是 2 年。他受罚的期间较长，因为他的愤怒更强烈。在这类案件中，流放归来的方式如下所述。这是一件很难精确立法的事情。因为，在某些情况下，被法律认定为较坏的凶手实际上可能不那么残忍，而被认定不那么残忍的人实际上可能更坏，后者可能以较凶残的方式
867e 杀人，而前者的手段则可能较温和。但一般来说，实际情况还是和我们所说的一致。法律维护者要负责下面这件事。对于每一种案件，流放期限结束后，要有 12 名法律维护者被派往边境。此时，他们要对被流放者的行为进行细致的调查，裁决是
868a 否宽恕被流放者并允许他回来。被流放者必须服从这些官员的裁决。无论哪种类型的罪犯，流放归来后，如果因为愤怒再次犯同样的罪，都要再次被流放，并且永远不得回来。如果回来，就要受到同偷跑回来的被驱逐的外邦人一样的惩罚。

如果杀死了自己的奴隶，就要接受净化。如果出于愤怒杀死了别人的奴隶，就要双倍赔偿主人的损失。杀人者，无论是哪种类型的，如果违反法律，未经净化就进出集市、竞技场或庙
868b 宇而污染了这些地方，任何人都可以起诉对此不闻不管的死者近亲和杀人者，并且可以强迫一方索要、另一方支付双倍的罚款和其他费用，而这笔钱将依据法律归起诉者所有。如果奴隶因愤怒杀了自己的主人，死者的亲属无论怎样处置杀人者（但
868c 不得饶恕其性命），都不算犯罪。如果奴隶因愤怒杀了自由民，而这个自由民不是杀人的奴隶的主人，奴隶的主人就要把奴隶交给死者的亲属，死者的亲属要将杀人者处死，并可以自行决定处死的方式。

如果父亲或母亲在盛怒之下用殴打或其他暴力的方式杀死了儿子或女儿(这种情况很少发生,但有时确实会发生),那么杀人者要接受与其他杀人者一样的净化,并被流放 3 年。流 868d
放回来后,妻子要离开丈夫,丈夫也要离开妻子,并且从此以后,他们不得共同生儿育女。杀人者不得与被他剥夺了孩子或兄弟的人住在同一屋檐下或共同参加敬拜仪式。违反这些规则的人是不虔诚的,任何人都可以起诉他。如果丈夫因愤怒杀了自己的妻子,或妻子因愤怒杀了自己的丈夫,杀人者也要接 868e
受上述的净化,并被流放 3 年。犯了这种罪的人回来后,不得与自己的孩子一同敬拜,也不得和他们同桌吃饭。如果父母或孩子不遵守这条规定,任何人都可以起诉他不虔诚。如果一个人因愤怒杀死了自己的兄弟姐妹,就要像杀死儿女的父母一样接受净化并被流放:不得与死者的兄弟姐妹或者父母同住一屋,也不得与他们一起参加敬拜仪式。不服从的人会因为不虔 869a
诚受到法律的追究,这是正确和公正的处理。

如果有人对自己的父母肆无忌惮,竟然在疯狂的愤怒中杀死了父亲或母亲,如果死者在死前自愿地宽恕了杀人者,杀人者就要受到和那些非故意杀人的人一样的净化和处罚,然后就可以洗清罪行了。但是,如果没有得到死者的宽恕,犯下这种 869b
罪行的人就要依法受到惩罚。因为他夺走了父母的生命,所以他的暴行同亵渎神明和抢劫庙宇一样,要受到最严厉的惩罚。如果人可以死去许多次,最公正的做法是,因愤怒杀死父亲或母亲的人应该被处死许多次。即使生命受到来自父母的威胁,法律也不允许一个人为了自卫而杀死父母,因为父母是他的生 869c
命的创造者。法律要规定,一个人无论遭受什么苦难,也绝不能做出这样的行为。那么,处罚这种人更恰当的方式是:法律规定，在愤怒中杀害父母的人，要被判处死刑。

如果一个人在内部争斗或在其他类似情形下，为了自卫而
869d 杀死了自己的兄弟，而被害人是首先动手打人的，那么，就像杀死了敌人一样，杀人者应当被免罪。公民杀害公民，或外邦人杀害外邦人时，都适用这一规定。如果出于自卫，公民杀死了外邦人，或者外邦人杀死了公民，杀人者也应当以同样的方式被免罪。如果奴隶杀死了奴隶，也是这样。但是，如果奴隶为了自卫而杀死了自由人，那么，对杀人者就要适用和杀死父母的人一样的法律。关于赦免杀死父母的人的法律，在这类案例
869e 中也同样适用，也就是说，如果被害人自愿宽恕凶手，凶手就像非自愿的杀人者一样，要接受净化，并被流放 1 年。

出于愤怒实施的暴力、非自愿的谋杀，我们已经讨论得很充分了。现在，我们要谈谈故意杀人，也就是屈从于快乐、欲望和嫉妒，故意而有预谋地、不正义地实施的犯罪。

克莱尼亚：很好。

870a **雅典人：**我们先说说它们的各种类型。这种犯罪最主要的原因是欲望，它控制了被欲望驱使的灵魂。这尤其发生在多数人的渴望最频繁和最强烈的地方：由于自然本性的邪恶和缺乏教育，人们产生了贪得无厌、想要得到无穷无尽的财富的欲望。缺乏教育的原因是，希腊人和非希腊人对财富的错误的赞美。
870b 他们认为，财富是第一好的东西，而实际上它只是第三好的东西。这样一来，他们既毁了子孙后代，也毁了自己。对所有的城邦而言，最高尚和最好的做法是，要阐明关于财富的真理，那就是，财富是为了身体而存在，而身体是为了灵魂而存在。在这些好东西中，依据自然，财富是为了身体和灵魂而存在的，因此财富排在第三位，位于身体和灵魂之后。这个论点告诉我

们,想要获得幸福的人不应该一味地追求财富,而是应该追求 870c
正当和适度的财富。如果这样做,城邦就不需要用谋杀来净化谋杀。但是,就目前的情况来看,对财富的贪婪,正如我们在开始讨论这个问题时所说的,是导致最严重的故意杀人的一个原因,而且是最主要的原因。第二个原因是野心,这会滋生嫉妒这个危险的伙伴。首先,这对于嫉妒的人自己尤其危险,其次,对于城邦里最优秀的公民也是危险的。导致许多谋杀的第三个原因是懦弱的和不正义的恐惧。如果一个人正在做或已经 870d
做了不想让别人知道的事,当无法隐瞒时,他就会杀死知情者。上述这些事项,就是这类暴力犯罪案件的序言。此外,我必须提及一个许多人都坚信的说法,这是他们从那些在神秘仪式上认真讲述这类事情的人那里听到的。他们说,这样的行为在冥府要遭到报应,当作恶者回到这个世界时,依自然必会受到惩 870e
罚,也就是说,要遭受他对被害人所施加的痛苦,并以同样的方式在另一个人的手中结束自己的生命。如果准备杀人的人相信这一点,并且害怕这样的惩罚,那就没有必要在序言之后再继续颁布法律。但对于那些不信服的人,就要制定下面的法 871a
律。

故意地、不正义地亲手杀死同胞的人,不得参加合法的集会。无论是否有人向他宣布这一禁令,他都不得去玷污庙宇、市场、港口和其他公共集会场所。因为,代表整个城邦的法律禁止他这么做,现在是,将来也永远是这样。如果死者的近亲 871b
(父方或母方的堂表兄弟),本应起诉却没有起诉,也没有向杀人者提出警告,那么,首先,死者的近亲会被卷入污染之中,会招致诸神的憎恨,因为法律的诅咒会带来凶兆。其次,任何愿意为死者复仇的人都可以起诉死者的近亲。想为死者复仇的

871c 人应该适当地完成所有与净化仪式有关的事，以及在这些情况下神规定的其他事宜，他要宣读警戒的话，并要强迫罪犯服从依法实施的处罚。

立法者可以很容易地表明，这些程序必须伴随向诸神的祈祷和献祭，这些神关心的是，如何防止城邦内的谋杀。关于这
871d 些神是谁，以及什么样的审判方式才最符合宗教仪式的要求，法律维护者要在法律解释者、先知和诸神的帮助下作出决定，然后把案件移交审判。审判这些案件的法官，就是我们说过的审判抢劫庙宇案件的法官。如果被定罪的人被判处死刑，不得将其葬在被害人的城邦内，因为他的行为是无耻的和不虔诚的。如果他逃跑了，不愿意接受审判，他就要终生流亡。如果
871e 这样的人踏入被害人的城邦，第一个见到他的死者的亲属或其他公民都可以杀死他而不会因此受到惩罚，也可以把他捆绑起来交给法官，由法官处死他。提出起诉的人应当要求被告人提供担保人。被告人要提供 3 名审理该案的法官认可的可靠的担保人，以保证他出席审判。但如果被告人不愿意或不能提供保证人，法官就要将他捆绑并羁押起来，在审判的时候带他来听审。

872a 如果一个人并没有亲手杀人，而是为他人策划了谋杀，并且在意图和谋划上是杀人行为的始作俑者，他对谋杀负有责任，在杀人的事上不是无辜的，灵魂是不纯洁的，而且他继续住在城邦里，那么，除担保外，这类案件按照上述同样的程序处理。如果被判有罪，死刑实施后可以将其尸体葬在他自己的城邦里，但在其他各方面，应当遵循前述的规则。外邦人杀害公
872b 民，或公民杀害外邦人，或奴隶杀害奴隶，无论是亲手杀人还是策划杀人，除担保外，都适用这些规则。杀人者要提供担保。

在这些案件中，指控谋杀的人应该要求凶手提供担保人，这和前面所说的亲手杀人者必须提供担保人一样。如果奴隶故意杀死了自由人，无论亲手杀害还是策划杀人，如果他在审判中被判有罪，就要让行刑者把他带到一个可以看到死者坟墓的地方，按照起诉人要求的次数鞭打他，如果他被打后还活着，就要把他处死。如果有人杀死了没有做错事的奴隶，原因是害怕奴 872c
隶会揭露他的卑鄙的恶行，或出于其他类似的原因，那么，杀人者要像杀死公民的人那样受到惩罚。

对于有些事情，立法是一项艰巨而又令人不愉快的任务，但不立法又是不可能的。比如，故意而邪恶地杀害亲属，亲手 872d
杀害或者策划杀人，这些犯罪大多发生在管理不善和教育不良的城邦，但有时也会发生在人们根本料想不到的地方。我们必须要重复刚才说过的话，希望听到的人，愿意基于这些理由，自愿放弃那些极其邪恶的谋杀。这个神话或故事(或无论人们怎 872e
么称呼它)古时的祭司已经清楚地讲述过了。其大意是说，监视血亲仇杀的正义女神，依据刚才提到的法律，规定干这种事的人必然要遭受与他所作的恶同样的痛苦。杀了自己父亲的人，迟早会被自己的孩子杀死。杀了自己母亲的人，必降生为女性，并最终被自己的孩子杀死。因为，同一血脉的血被玷污了，就没有别的办法可以净化。只有犯下这种罪行的灵魂以生 873a
命换生命，才能平息整个家族的愤怒，这种污染才能被洗清。这是来自诸神的报应，人们应该会被这样的惩罚吓住。但如果他们没有被吓住，而是受到某种可悲的境况的煽动，故意地、有预谋地杀害自己的父亲、母亲、兄弟或孩子，那么尘世的立法者就会制定如下的法律。关于不得进入公共场所的公告和提供 873b
担保人的规定，与前述规定一样。若有人犯了这样的杀人罪，杀了前面提到的那些人，担任法官助手的官员就要处死罪犯，并把他的尸体赤身裸体地扔到城邦外指定的三岔路口，每个官员拿一块石头扔在罪犯的头上，以消除城邦受到的污染。然
873c 后，他们要把尸首抬到边界，按照法律的规定，不埋葬，把尸首抛出去。

那么，如果一个人杀死了人们所说的自己最亲近的人，他要受到怎样的惩罚呢？我指的是自杀，用暴力剥夺了自己的生命，不是因为城邦的法律要求他这么做，不是因为受到降临在他身上的极度的痛苦和不可避免的不幸的强迫，也不是因为陷入某种无法补救和难以忍受的耻辱，而是因为懒惰和懦弱才对
873d 自己施加这种不正义的惩罚。在这种情况下，净化和埋葬仪式应该是怎样的，只有神才知道。关于这些问题，死者的近亲要从解释者和相关的法律那里寻求信息，并按照这些指示行事。这样死去的人，要被独自埋葬，无人葬在他旁边。他要被不光彩地埋葬在 12 部分土地的边界，在未开垦和无名的地方，没有墓碑或名字标记。

873e 如果牲口或其他动物杀了人，除非是在公开竞赛中发生事故的情况，否则死者的亲属要以谋杀罪起诉杀人的动物。案件要由死者亲属指定的田地管理者来审判。若动物被定罪，就要将其杀死并扔出境外。如果没有生命的东西夺去了一个人的生命，不是神发出的闪电或类似的东西，而是有东西砸死了人
874a 或者是人撞死在什么东西上，那么，死者的近亲属就要指定最近的邻居为法官，为死者及其全家实施净化。被定罪的物品要和前面所说的牲畜一样，被抛到境外。如果发现有人确实已经死亡，但凶手找不到，而且在仔细寻找后仍然找不到，那么，就
874b 要发布寻找杀人犯的公告。起诉后，要在集市上公开宣告，谋

杀了某人、被判谋杀罪的凶手,不得踏入庙宇或被害人城邦的任何地方。如果凶手被发现出现在这些地方,就要被处死,然后被扔到境外,不得埋葬。这就是关于杀人的法律。对于这类案件,就说这么多吧。

接下来,我们谈谈,在什么案件中,在什么情况下,杀人者是无罪的。如果一个人在晚上抓住并杀死了入室盗窃者,杀人 874c
者就是无罪的。如果出于自卫杀了一个拦路强盗,杀人者也是无罪的。如果有人对作为自由人的妇女或男孩进行性强暴,受害人及其父亲、兄弟和儿子都可以杀死施暴者而免受惩罚。如果一个男人发现自己的妻子被强奸,可以杀了强奸者,而杀人者在法律上是无罪的。如果有人为保护自己父亲的生命而杀了人,而他的父亲并没有做不虔诚的事,杀人者就是无罪的。
为保护母亲、孩子、兄弟和孩子的母亲而杀人,也是一样。 874d

关于活人的灵魂的培养和教育(有了这种培养和教育,生命就是有价值的,如果不幸没有它,生命就没有价值)以及暴力杀人的惩罚,我们就这样立法吧。关于身体的培养和教育,我们已经谈过了。接下来我们要谈谈人们相互之间自愿和非
自愿的暴力行为。现在,我们要根据它们的性质和数量,尽可 874e
能清楚地对它们加以区分,并确定每种行为应有的惩罚,这就是接下来要立法的事项。即使是最没有能力的立法者也会指出,在杀人案件之后,要对伤害和致残案件立法。伤害的分类与杀人一样,包括非自愿的伤害,即因为愤怒或者恐惧造成的伤害,以及自愿伤害,即预谋实施的伤害。

对于所有这类案件,我们要先声明:人类确实有必要为自
己制定法律,并根据法律生活,否则就与最野蛮的野兽毫无区 875a
别。其原因是,没有人能够凭自然本性认识到,什么对城邦公

民的生活最有益;或者,即使认识到了,也不总是能够并且愿意
去做最好的事。首先,人们很难认识到,真正的政治技艺关心
的是公共利益而不是个人利益,因为公共利益将城邦团结在一
起,而个人利益却使其分裂。而且,首先关注公共利益而不是
875b 个人利益时,公共利益和个人利益都会更大。其次,即使有人
在这方面足够先进,知道这些事情的本质,如果之后他成为一
个独裁者,能够不受监督地统治城邦,他就无法坚持这个信念,
无法做到始终把维护公共利益作为首要目标并把个人利益放
在次要位置。相反,他的凡人本性会使他陷入贪婪和自私,他
875c 会非理性地避免痛苦和追求快乐,并将这两者置于正义和善之
上,他的灵魂会滋生黑暗,这使他自己和整个城邦充满各种各
样的邪恶。当然,如果一个人天生具有神圣的天赋,他就能自
然地理解真理,就不需要法律来控制他。因为,没有一种法律
或秩序能够高于知识,理智也不应该被任何东西所奴役或命
875d 令。如果理智确实是名副其实的,依据自然是自由的,它应该
是万物的主宰。但目前这种人或者很少,或者根本没有。因
此,我们必须选择第二好的东西,即法律和秩序,它们看到和关
注的是一般的原则,而不是全部的情况。

这就是我要说的,我们现在要规定,那些伤害或致残他人
的人应受到的惩罚和应支付的赔偿。当然,在这种情况下,任
何人都可以打断我们,恰当地提出这样的问题:“你所说的是
875e 什么伤害,对谁造成了伤害,怎样伤害的,什么时候伤害的?伤
害的情况数不胜数,种类繁多,而且彼此之间差别很大。”让法
庭决定所有这些事情,或什么都不让法庭作出决定,都是不可
能的。但有一点在任何情况下都要由法庭作出决定,那就是事
876a 实问题,即行为是否发生了。实际上,立法者不可能完全不让

法庭决定应处以的惩罚和罚款，不可能自己对所有大大小小的案件都制定法律。

克莱尼亚：那由此得出的结论是什么呢？

雅典人：结论是，有些事情要交给法庭处理，其他的则必须由立法者自己决定。

克莱尼亚：哪些事情要由立法者决定，哪些事情是要交给法庭裁决？

雅典人：我要指出的是，在一个城邦里，如果法庭是糟糕 876b
的、沉默的，法官们隐藏自己的意见，秘密地裁决案件，甚至更糟糕的是，如果当法庭作出决定时，不是沉默的，而是又乱又闹，就像在剧场里一样，依次对每个发言者大声赞扬或指责，那整个城邦就会陷入困境。为这类法庭立法是不幸的，但又是十分必要的。在必须这么做的情况下，立法者应只允许法庭对极 876c
少数的罪行决定惩罚。如果要为这种政治体制立法，就必须通过明确的法律来处理大多数案件。但是，如果一个城邦有设置得很好的法院，而且法官接受过良好的训练和严格的考验，那么，让这样的法官裁决大多数案件，决定罪犯应受到的惩罚和应支付的赔偿，就是正确的和合适的。在目前的情况下，如果 876d
我们没有通过立法来解决大多数的和重要的案件，我们并不会因此而受到指责，因为即使是没有受过良好教育的法官也能够裁决，在每一案件中应当对罪犯施加什么惩罚，对受害人给予什么补偿。我们相信，我们为之立法的人完全有能力作出裁决，因此大部分案件可以交给他们决定。与此同时，正如我们经常说并在以前的立法中所做的那样，我们应该向法官展示要 876e
施加的惩罚的大纲和范例，这样他们就不会违反正义的原则。这是一种很好的做法，我们以前就注意到了，现在我们又开始立法工作了，所以我们可以继续这样做。

关于伤害的法律如下。如果有人本来打算杀害一位同胞，法律不允许他杀害这个人，他伤害了却没能杀死对方，那么，这
877a 个有意图杀人但只是伤害了他人的人是不值得怜悯的。他应被视为一个杀人者，并应该按照谋杀罪接受审判。但是，法律要尊重在某种程度上保佑伤人者的运气，也要尊重怜悯伤人者和受伤者的精灵，精灵使受伤者没有被打死，使伤人者的命运和罪行免于被诅咒。为了感谢这位精灵并顺从其意愿，在这种
877b 情况下，法律要免除伤人者的死刑，但要将他终身流放到邻邦，在那里他可以继续享有自己所有财产的收益。如果伤人者使受伤者致残，就要赔偿，赔偿的数额由审理案件的法庭决定，组成该法庭的法官和审理杀人案件的法官一样。如果孩子故意伤害父母，或者奴隶故意伤害主人，就要被处以死刑。如果有
877c 人故意伤害自己的兄弟姐妹并被定了罪，就要被判处死刑。夫妻之间，如果一方以谋杀的意图伤害了另一方，伤人者就要被终身流放。有未成年子女的，由监护人照管财产，并像抚养孤儿一样抚养这些孩子。如果子女已经成年，他们对被流放的父母就没有赡养义务，但可以占有父母的财产。如果遭遇这种灾
877d 祸的人没有子女，被流放者的男女亲属（关系远至父母双方堂表兄弟姐妹的子女）要聚在一起，在与法律维护者和祭司商议后，指定一人作为这份房产（城邦的 1/5040 财产）的继承人。他们应这样论证和思考下面这个问题。城邦的 5040 所住宅，无论于公于私，都不属于居民或其整个家族，而是城邦的财产。
877e 城邦应使自己的财产尽可能地神圣和幸运。这样的住宅是不幸的，是被玷污的：房子的主人没有留下后代（死时没有结婚或没有子女），又因谋杀或其他对神或对同胞犯下的罪行被依

法处死;或者,房子的主人被终身流放,而且没有孩子。那么,首先,对房屋要依法净化并清除其中的罪恶。然后,就像我们 878a 刚才说过的,亲戚们要和法律维护者聚在一起商议,寻找城邦里美德和运气都最好、又有许多儿子的家庭。他们要从选定的家庭中,代表死者的父亲和祖先收养一个孩子作为死者的儿子,为了预兆起见,以死者的姓氏为他起名字,祈祷他可以延续家族的血脉、守护家业、处理家庭的宗教事务和世俗事务,而且要比死去的继父更幸运,另外,还要根据法律指定他为继承人。878b 让灾祸降临到罪犯的身上,让他无名无子,也没有财产。

有些事物的边界是彼此不接触的,在它们之间有一个中间地带,使它们不能接触。我们说过,出于愤怒作出的行为就是这种性质的,它介于自愿和非自愿之间。对于因愤怒而造成的伤害,法律的规定如下。若被定罪,如果伤害可以治愈,要赔偿 878c 双倍的损失。如果伤害无法治愈,要赔偿 4 倍的损失。如果虽然伤害可以治愈,但同时又给受伤者带来了巨大的耻辱,就要赔偿 3 倍的损失。如果伤害他人的人,不仅伤害了受害人,而且伤害了城邦,原因是他使受害人丧失了抵御敌人保卫城邦的能力,那么,除其他的赔偿外,还要赔偿城邦遭受的损失。对这 878d 种人的处罚是,除了服自己的兵役外,还要代无法服役的受害人服兵役。如果不这样做,根据法律,任何人都可以控告他逃避兵役。至于损害赔偿的数额,是 2 倍、3 倍还是 4 倍,要由对案件定罪的法官决定。如果有人以刚才所说的方式伤害了自己的亲属,那么,同族的人和男女亲属(远至父母双方表兄弟 878e 姐妹的子女)都要聚在一起商议。在作出决定后,要将案件移交给受害人的父母,由其评估损失。若对评估有异议,男方亲属有最终决定权。如果这样还是无法作出决定,就要将这事交给法律维护者。如果子女对父母造成了这类伤害,审理案件的法官必须超过60岁,而且要有亲生的而不是收养的子女。如果这个人被判有罪,法官要决定,此人应该被判处死刑,还是应
879a 该受到更严厉的惩罚或者略微轻一点的惩罚。但罪犯的亲属,即使达到法律规定的年龄,也不得担任法官。如果奴隶因愤怒而伤害了自由人,奴隶的主人应将奴隶交给受害人,受害人可以随意处置伤人的奴隶。如果主人不把奴隶交出来,就要自己赔偿受害人。如果奴隶的主人声称,这件事是奴隶与受害人合谋策划的骗局,那这个主人就要对案件进行辩论。如果他赢不了,就要赔偿3倍的损失;如果他赢了,就可以控告那个与奴隶
879b 勾结的人绑架奴隶。无意伤害他人的人,要赔偿与所造成的伤害同等数额的损失,因为没有哪个立法者能够控制偶然性。审理这类案件的法官,与审理子女伤害父母案件的法官一样,他们要评估应支付的损害赔偿金的数额。

我们讨论的所有伤害和各种攻击都是暴力行为。每个男人、女人或孩子都应该认为,在诸神和那些想要活得安全和幸
879c 福的人的眼中,老年人应该比年轻人受到更多的尊敬。因此,若城邦里有年轻人殴打老年人,这是可耻的,也是诸神所憎恶的。而年轻人被老年人殴打时,合理的做法是,年轻人应该默默地克制自己的愤怒,这样在自己老年时就能得到同样的尊重。所以,法律应当作出如下规定。我们每个人都要在行为上和言语上尊敬长辈。凡比自己大20岁的人,无论男女,都应视
879d 其为父亲或母亲,并要尊敬他们。出于对掌管出生的诸神的敬畏,要永远克制自己,不得对与自己父母年龄相仿的人动手。同样地,也不得动手打外邦人,无论这个外邦人是老居民还是新来的。不能用拳头去打外邦人,无论是主动攻击还是还击。

如果有人认为，某个外邦人放肆地、明目张胆地打了自己，应该受到惩罚，那就要把这个外邦人带到城邦管理者那里（但不要殴打他），这样他就不会再敢打本地人了。城邦管理者要怀着 879e
对外邦人之神应有的敬意，抓住并审问这个外邦人。如果此人确实是不义地打了本地人，就要鞭打这个外邦人，他打别人多少下，自己就要挨多少鞭，以此来遏制此人的恣意妄为。倘若这个外邦人是无辜的，城邦管理者就要威吓并指责那个把外邦人带来的人，然后让他们二人离开。如果一个人殴打与自己同
龄或年龄比自己大但没有孩子的人，无论是老人打老人，还是 880a
年轻人打年轻人，被殴打的人要用赤手空拳这种自然的方式来自卫，而不能使用武器。40 岁以上的人，如果竟敢和别人打架，无论是先动手打人还是自卫打人，都要被视为粗鲁的、无礼的和卑贱的人，这种可耻的惩罚对这种人是恰当的。

顺从的人很容易听从这样的规劝，但不听从这些序言、不
服从的人，就会有如下的法律等着他。如果有人打比自己大 880b
20 岁以上的人，那么，遇到这种事的人，如果与打斗双方不同龄而且不比他们年轻，就应该设法把二人分开，否则根据法律，他就是一个懦夫。如果他与被打的人同龄或者更年轻，他就应当像保护兄弟、父亲或者年长的亲属一样保护被打的人。此外，如前所述，胆敢殴打长者的人，要因打人而受到审判。如果
被判有罪，就要被监禁至少 1 年。如果法官判决的监禁期较 880c
长，就要执行这个判决。如果外邦人或客籍民殴打比自己年长 20 岁以上的人，关于旁观者相助的法律在这里同样适用。在此类案件中被判有罪的人，如果是非定居的外邦人，要被判处
2 年监禁。如果客籍民违反了这些法律，就要被判处 3 年监 880d
禁，但法庭可以决定更长的刑期。殴打案件的旁观者，不按照

法律规定提供帮助的，如果属于最高财产等级，就要对其处以1米纳的罚款；第二等级的，罚款50德拉克马；第三等级的，罚款30德拉克马；第四等级的，罚款20德拉克马。审理此类案件的法庭由将军、连队指挥官、部落指挥官和骑兵指挥官组成。

看来，制定法律，一方面是为了好人，以指导他们如何与他
880e 人友好相处；另一方面是因为那些拒绝接受指导的人，他们天性顽固，无法被软化，难以阻止他们走上邪恶的道路，正是因为有了这些人，我才要阐述下面的法律。这些法律是立法者由于需要而必须制定的，尽管他们希望这种需要永远不会出现。如果有人胆敢殴打自己的父母或其他年长的亲属，既不惧怕天上
881a 诸神的愤怒，也不惧怕地下诸神的惩罚，认为自己知道其实根本不知道的事，无视古老的和人人都讲的道理，因此违反了法律，那么，对这样的人需要适用最严厉的威慑措施。死刑并不是最严厉的惩罚。据说冥府中对他们的惩罚更严酷。这种说法尽管确实可信，但却不能威慑这些人的灵魂。否则，就不会
881b 有人殴打母亲，或者肆无忌惮地殴打其他长辈。因此，犯下这类罪行的人，活着的时候受到的惩罚，应当不低于在冥府里所受的惩罚。

接下来，我们制定如下法律。如果一个精神正常的人胆敢动手打自己的父母或祖父母，那么，就像前面所说的那样，旁观者应提供帮助。如果一个客籍民帮忙，他将被邀请坐在比赛的
881c 前排；但若他不帮忙，就要被永远驱逐出境。如果一个非居民外邦人前来帮忙，他就会受到赞扬；如果不帮忙，就要受到谴责。如果一个奴隶前来帮忙，他就会获得自由。如果奴隶不帮忙，而这件事发生在集市上，市场管理者就要下令打他100鞭；若发生在城中，但在集市外，就由城邦管理者实施处罚；若发生

在乡下，就由田地管理者实施处罚。如果本地居民遇到这种情
况，无论男女，都要前来援助，大声斥责打人者是不敬的人。不 881d
前来相助的人就会按照法律受到家族和祖先之神宙斯的诅咒。
如果有人因殴打父母而被判有罪，他就要被驱逐出城邦，流放
到其他地方，并且终身不得靠近一切圣所。如果他不避开圣
所，田地管理者就要用鞭子抽打或其他任何他们想用的方法惩
罚他，如果他再回来，就会被处以死刑。如果一个自由民和这
样的人一同吃喝，或与他有别的往来，或遇见他时跟他打招呼， 881e
那这个自由人在受到净化之前，就不得进入庙宇、集市和城邦
的其他地方，因为他应当知道，自己已经被诅咒玷污了。如果
他违反法律，玷污了庙宇和城邦，有官员发现了这种情况却不
起诉，那么，在审查时，这一疏漏就是极重的罪。如果一个奴隶 882a
打了一个自由人，无论被打的人是外邦人还是公民，在场的人
都要来救助，否则，就要支付前面所说的罚款。路过的人要和
挨打的人一起把打人的奴隶捆绑起来，交给挨打的人。挨打的 882b
人要收下这个奴隶，用脚镣把奴隶捆起来，随意鞭打他。处罚
后，必须依法将这个奴隶交还给他的主人，不能给主人造成损
失。法律的规定如下。如果在没有官员命令的情况下，奴隶殴
打了自由人，奴隶的主人要从被殴打人那里带走这个奴隶，给
他戴上镣铐。在奴隶能够说服被殴打的人释放他之前，不得释 882c
放这个奴隶。同样的法律适用于双方都是女性、原告是女性而
被告是男性以及原告是男性而被告是女性的所有此类案件。

第十卷

884a **雅典人**：关于殴打的案件就说到这里，现在我们把所有的暴力行为总结为一条法律，这就是：未经物主同意，任何人不得侵占、挪用邻舍的财物，也不得使用邻舍的东西。因为，这样的行为曾经是、现在是、将来也将是前面提到的所有罪恶的根源。在其余的罪恶中，最严重的是年轻人肆无忌惮、蛮横傲慢的行为。当他们冒犯神圣的事物时，他们的罪行是最恶劣的。如果受到侵犯的是公共的、神圣的或部分（部落或其他群体的成员）共有
885a 的事物时，罪行就特别严重。第二等严重的是，被侵犯的是私人神祠和坟墓。第三等严重的是，已经说过的那些罪行之外的对父母的冒犯。第四等严重的是，不顾官员的权威，未经他们的同意，擅自拿走、抢走或使用他们的东西。第五等严重的是，需要赔偿的对公民的私人权利的侵犯。对于所有这些情况，

应该有一个普遍适用的法律。至于抢劫庙宇,包括公开的暴力行为和秘密的行为,惩罚的方式我们已经做了简要的说明。现在我们要规定,对于在言语或行为方面冒犯诸神的人,应当给予什么样的惩罚。首先,我们提出如下忠告。没有哪个遵守法律、相信诸神的存在的人,会故意做不虔诚的事或发表无法无天的言论。这样做的人,一定是出于以下三个原因之一:要么是不相信诸神的存在;要么即使相信诸神的存在,但认为诸神不关心人类;要么就是认为,诸神很容易被祭品和祈祷收买。 885b

克莱尼亚:对这些人,我们该说什么、做什么呢? 885c

雅典人:我的朋友,让我们预想一下,他们出于对我们的蔑视会嘲弄地说些什么话。

克莱尼亚:是什么呢?

雅典人:他们可能会嘲讽地说:"雅典人,斯巴达人,还有克里特人,你们说得对。我们中有些人根本不相信诸神的存在,另一些人则认为,诸神正如你们所说的那样。我们现在要求,就像你们在法律问题上要求的那样,在严厉地威胁我们之前, 885d
先说服和教导我们,用足够的证据表明,诸神是存在的,而且他们特别好,不会被礼物诱惑而背离正义。事实上,当我们从那些被认为是最优秀的诗人、演说家、预言家、祭司和成千上万的其他人那里听到这样或那样的评述的时候,我们中的大多数人并不是设法避免做不义的事,而在做了不义之事之后试图去弥 885e
补过错。对于那些声称自己并非野蛮而是温和的立法者,我们认为,他们首先应该说服我们。关于诸神的存在,即使你们不能说得比别人好,至少要说得更真实。这样,或许能够说服我们。如果你们认为这是合理的,那就迎接我们的挑战吧。"

克莱尼亚:先生,证明诸神的存在不是很容易的吗?

886a **雅典人**:怎么证明呢?

克莱尼亚:首先,地球、太阳、星星、宇宙,以及季节的合理顺序和年月的划分,提供了诸神存在的证据。还有一个事实是,所有的希腊人和非希腊人都相信诸神的存在。

雅典人:我亲爱的朋友,我担心(但我不会说自己是畏惧),否定者可能会蔑视我们。你们并不知道他们堕落的真正
886b 原因。你们认为,只是由于在享乐和欲望面前缺乏自我克制,他们的灵魂才被驱使去过那种不虔诚的生活。

克莱尼亚:先生,除了这个,还有别的原因吗?

雅典人:有个原因你们根本不可能知道,因为你们完全生活在它之外,不会注意到。

克莱尼亚:你说的这个原因是什么呢?

雅典人:某种非常严重的无知,却被认为是最大的明智。

克莱尼亚:你是什么意思?

雅典人:在我们雅典有许多作品,据说,你们的城邦由于政
886c 治体制优良,没有这种作品。这些谈论诸神的作品,有些是有韵律的,有些是没有韵律的。其中最古老的作品讲述了天体和其他事物的最初本性是如何形成的,紧接着详细地讲述了诸神的诞生,以及之后诸神如何对待彼此。这些作品,无论产生的影响是好是坏,我都不能苛责它们,因为它们很古老。但在对父母的照顾和尊重方面,我当然不会赞扬它们,也不会说它们
886d 是有益的或是完全符合事实的。然而,对这种古老的说法,我们可以忽略不计并不予理会,或者我们可以用诸神喜欢的方式去说。但是,对于新近出现的聪明人,他们应该对自己造成的邪恶负责。请注意他们的论点产生的效果。在我们论证诸神的存在时,提出太阳、月亮、星星和地球这些物体作为证据,说

它们是神圣的存在，但那些被新近出现的聪明人说服的人会说，这些东西只不过是土和石头，绝不会关心人类的事务，因而 886e
认为我们的观点是用语言编造出来的，是虚构的。

克莱尼亚：先生，一个这样的说法，就够糟糕的了，你的意思是这样的说法还有很多，这更糟糕。

雅典人：那现在怎么办？我们该说什么，该做什么？我们假定，那些企图逃避法律的不虔诚的人中，有人在指责我们。
他们是这么说我们的："你们竟然以诸神存在的假设为依据来 887a
立法，这是多么可怕啊！"我们要为自己辩护吗？或者，我们应该把这个问题抛到一边，重新回到我们的法律上来，以免我们的序言实际上比法律还要长，是不是呢？因为，事实上，如果我们通过辩论的方式，向那些不虔诚的人充分论证他们声称应该讨论的主题，让他们对神产生敬畏，然后，当他们对无神论感到厌恶时，我们再开始制定相应的法律，那么，我们的论述一定会延伸到很长的篇幅。

克莱尼亚：但是，先生，正如我们在时间很短时常说的那 887b
样，在目前的情况下，我们没有理由选择简短的而不是冗长的讨论。因为，俗话说，"没有人紧紧追赶我们"。如果我们选择了最简短的而不是最好的，那是没有意义的和荒谬的。最重要的是，我们的论证要表明，诸神是存在的，他们比人类更好、更尊重正义，而且我们的论证必须要有说服力。这样的论证对所
有的法律来说，是最好和最高贵的序言。因此，我们不要不耐 887c
烦，不要着急，要尽力使自己的论证具有说服力，我们要毫无保留地、尽可能充分地阐述它。

雅典人：你是如此恳切！你的这番话，在我看来，似乎需要一个开场白式的祈祷。但我们必须立刻开始了。当被要求证

明诸神的存在时，一个人怎能不愤怒呢？因为，那些引起这场
887d 争论的人，加重了我们的负担，对此我们不能不感到憎恨和厌恶。他们不相信从保姆和母亲那里听来的故事，当他们还在襁褓中或还在吃奶的时候，保姆和母亲像念咒语一样，以玩笑或认真的口吻讲述着那些故事。他们在祈祷时也听到过同样的故事，还看到了展示这些故事的场景，就是年轻人在祭祀时喜欢看和听的那种场景。他们看到，父母为孩子和父母自己，在
887e 祭祀中表现出了强烈的虔诚，热切地与诸神交谈和祈祷，坚定地相信诸神的存在。在太阳和月亮升起和落下的时候，他们听到和看到希腊人和非希腊人，在各种各样的灾难和繁荣中，跪着拜倒在地，这些人毫不怀疑诸神的存在，而是认为诸神的存在是确定的、毋庸置疑的。他们知道这些事情，却毫无根据地轻视它们，而哪怕是有一丁点理智的人都会承认这些事实。他
888a 们迫使我们说这些话，要向他们证明诸神的存在，我们怎么能用温和的语言来劝诫这些人呢？然而，我们必须这样做。因为，如果一些人因贪图享乐而发狂，另一些人因对这些人的愤怒而发狂，那是不合适的。我们对这些迷失的、扭曲的人讲话，不应该带着愤怒，要保持冷静。

接下来，我们要温和地讲话，想象一下，就如我们在与他们中的某个人交谈："我的孩子，你还年轻，随着时间的推移，你
888b 现在的许多观点会变得截然相反。对最重要的事情，不要急于作出判断。你现在没有意识到的最重要的事情，就是要正确地认识诸神，这样你就能过高尚的生活，否则，就相反。首先，让我向你指出一点，这一点非常重要，而且绝对没有错。你和你的朋友们并不是最早对诸神持有这种看法的人。总有一些人，有时多一些，有时少一些，患有这种疾病。我见过许多这样的

人，我可以告诉你，那些年轻时就认为诸神不存在的人，没有一个直到年老时仍然持同样的观点。而关于诸神的另外两种错误的观点，在某些情况下确实存在，但不是很多。一种观点是，诸神是存在的，但他们不关心人类的事务；另一种观点是，诸神确实关心人类，但人们很容易通过献祭和祈祷来说服他们。至于你对诸神的看法，我建议你等一等，想一想什么是正确的，终有一天你会明白的。你要向别人询问，尤其是向立法者询问。在此期间，你要小心，不要冒犯诸神。无论现在还是将来，立法者都有义务告诉你这些事情的真相。" 888c 888d

克莱尼亚：到目前为止，先生，你说得都很好。

雅典人：是这样的，梅吉卢，克莱尼亚。但我们却在无意中发现了一种奇怪的论断。

克莱尼亚：什么论断？

雅典人：在许多人看来，这是所有论断中最聪慧的。 888e

克莱尼亚：我希望你说得更清楚些。

雅典人：有人说，一切正在形成的事物，或已经形成的事物，或将要形成的事物，一部分源于自然，一部分出于技艺，一部分来自机运。

克莱尼亚：这种说法不正确吗？

雅典人：有可能，这些被认为是智者的人说的话是正确的。不管怎样，我们不妨跟随他们的脚步，看看他们到底在想什么。 889a

克莱尼亚：当然可以。

雅典人：他们声称，最伟大和最美丽的东西显然是自然和机运的产物，而较小的东西则是技艺的产物。技艺从自然中汲取最伟大和最原始的东西，塑造和制作了较小的东西，我们称之为人造的。

克莱尼亚:你是什么意思?

889b **雅典人**:我会更清楚地解释我的意思。他们说,火、水、土、气都是由于自然和机运产生的,而不是通过技艺创造的。至于地球、太阳、月亮和星星,是由这些完全无生命的物质产生的。这些物质由于偶然的机会,并在某种内在力量的作用下各自移动。它们相遇并恰当地结合在一起,热与冷、干与湿、软与硬结
889c 合在一起,所有这些必然产生的混合物都是对立的东西偶然结合的结果。就这样,通过这种方式,产生了整个天体和天体中的一切,之后又形成了四季,各种动物和植物也就随之出现了。他们说,这一切不是源于理性,也不是源于神或技艺,而是如我们所说,源于自然和机运。技艺是随后产生的,它本身是会死
889d 的,源于会死的凡人。技艺所产生的东西,并不包含什么真理,只是彼此相似的形象,比如绘画、音乐和其他技艺创造出来的东西。有一些技艺有重要的意义,因为它们与自然合作来发挥作用,例如,医术、农艺和体育锻炼。他们说,政治有一小部分
889e 与自然有关,但大部分源于技艺。同样,立法建立在不真实的假设基础上,不是源于自然,而是源于技艺。

克莱尼亚:你是什么意思?

雅典人:首先,我亲爱的朋友,这些人会说,诸神源于技艺而不是源于自然,诸神通过某些法律存在,这些法律因地而异,各个群体制定法律时依据的是达成一致的约定。此外,他们还声称,因自然而高尚的事物,不同于法律上高尚的事物。至于正义的事物,它们根本就不是自然存在的,相反,人们却在不断
890a 地争论和改变正义的标准。任何时候所作的任何改变,在当时都是有权威的,但都是通过技艺和法律形成的,与自然毫无关系。朋友们,这些论断来自年轻人心目中的智者,也就是写散

文的人和诗人，这些人说，正义的最高境界是靠武力取得成功。就这样，年轻人陷入了对神的不敬，他们认为，诸神并不像法律要求他们相信的那样。这些人把年轻人引向所谓的符合自然的正确的生活，这种生活实际上是对他人的统治，而不是按照法律受到他人的统治。

克莱尼亚：先生，你所描绘的是一幅多么可怕的画面啊！ 890b
这对年轻人造成的伤害是多么大，这会毁了城邦和家庭！

雅典人：你说得没错，克莱尼亚。面对这种由来已久的邪恶，你认为立法者应该怎么做呢？他是不是要这样做：站出来威胁所有的人说，他们必须要承认诸神的存在，并在思想中认可法律关于诸神的观点，就像对于高尚的、正义的、伟大的东西
以及与美德和邪恶有关的所有东西一样，他们的思想和行动必 890c
须与立法者在法律中规定的方式一致，而任何不服从法律的人要么被处死，要么受到鞭打、监禁、凌辱、剥夺财产和流放的惩罚。立法者难道要这样做吗？在给人们制定法律的时候，他难道不应该劝导他们并尽可能地说服他们服从吗？

克莱尼亚：当然，先生，如果这种说服是可能的，有头脑的 890d
立法者就应该永远不厌其烦地说服人们。他应该坚持古老的“诸神是存在的”的观点和你刚才提到的其他论点。他应该捍卫法律和技艺，并承认两者都是自然存在的，而且并不亚于自然，因为它们是依照正确的理智创造出来的。在我看来，你就是这么认为的，我同意你的观点。

雅典人：是的，我热情的克莱尼亚。这些话对众人说，他们 890e
是不是很难理解？而且，是不是要长篇大论呢？

克莱尼亚：先生，当谈论饮酒和音乐时，我们没有丧失耐心，为什么现在，在谈论诸神和神圣的事务时，却感到厌倦了？

891a 此外，这样的论述对理智的立法有很大的帮助，因为法律一旦成文，就不能改变，并且可以在未来的任何时候接受检验。所以，如果法律在开始时很难被听懂，也不必担心，因为任何一个人，无论多么迟钝，都可以反复地审阅和思考它们。如果这些法律虽然很长但却是有益的，在我看来，如果一个人不尽其所能地维护它们，那就不合理也不虔诚了。

梅吉卢：先生，我认为克莱尼亚说得很好。

891b **雅典人**：的确是的，梅吉卢。我们应该按照他的建议去做。如果这样的观点没有散布到所有人当中，也就没有必要证明诸神的存在。但现在这种言论已经广为流传，就有这种必要了。因为，当伟大的法律被坏人破坏时，除了立法者自己，还有谁能来拯救它们呢？

梅吉卢：没有了。

891c **雅典人**：那么，克莱尼亚，你必须参与我的论证。请告诉我，这样说的人是不是认为，火、水、土和空气是万物之首，并称其为“自然”，而灵魂是后来从这些东西中产生的？这不是对他们的意思的臆测，而是他们真正的想法。

克莱尼亚：的确是的。

雅典人：那么，以神的名义起誓，我们已经发现了某种东西，这是那些研究自然的人的荒谬的观点的根源，是不是呢？
891d 请仔细审查他们的论证，因为他们的不虔诚是一件非常严肃的事。他们不仅持有错误的观点，而且还误导别人。这就是我对他们的看法。

克莱尼亚：你是对的。但我很想知道这是怎么回事。

雅典人：我们可能不得不进行一场不同寻常的争论。

克莱尼亚：不必犹豫，先生。我知道，你担心这样的讨论会

超出立法的范围。如果除此之外,我们没有其他方法可以证明 891e
法律关于诸神的说法是正确的,那么,先生,我们必须这样做。

雅典人:那么,看来我可以开始一个不同寻常的论证了。那些不虔诚的人声称,万物产生和消逝的第一原因并不是第一因,而是后来产生的,而后来的东西出现得更早。这就是为什么他们在诸神真实存在的问题上犯了错误。

克莱尼亚:我不明白你的意思。 892a

雅典人:我的朋友,几乎所有的人都不了解灵魂的本质、力量和其他方面,特别是不了解它的起源,他们不知道,灵魂是第一位的,它先于所有的物质产生,比任何物质都重要,支配着所有物质的变化和重组。如果是这样的话,如果灵魂比物质古
老,那么与灵魂类似的事物必然先于与物质类似的事物,是吗? 892b

克莱尼亚:当然了。

雅典人:那么,意见、想法、理智、技艺和法律就先于硬的、软的、重的、轻的东西。伟大和原始的作品和行为源于技艺,而那些被错误地称为自然的东西以及自然本身是第二位的,是从技艺和理智中产生出来的。

克莱尼亚:但是,为什么说称其为"自然"是错误的呢? 892c

雅典人:因为使用这个词的人意思是说,自然是第一创造力量,但如果最早出现的是灵魂,而不是火或空气,那么,灵魂就是最早的和最重要的。因此,正确的说法是,灵魂是最自然的。如果能证明灵魂比物质古老,这就是对的,但如果相反,这就不成立了。

克莱尼亚:你说得对。

雅典人:那么,接下来,我们是否要着手这项任务呢?

克莱尼亚:当然是的。 892d

雅典人：我们要对这种欺骗性的论点保持警惕，以免它以新颖的外表哄骗了我们这些老年人，并从我们这里溜走使我们成为笑柄。否则，人们会觉得，我们的目标很宏大，却连小事都做不到。因此，请考虑下面的情况。假设我们三个人要穿过一条湍急的河流，而我是我们当中最年轻的一个，又有渡河的经
892e 验，我应当先自己去试一试，把你们留在安全的岸边，然后我摸索一下，像你们这样年纪较大的人是否能过河。如果这条河确实可以渡过去，我就叫你们，并用我的经验帮你们渡过去。但是，如果你们不能渡过这条河，那就只有我去冒险了。这是不是一个很合理的建议呢？现在的情形就是如此。我们的论证可能对你们来说是难以承受的，超出了你们的理解范围和能力
893a 范围。我担心，一连串的问题会使你们这些不习惯回答问题的人感到头晕和混乱，从而产生不快和不适的感觉。因此，我想最好是我先提出问题，然后自己回答，你们平静地听着。我以这种方式进行整个论证，直到完成关于灵魂的讨论以及灵魂先于物质的论证为止。

克莱尼亚：太好了，先生，那就照你说的做吧。

893b **雅典人**：来吧，如果我们需要祈求诸神的帮助，现在正是时候。在证明诸神的存在时，让我们严肃地召唤诸神来帮忙吧。在我们开始当前的讨论时，要紧紧抓住这根安全的绳子。关于这些事情，如果有人问我以下的问题，最安全的回答如下。当有人问："先生啊，难道万物都静止不动吗？或者情况与此完
893c 全相反？或者有些东西在运动，有些东西静止不动？"对此，我会回答说："有些东西在运动，有些东西是静止的。""在某个地方，运动的东西在运动，静止的东西在静止，是这样的吗？""当然了。""有的东西在一个地方运动，有的东西在多个地方运

动,是吗?”“你的意思是说,”我们可以回答说,“在一个地方运动是指那些中心不动的东西,就像圆周在旋转,而圆可以说是静止的,是吗?”“是的。”“我们观察到,在旋转过程中,大圈和小圈同时转动,运动按比例分配给大圈和小圈,运动的快慢是 893d
依据比例的。这里有一个会被认为是不可能的奇迹:大圈和小圈同时运动,慢速和快速协调一致。”“你说得很对。”“说到在许多地方运动的东西,在我看来,你是指那些从一个地方移动到另一个地方的东西。它们是围绕轴心转动的,有时有一个 893e
轴,有时有多个轴。当这样运动的东西碰到静止的物体时,运动的东西就会分裂。但是,如果它与来自相反方向的东西相撞,它们就会结合在一起,成为一个介于两者之间的复合物。”“是的,我同意,事情正如你所说的那样。”“而且,结合会导致生长,分裂会导致衰退。这里的假设是,它们各自的结构保持不变。如果不是这样,结合和分裂这两种情况就会使它们毁灭。 894a
那么,万物生成时,发生了什么事情呢?显然,最初的起源生长后就达到第二阶段,然后,从这一阶段到达下一阶段,在到达第三阶段后,它们就可以被感知到了。一切事物都是通过这样的变化和转变产生的。当一件东西保持不变时,它才真正存在,当它进入另一种状态时,它就被彻底毁灭了。”朋友们,除了这两种运动外,我们并没有把所有的运动形式都列举出来,是吗? 894b

克莱尼亚:哪两种?

雅典人:我们现在的讨论针对的正是这两种。

克莱尼亚:请说得清楚点。

雅典人:我想,我们讨论的是灵魂,是吗?

克莱尼亚:当然了。

雅典人:一种运动是,能推动其他事物运动,但不能使自己

运动。还有另一种运动,通过结合和分裂、增加和减少、产生和
894c 毁灭,推动自身和其他事物运动,这也是许多运动的一种。

克莱尼亚:是这样的。

雅典人:我们可以把那种使另一个物体运动、自己又在其他物体的推动下运动的运动算作第九种。还有一种运动,既能使自己运动又能推动其他物体运动,它和谐地适应于一切形式的主动和被动的运动,被看作一切事物的真正变化和运动,我们可以把它称为第十种。

克莱尼亚:的确如此。

894d **雅典人:**在这十种运动中,哪一种是最有力和最有效的,我们最正确的判断是什么?

克莱尼亚:我们必须肯定,能自己运动的运动比其他的运动都要好一万倍,而其他的运动都是随之而来的。

雅典人:说得很好。那么,我们是不是要改正一下刚才陈述中的一个或两个错误?

克莱尼亚:是什么?

雅典人:关于第十种运动的说法,并不完全正确。

克莱尼亚:哪里错了?

雅典人:按照正确的顺序,它在起源和力量方面应该是第
894e 一。接下来是第二种,但我们刚才却很奇怪地说它是第九种。

克莱尼亚:你是什么意思?

雅典人:我的意思是,一个事物改变了另一个事物,那个被改变的事物又改变了其他事物,在这些事物中,有变化的最初因素吗?一个被另一个事物移动的事物,怎么会是变化的初因呢?这是不可能的。不过,当一个自身运动的事物改变了另一
895a 个事物,而另一个事物又改变了第三个事物时,运动就这样在

成千上万的事物中逐渐蔓延开来,那么,所有这些运动的最初来源难道不正是那个自身运动的事物的运动吗?

克莱尼亚:非常正确,我完全同意。

雅典人:我们自问自答,用这种方法继续讨论。假定如大多数人大胆断言的那样,一切事物都聚集起来并且静止不动,那么上面提到的运动,哪一种必然会首先产生呢?显然,是自 895b
我运动,因为它的变化不是由外在原因引起的,而是首先发生在自身。因此,我们应该说,自我运动是一切运动的起点,它在静止的事物中最早产生,在运动的事物中最早存在,是所有变化中最古老和最强大的,而由另一个事物引起又推动其他事物运动的运动,则是第二位的。

克莱尼亚:完全正确。

雅典人:既然我们已经谈到这一点,这里有一个问题我们 895c
可以回答。

克莱尼亚:是什么问题呢?

雅典人:如果我们看到,自我运动产生于由土、水、火单独或结合起来构成的物体中,我们该如何描述这一物体的状态?

克莱尼亚:你的意思是说,当一件事物自己运动时,我们是否可以说它是"活态的"?

雅典人:是的。

克莱尼亚:当然是活态的。

雅典人:那么,当我们在某些事物中看到灵魂时,我们难道不应该同样认为,它们是活态的?

克莱尼亚:应该这样认为。

雅典人:以神的名义起誓,请你们想一想,你们是否承认, 895d
事物有三个要素?

克莱尼亚：什么意思？

雅典人：我的意思是，第一个要素是事物本身，第二个是这一事物的定义，第三个是它的名称。而且，关于现存的任何事物，都有两个问题要问。

克莱尼亚：是哪两个呢？

雅典人：有时我们说出名称，就要询问定义；有时提出定义，就要询问名称。我可以用这种方式来说明我的意思。

克莱尼亚：怎样说明？

895e **雅典人**：在数字和其他方面，我们都有一件东西可以被分成两半的例子。这样的数字，它的名称是"偶数"，它的定义是"能分成两个相等部分的数"。

克莱尼亚：对。

雅典人：这就是我要说明的事情。在这两种情况下，不管提出定义，然后询问名称，还是给出名称，然后询问定义，我们说的不是同一事物吗？从"偶数"这一名称和"能分成两个相等部分的数"这一定义来看，我们说的是同一个事物，是吗？

克莱尼亚：当然是的。

雅典人：那么，被称作"灵魂"的东西，它的定义是什么？
896a 除了刚才所说的"能自己运动的运动"之外，我们还能给出别的定义吗？

克莱尼亚：你的意思是说，"自我运动"就是那个我们称之为"灵魂"的东西的定义？

雅典人：是的。如果真是这样，对下面这一点，难道我们还缺乏足够的论证吗？灵魂是现存的、已经存在的和将要存在的
896b 事物以及与之相对的一切事物的最初起源和动力，因为它已被清楚地证明是一切事物变化和运动的原因。

克莱尼亚：当然，这已经被充分地证明了，灵魂是一切事物中最古老的，因为它是运动的起因。

雅典人：而那种由其他物体产生和引起的运动，没有任何自我运动的力量，只能排在第二，或者更低的位置，它确实是一种没有灵魂的物体的变化。

克莱尼亚：没错。

雅典人：下面这种说法是正确、完美、绝对的真理：灵魂先 896c
于物质，物质是其次和之后的，生来就服从灵魂，而灵魂是统治者。

克莱尼亚：完全正确。

雅典人：现在，我们当然记得之前达成的共识，那就是，如果灵魂明显比物质古老，那么与灵魂相关的东西就会比与物质相关的东西古老。

克莱尼亚：当然记得。

雅典人：如果灵魂确实先于物质存在的话，那么，各种习
惯、性情、意愿、推理、真知、思考和记忆就会先于事物的长度、 896d
宽度、深度和强度而存在。

克莱尼亚：肯定是的。

雅典人：如果我们认为灵魂是一切事物的起因，那么我们是否就要承认，灵魂是善与恶、高贵与卑贱、正义与非正义以及其他一切对立事物的起因。

克莱尼亚：是的。

雅典人：既然灵魂控制着所有运动的事物并居于其中，我 896e
们是不是可以说，它也控制着天体？

克莱尼亚：当然是的。

雅典人：是一个灵魂，还是多个？我替你们回答："不止一

个。”无论如何,我们决不能认为少于两个。一个行善,另一个与此相反。

克莱尼亚:非常正确。

雅典人:非常好。灵魂通过自己的运动来驱动天上、地上
897a 和海里的一切事物运动,这些运动被称为意愿、思考、推理、忠告、真知或谬误、快乐、悲伤、勇敢、胆怯、憎恨、喜爱,还有其他类似的基本运动。这些运动产生了物质的次级运动,驱使万物生长与衰败、分裂与合并,并伴有热和冷、重和轻、硬和软、白和
897b 黑、苦和甜。借助所有这些,并把理智这一真正意义上的神作为助手,灵魂引导万物走向正确和幸福的地方。但是,当灵魂和非理智在一起的时候,所产生的结果在各方面都是相反的。我们是否应该承认这是真实情况,还是要仍然抱有怀疑?

克莱尼亚:没有什么可怀疑的。

雅典人:那么,我们是否可以说,灵魂控制着天体、大地和
897c 整个宇宙?它拥有理智和美德,还是不具有这两种品质?假设我们的回答如下……

克莱尼亚:什么回答?

雅典人:我的朋友,如果我们说,天体的整个路径和运动以及它所包含的一切,都与理智的运动、旋转和推理具有相同的性质,那么,很明显,我们就要说,最好的灵魂管理着整个宇宙,并引导宇宙走上好的道路。

克莱尼亚:对的。

897d **雅典人:**但是,如果宇宙以一种疯狂无序的方式运行,那么掌控它的就是坏的灵魂。

克莱尼亚:这也是对的。

雅典人:理智的运动具有什么本性?对于这个问题,很难

给出一个明智的答案。你们应该让我来帮忙回答这个问题。

克莱尼亚:非常好。

雅典人:我们在回答时,不要认为,自己可以用凡人的眼睛看到并完全了解理智。就像我们如果直望着太阳,会在中午时 897e
看到黑暗。观察我们所关心的对象,更安全的方法是看它的影像。

克莱尼亚:你是什么意思?

雅典人:我们从十种运动中选出与理智最相似的那一种作为影像。我帮你们回忆一下,然后替我们大家回答。

克莱尼亚:那太好了。

雅典人:你们一定记得,我们说过,万物中,有一些处于运动状态,有一些处于静止状态。

克莱尼亚:是的。

雅典人:运动的事物,有些在一个地方运动,有些在多个地 898a
方运动,是吗?

克莱尼亚:是的。

雅典人:在这两种运动中,在一个地方运动的,必然围绕一个中心运动,就像转动的轮子,这种运动与理智的运转最接近、最相似。

克莱尼亚:什么意思?

雅典人:我们说,理智和在一个位置旋转的运动(比作旋转
的球的运动)一样,根据一种规则和秩序,有规律地、一致地在 898b
同一位置运动,围绕同一物体、与同一物体相关联并朝着相同的方向运动。如果我们这么说,就不会显得像用言语创造美好影像的拙劣工匠。

克莱尼亚:你说得很对。

雅典人：另一种运动，如果它不是一致的或有规律的，不在相同的位置运动，不围绕同一事物或与同一事物相关联，也没有规则或秩序，那么，这种运动就类似于完全的非理智，是吗？

克莱尼亚：这是千真万确的。

898c **雅典人：**因此，我们现在不难明确地说，既然驱动万物的是灵魂，那么我们就必须肯定，天体的运转必然由最好的或最坏的灵魂照管和支配。

克莱尼亚：从目前所说的来看，先生，天体的运转由一个或多个最好的灵魂驱动，除此以外，其他说法都是不虔诚的。

898d **雅典人：**你很好地理解了我的意思，克莱尼亚，现在让我再问你一个问题。

克莱尼亚：你想问什么？

雅典人：如果灵魂驱动着太阳、月亮和所有的星星，那么，每一个天体都由灵魂驱动，是吗？

克莱尼亚：当然是的。

雅典人：那么，我们就以其中一个为例，提出一些论点，这个论点可以适用于所有天体。

克莱尼亚：哪个呢？

雅典人：太阳。每个人都能看到太阳的形体，却没有人能看到它的灵魂。同样的道理也适用于其他活着的和死去的生
898e 物的灵魂。因此，我们有充分的理由相信，我们的任何感官都无法感知我们的灵魂，这只能通过理智去把握。因此，让我们通过理智和推理去领会以下几个关于灵魂的论点吧。

克莱尼亚：是什么呢？

雅典人：如果灵魂确实驱动着太阳的运动，那么，如果我们说它以三种方式中的一种来驱动太阳，那就不会犯很大的错误。

克莱尼亚:哪些方式?

雅典人:要么是,灵魂居住在太阳这个可见的球体内,驱动太阳到处运动,就像我们的灵魂带着我们到处走一样。或者,灵魂获得了一个由火或空气构成的外部躯体(正如有人所说的 899a 那样),用这个躯体驱动太阳运动。第三种方式是,灵魂没有躯体,但它用某种无比神奇的力量驱动太阳运转。

克莱尼亚:是的,当然,灵魂用这三种方式中的一种来驱动万物。

雅典人:所以,灵魂或者在太阳的战车里,或者从外部,或者以其他方式,驱动太阳,为我们带来光明,我们应该把灵魂当作神。不是这样吗?

克莱尼亚:是的,每一个稍微有点理智的人都会这样认为。 899b

雅典人:说到星体、月亮以及年、月、四季,我们难道不应该这样说吗:既然一个或多个最好的灵魂是万物的起因,那这些灵魂就是神,它们作为活着的生命居于物体里,或者以其他方式和方法,统领着整个宇宙。认可这些的人,难道会否认"万物都充满了神"吗?

克莱尼亚:先生,没有人会如此执迷不悟。 899c

雅典人:现在,梅吉卢,克莱尼亚,我们对至今还不相信神的人作一个声明吧,这样就可以摆脱他们了。

克莱尼亚:是什么呢?

雅典人:他们要说服我们,把灵魂视为万物生成的原因以及由此而来的其他论点,都是错误的。如果他们不能说得比我们好,那就要相信我们,并在余生中信仰诸神。那么,让我们考 899d 虑一下,我们对那些不相信神的人所提出的关于诸神存在的论点,是否已经陈述得很充分了,还是有所不足。

克莱尼亚：当然很充分了，先生。

雅典人：那我们就不再对这些人说什么了。现在，如果有人相信诸神的存在，却认为诸神不关心人类的事情，我们就要劝诫他。"我的好先生，"我们这么说，"你相信诸神存在，可能是因为你与诸神有某种密切的关系，这引导着你，使你尊敬诸
899e 神并相信诸神的存在。恶人和不义之人在私人生活和公共生活中的幸运，并不是真正的幸福，但人们却错误地认为这是幸福，诗人和散文作家也对此高度赞扬。正是这些使你偏离了你
900a 天生的虔诚。也许，你看到那些不虔诚的人颐养天年，他们给孩子留下了最高的荣誉。当你在这些例子中发现（或者是听到，或者是亲眼看到），有些人曾做过许多骇人听闻的不虔诚行为，并正是通过这些行为从低级地位上升到僭主和最高地位时，你会感到不安。对于这一切，你都不愿意归咎于诸神，因为
900b 你和诸神有亲缘关系。所以，由于缺乏理智，又由于不愿否定诸神，你就陷入了现在的状况。你认为，诸神确实存在，但他们对人类的事务漠不关心。那么，为了不让你的错误观点发展成更大的不虔诚，在这种邪恶出现时，我们要尽力通过论证把它
900c 驱除掉，我们要设法把下一个论证与之前针对否认诸神存在的人的论证结合起来。"克莱尼亚，梅吉卢，你们也像刚才那样，替那个年轻人回答问题吧。如果遇到障碍，我会像刚才那样替你们回答，带你们过河。

克莱尼亚：非常好。你照你说的做，我们会尽力帮助你。

900d **雅典人**：要向这个人证明，诸神对小事的关心不亚于对大事的关心，这并不困难。因为，他刚才在场，听到了我们说的那些话，那就是，诸神是最好的，他们自然会关心一切事务。

克莱尼亚：毫无疑问，他听到了。

雅典人：下面我们一起来探讨一下，我们一致认为诸神是好的，那他们的美德是什么？我们是否应该说，有节制和拥有理智是美德，而它们的对立面则是邪恶？

克莱尼亚：当然了。

雅典人：而且，勇敢是美德，怯懦是邪恶。是吗？ 900e

克莱尼亚：的确。

雅典人：我们认为，有些品质是可耻的，有些品质是高尚的，是吗？

克莱尼亚：肯定是的。

雅典人：我们是否可以说，所有可耻的品质都属于我们人类，而这类东西，无论大小，神绝不会沾染？

克莱尼亚：每个人都会同意这一点。

雅典人：那么，我们能把粗心、懒惰和奢侈看作是灵魂的美德吗？你们觉得呢？

克莱尼亚：绝对不能。

雅典人：它们是与美德相反的东西，是吗？

克利尼亚：是的。

雅典人：那么，它们的对立面，就与它们性质相反，是吗？ 901a

克利尼亚：是的。

雅典人：那么，懒惰、粗心、奢侈的人，在我们看来，就像诗人所说的"无刺的雄蜂"*，是吗？

克莱尼亚：这个比喻很恰当。

雅典人：那么，诸神不应该具有这些为自己所憎恨的品质，是吗？而且，我们也不允许任何人这样说。

---

* 摘自赫西奥德的诗《工作与时日》。——译者注

克莱尼亚:当然不允许。

901b **雅典人**:如果一个负责照料某事的人,只关心大事而忽视小事,我们凭借什么理由来赞扬这个人呢,这难道不是完全错误的吗?让我们这样来看,这样做的人,无论是神还是人,都会采取两种方式之一,是吗?

克莱尼亚:是什么呢?

901c **雅典人**:要么,他认为,忽视小事对整体无关紧要,要么,虽然他知道小事是重要的,但由于粗心和懒惰而忽视了它们。对于这种忽视,还能有其他的解释吗?如果不可能照管好所有的事情,如果这些事情是某位神或一个卑微的人可能缺乏力量或能力来照管的,那么,当他没能照顾好这些或大或小的事情时,当然不是因为忽视。

克莱尼亚:当然了。

901d **雅典人**:现在,让两个人来回答我们三个人的问题。他们俩都承认诸神的存在,但一个认为,诸神可以被收买,而另一个则认为诸神忽视小的事情。我们要对他们说:"首先,你们俩都承认,诸神能听到、看到、知道所有的事情,任何能被感觉到和能被认识到的东西都逃不过他们的眼睛,你们是这样认为的,对吗?"

克利尼亚:是的。

雅典人:"而且,诸神能做凡人和不朽者能做的所有事情,是吗?"

克莱尼亚:当然,他们也会承认这一点。

901e **雅典人**:我们三个人,他们两个人,总共五个人,都认为,诸神是好的和完美的,对吗?

克莱尼亚:的确是的。

雅典人:但是,如果诸神真如我们所一致同意的那样,我们怎能认为,他们以懒惰和粗心的方式对待任何事情呢? 因为,就我们这些凡人而言,懒惰源于胆怯,粗心源于懒惰和奢侈。

克莱尼亚:的确如此。

雅典人:那么,任何神都不会因为懒惰和奢侈而粗心,因为他们不会胆怯。

克莱尼亚:这是千真万确的。

雅典人:那么,如果诸神忽视了宇宙中的小事,那么,他们 902a
的忽视,要么是因为他们认为根本没有必要关心这类事,要么是因为他们无知,除此之外,还会有别的原因吗?

克莱尼亚:没有了。

雅典人:最优秀的人啊,我理解你的意思是,诸神是无知的,正是由于无知,他们忽视了本该关心的事情。或者,他们确实知道什么是必须要关心的,但却像人们所说的坏人那样去做
事,这些坏人虽然知道其他事情比他们正在做的事情要好,但 902b
由于不知怎么地被快乐或痛苦击败了而没有去做那些更好的事,是吗?

克莱尼亚:那是不可能的。

雅典人:人的一切事务都有灵魂的本性,人类是所有动物中最虔诚的,难道不是这样的吗?

克莱尼亚:这是不容否认的。

雅典人:我们承认,所有的凡人都属于神,整个宇宙也属于神,是吗?

克莱尼亚:当然了。

雅典人:那么,无论人们认为这些事在诸神眼中是大还是 902c
小,在任何情况下,我们的主人都不会忽视我们,因为他们是最

细心、最好的监管者。还有一个需要考虑的问题。

克莱尼亚：是什么呢？

雅典人：感觉和力量，这两者的易与难，天然地彼此相反，是吗？

克莱尼亚：你是什么意思？

雅典人：我的意思是，小的东西比大的东西更难被看到和听到，但是在移动、控制和照管方面，小而少的东西比与它们相反的东西更容易。

克莱尼亚：的确是的。

902d **雅典人：**医生在治疗整个身体时，如果他愿意并且能够照料大的部分，而忽视了小的部分，那么，他能把整个身体治好吗？

克莱尼亚：肯定不能。

雅典人：对于舵手、将军、管家、政治家或其他这类人来说，如果他们忽视了小的事情而只关注大的事情，就不会有好的结

902e 果。因为就连石匠也说，没有小石头，大石头就铺不好。

克莱尼亚：当然了。

雅典人：那么，我们不要认为，诸神不如人类工匠。工匠越优秀，就越能准确、完美地使用一种技艺来完成对他们来说合

903a 适的大的和小的工作。我们也不要认为，有理智且愿意也能够照管小事的神，会像因为懒惰和胆怯而逃避劳动的人一样，从不关注那些小的、容易的事，而只关注大事。

克莱尼亚：先生，我们绝不能接受对诸神的这种看法，这种观点既不虔诚也不正确。

雅典人：在我看来，我们与指责诸神疏忽的人进行的争论已经足够了。

克利尼亚:是的。

雅典人:我们已经迫使他承认了自己的错误,但在我看来, 903b
还需要对他说一些神秘的话语。

克莱尼亚:什么话呢?

雅典人:我们要通过论证来说服这个年轻人:"照管万物者,着眼于整体的卓越和保全来安排所有的事物,也让每一部分尽其所能地经历和做适合自己的事。对于每个部分,都要指派统治者安排其活动和经历,在每个细节上都要达到完美。你 903c
这个可怜的人,尽管是微不足道的,但也是整体的一个部分。你似乎没有意识到,每一部分的产生都是为了整体的利益,是为了让整体获得幸福的生活。你为整体而生,而不是整体为你而生。每一个医生和每一个工匠都是为了整体而做每件事情,是为了整体的利益而努力。部分为了整体而存在,而不是整体 903d
为了部分而存在。但你却会抱怨,因为你不知道,对整体来说最好的东西,对你也是最好的,原因是你们有共同的起源。灵魂总是和身体结合,有时和这个,有时和那个,并经历由自身或另一个灵魂引起的各种变化,所以,游戏参与者的任务只是移动棋子,根据最适合每个灵魂的情况,将较好的灵魂移到较好的地方,将较坏的灵魂移到较坏的位置,这样,每个灵魂就得到与自己相称的命运。" 903e

克莱尼亚:你是什么意思?

雅典人:我所描述的是,诸神如何轻而易举地照管万物。如果某位神在没有考虑整体的情况下来塑造所有的事物(例如,把火变成水),而不是把一个变成许多个或把许多个变成 904a
一个,那么,当这些东西经历了第一代、第二代乃至第三代的生成后,在这样一个转变的系统中,就会出现无数的变化。但现在,万物照管者的任务是非常容易完成的。

克莱尼亚:这是什么意思呢?

雅典人:我来解释一下。"我们的君王看到,所有的行为都与灵魂有关,既包含许多美德,也有许多邪恶。而灵魂与身体
904b 相结合后,虽然不像根据法律和惯例存在的诸神那样是永恒的,但也是不可摧毁的。因为,如果这两者中的任何一个被毁灭,就不会有生命产生。我们的君王知道,凡是好的灵魂,自然总是有益的,凡是坏的灵魂,自然总是有害的。他看到了这一切,就设计出每个部分的位置,以便在整体上,美德能以最容易和最好的方式获得胜利,而邪恶则会遭遇失败。为此,他设计了一种规则,规定什么样性质的灵魂应该在什么样的位置和地
904c 区存在。但是,选择何种性质的灵魂,由个人根据意愿自己决定。因为,个人欲望的趋向和我们灵魂的本性,在很大程度上决定了我们每个人的类型和性格。"

克莱尼亚:是的,很可能是这样的。

雅典人:"那么,一切有灵魂的事物都在变化,变化的原因在它们的内部。在变化中,它们依照规律和命定的秩序运动。
904d 性质上较小的变化引起地表上较小的移动,但当变化很大、朝向大罪孽时,就会向深处和所谓的下面的世界移动。这个下面的世界是被人们称作'冥府'或类似名称的地方,无论在人们活着时,还是在灵魂与身体分离时,它都让人们感到恐惧。灵魂在出于自愿或受到其他灵魂的影响时,会获得大量的美德或邪恶。如果与神圣的美德结合,灵魂就会变得非常有美德,并
904e 有明显的移动,通过一条神圣的道路被带到一个更好的地方。然而,如果情况相反,灵魂就会移动到相反的地方。'这就是

居住在奥林匹斯山诸神的公正裁决。'*年轻人啊,你以为自己被诸神忽视了。其实,要知道,当你变坏时,你就会与坏的灵魂为伍;当你变好时,你就会与好的灵魂为伍。无论是生是死,你 905a
所做的和所经受的都是同类之间的所作所为。这是诸神的判决,无论是你还是其他不幸的人,都不能夸口说自己逃脱了它。这是诸神发布的最高判决,人人都要谨慎地对待它。即使你小到可以堕入地下的深处,即使你高飞到天空的高处,你也永远不会被这一判决所忽视。你必会得到应有的报应,要么在你活在这个世界上的时候,要么在你堕入冥府之后,要么在你被送 905b
到更可怕的地方后。同样的规则也适用于你所看到的那些人的命运,他们通过不虔诚的行为或诸如此类的坏事,从小人物变成大人物,你认为他们摆脱了苦难,获得了幸福。在他们的行动中,就像在一面镜子里一样,你似乎看到了诸神的疏忽大意,你不知道,诸神使所有的事物协同工作并为整体做出贡献。但是,你这个大胆的人啊,你怎么能认为不需要知道这点呢? 905c
不懂得这一点的人,对生活的幸福或不幸,永远无法形成正确的观念,也永远无法提出合理的看法。如果克莱尼亚和我们这些老人能使你相信,你不明白自己所说的关于诸神的话,那么诸神会亲自帮助你。如果你有理智并想听进一步的论证,就听听我们对第三个对手说的话吧。"我认为,我们已经充分证明 905d
了,诸神是存在的,而且他们关心人类。另一种观点认为,诸神会接受礼物并被恶人收买,这是一个任何人都不应该认可的论点,我们必须尽力驳斥它。

克莱尼亚:说得好,让我们照你说的去做吧。

---

* 摘自荷马的史诗《奥德赛》。——译者注

905e **雅典人**：那么，以诸神之名起誓，请告诉我，如果诸神可以被收买，要怎样收买他们？他们是什么样的，他们的本性是什么？想必他们一定是统治者，因为他们永远管理着整个宇宙。

克莱尼亚：是这样的。

雅典人：诸神和哪些统治者相似，或者，用小的与大的相比，哪些统治者和诸神相似？赛马的骑手或者船只的舵手，可以吗？也许可以把诸神比作军队中的指挥官，或者治疗伤害身体的疾病的医生，或者焦急地观察着季节对植物生长影响的农
906a 夫，或者牧人。既然我们已经达成一致，认为世界充满了善，也充满了恶，而且恶多于善，那么，我们就可以说，有一场永不停息的战斗，需要高度警惕。在这场战斗中，诸神和精灵是我们的同盟，而我们是他们的财产。毁灭我们的是不义、傲慢和愚
906b 蠢，拯救我们的是正义、节制和明智。后者存在于诸神的生机勃勃的力量中，而在人类中也可以清楚地看到一些它们的细微痕迹。一些居住在大地上的灵魂，用野兽般的手段获得了不义之财。这些恶灵讨好守卫者——看门狗、牧人或优秀和完美的
906c 主人，用谄媚的话语和祷告式的咒语说服守卫者相信他们的话，以使自己可以在人间牟取暴利而不受惩罚。我们认为，刚才所说的牟取暴利的罪恶，是身体上的"疾病"，是季节和年份中的"瘟疫"，对于城邦和政治体制而言，有另一个名字，那就是不正义。

克莱尼亚：完全正确。

雅典人：那些人宣称，只要把自己的不义之财分给诸神一
906d 份，诸神就会对不义之人和做不义之事的人很仁慈。他们的解释是，这就如同狼把一部分猎物分给牧羊犬，被这份礼物安抚的牧羊犬就会允许狼任意撕咬羊群。声称诸神可以被收买的

人,不就是这么说的吗?

克莱尼亚:的确是的。

雅典人:在前面提到的守护者中,把诸神比作任何一个都是荒谬的,不是吗?诸神是不是像舵手,被"美酒和祭品的美 906e
味"*弄得晕头转向,最终导致船翻人亡?

克莱尼亚:当然不是。

雅典人:诸神是不是像那些列队参加比赛的车夫?这些车夫被收买了,把胜利拱手让给其他车夫。

克莱尼亚:诸神的这种形象,实在太可怕了!

雅典人:当然,诸神也不像指挥官、医生、农夫和牧人,也不能把他们比作被狼诱惑的狗。

克莱尼亚:绝对不能这样比喻。 907a

雅典人:诸神都是最伟大的守护者,他们保护我们最重要的利益,难道不是吗?

克莱尼亚:肯定是的。

雅典人:难道我们要说,守卫最高贵事务的诸神,作为美德的最好守护者,他们的品德竟然不如狗和普通人吗?普通人都不会收受不义之人的不圣洁礼物而背弃正义。

克莱尼亚:绝不能这么说诸神。这种言论是不能容忍的, 907b
对持这种观点的人的公正的评价是,在那些做各种不敬的事的人当中,他们是最坏和最不虔诚的。

雅典人:可以说,我们已经充分证明了三个论点:诸神是存在的,他们关心人类,他们绝不会受到引诱而违背正义。是吗?

克莱尼亚:我们完全同意你说的话。

---

* 摘自荷马的史诗《伊利亚特》。——译者注

907c **雅典人**:确实,我们的论证有些激烈,因为我们渴望战胜坏人。亲爱的克莱尼亚,我们这种渴望的原因是,我们担心那些坏人认为,他们在辩论中获胜了,可以按照自己对诸神的错误看法为所欲为。因此,我们论证得很激烈。如果我们能说服这些人憎恶他们自己而喜爱相反的品性,在此方面只要有效果,不
907d 管这种效果有多小,我们关于渎神的法律的序言都是有价值的。

克莱尼亚:我们希望如此。即使不是这样,我们的论证也不会败坏立法者的名誉。

雅典人:在序言之后,还要有解释法律的陈述,向所有不虔诚的人宣告,他们应该离开自己的道路,成为虔诚的人。对于
907e 那些不服从的人,适用以下关于渎神的法律:若有人在言语或行为上犯了渎神的罪行,遇到这种情况的人应当向官员报告,以捍卫法律。最先收到报告的官员应将违法者带到依法审理此类案件的法庭。如果收到报告的官员没有这么做,那么,任何想要维护法律的人都可以控告该官员犯了渎神罪。定罪后,
908a 法庭对不同的渎神行为判处不同的惩罚。所有的案件都要判处监禁。城邦应有三所监狱:一所是在市场附近的公共监狱,监管大多数罪犯;另一所在官员们夜间集会的会场附近,叫作“感化所”;第三所位于乡村的中部,在最荒凉、最偏僻的地方,它的名称要有“报应”的意味。

908b 我们已经说过,渎神有三个原因,而每一个原因有两种形式,这样就有六种值得区分的渎神罪,它们应该受到不同的惩罚。有一种人,他们虽然完全不相信诸神的存在,却天生具有正义的品质,他们憎恨恶人,因为厌恶不正义而不可能被引诱
908c 去做不正义的事,他们是逃避不正义而热爱正义的人。另一些认为世上没有神的人,由于对快乐和痛苦缺乏克制而受到折

磨,同时又有良好的记忆力和敏捷的头脑。不相信诸神的存在是两种人的通病,但就他们给其他人造成的伤害而言,前者造成的伤害较小,后者造成的伤害较大。前一种人会很坦率地谈论诸神、献祭和誓言,如果不受惩罚,他们还会嘲笑别人,很可能会使他人变得和他一样。而后一种人,与前者持有相同的观 908d
点,并具有所谓的"好天赋",还狡猾无比、诡计多端。这类人中有许多占卜者和耍花招的人,有时还有僭主、公共演说者、将军,还有那些用自己特有的神秘仪式策划阴谋的人,以及那些被称为"智术师"的阴谋家。不信诸神的人有许多种,但只需 908e
要对这两种人立法。那种伪善者,应该被处死许多次,而另一类人,只需要对其训诫和监禁。同样,认为诸神不关心人类事务的观点会产生两种罪行,而认为诸神可以被安抚的观点也会产生两种罪行。

在做出这种区分后,对于那些只是缺乏理智,但没有邪恶的品质和性格的罪犯,由法官依法将其送入感化所,时间不少 909a
于5年。在此期间,任何人都不得探视他们,但参加夜间集会的人除外,这些人要与他们交谈,训诫他们以拯救他们的灵魂。监禁期满后,已经悔悟的,就可以回到常人中去,如果仍不悔悟,并再次以同样的罪名被定罪,就要被判处死刑。另一类人,他们像野兽一样,他们认为,诸神是不存在的,或者认为诸神是 909b
疏忽大意的,或者认为诸神会收受贿赂。他们还轻视人类,声称自己可以召唤死者,但却引诱了活人的灵魂。他们还承诺,用献祭、祈祷和咒语去说服诸神。为了钱,他们不仅会毁灭个人,而且还会摧毁家庭和整个城邦。如果这种人被判有罪,法庭就要依法命令将他关押在乡村中部的监狱,不让任何自由人 909c
接近他,他只能从奴隶那里领取由法律监督者指定的食物。他

死后要被扔到境外,不得埋葬,如果有自由民来埋葬他,任何人都可以控告此人犯了渎神罪。但是,如果罪犯留下了适于做公
909d 民的孩子,那么,从罪犯被定罪之日起,孤儿的监护人要像照顾其他孤儿一样照顾这些孩子。

对于所有这些违法者,要制定一条普遍的法律,禁止他们举行违法的宗教仪式,以使他们中的大多数人在言语和行为上减少对诸神的冒犯,并让他们变得明智。处理这些情况的法律如下。任何人不得在自己的家中设置神龛。若有人想要献祭,
909e 就去到公共庙宇献祭,把祭品交给负责净化的男女祭司,而他要和愿意和他一起祈祷的人一同祈祷。其原因如下:建立庙宇和确认诸神不是一件容易的事,要正确地做这件事需要深思熟虑。大多数人,特别是妇女、各种病人、处于危险或困境中的人以及相反地,那些交了一点好运的人,他们普遍的习惯是,把手
910a 边的一切东西都奉献出来,许愿献祭,并承诺为诸神、精灵和诸神之子建立神殿。当他们被可怕的幻影和噩梦惊醒并回忆起这些幻影时,他们就会寻找补救的办法,在洁净之处和可能有这种幻影的地方建立祭坛和庙宇,使得祭坛和庙宇遍布每村每户。出于这些原因,人们应当遵守这项法律。除此之外,制定
910b 这样的法律还是为了防止不虔诚的人行骗。这些人在自己家中设立神龛和祭坛,想通过祭祀和祈祷来私下安抚诸神。这样的行为不仅会无限地增加他们自己的罪孽,而且还会使他们自己和那些容忍他们的好人受到诸神的谴责。结果是,整个城邦都不得不为他们的不虔诚行为承担后果。

立法者不会受到诸神的指责,因为他要制定以下法律。不
910c 得在私人住宅设立神龛,如果有人被发现拥有这种神龛,并在那里而不是公共庙宇祭祀,如果此人(无论男女)没有做严重

的不虔诚行为，发现这件事的人应向法律维护者报告。法律维护者要下令将私人神龛挪到公共庙宇里去，不服从者要受到惩罚，直到他们把神龛移走为止。如果有人做了不虔诚的事，不是孩子犯的那种小错误，而是成年人的严重的不虔诚的行为，
那么，无论他公开或私下为任何神献祭，都应被处以死刑，因为 910d
他的献祭是不洁净的。法律维护者要判断这种行为是不是孩子犯的小错误，然后将违法者带到法庭，并给予犯有渎神罪的人应有的惩罚。

第十一卷

913a **雅典人**：接下来，我们要规定人与人之间的交易。普遍的规则是：如果没有得到我的同意，任何人都不得碰我的东西，也不得挪动它们，哪怕一丁点也不行；而且如果我足够明智，也会以同样的方式对待他人的东西。首
913b 先，让我们谈谈财宝。我绝不会祈求诸神让我可以找到隐藏的财宝，那是别人为自己和家人积攒起来的，而这个人不是我的先辈。如果我找到这样的财宝，我也不会去动它。我也不能把这事告诉那些所谓的占卜者，他们定要劝我拾起埋在地里的东西。我从拿走财宝得到的好处，不如我不拿走它们而在灵魂的正义和美德方面获得的好处多。因为，拥有灵魂的正义比拥有财富更可取。“勿动
913c 不可动之物”这句话适用于许多事情，这可以看作其中之一。我们应该相信关于这些事情的说法，即这样的行为会殃及后代。那么，如

果有人既不考虑自己的孩子,也不在乎立法者,未经埋藏者的同意,拿走既不是自己存放的、也不是自己的先辈存放的东西,这就违反了高贵的人制定的最公平、最普遍的法律,即不要拿不是自己存放的东西。如果一个人轻视这两位立法者,拿了不 913d
是自己存放的东西,而这些东西不是小东西,也许是一大堆财宝,这样的人在诸神手中要受到什么惩罚,只有神知道。最先发现这种事的人必须报告。如果发生在城里,就要向城邦管理者报告;如果在发生市场的某个地方,就要向市场管理者报告;如果发生在乡村的某个地方,就要向田地管理者和官员报告。 914a
收到这样的报告后,城邦要派人去特尔斐神庙,由神就如何处理财宝和拿走财宝的人作出指示,城邦要按照神谕行事。报告者如果是自由民,他就会获得有美德的荣誉;但如果他没有报告,就会得到邪恶的名声。报告者如果是奴隶,作为报告的报酬,他应获得自由,由城邦向他的主人支付购买他的价款;但如果他不报告,就会被处以死刑。 914b

在这之后,应该有下面这项既适用于大事也适用于小事的法律。如果某人有意或无意地把自己的财产留在了某地,遇到这些财产的人就要把它们留在原地,要把它们视为受到道路女神保护的、依法奉献给女神的东西。若有人违反这条法律,把财产带回家去,如果此人是一个奴隶,而且财产的价值不大,那任何不小于 30 岁的人遇到这种情况,都可以抽打他许多鞭;如果他是一个自由人,他就会被视为卑鄙的和藐视法律的人,并 914c
且还要向遗落物品的人支付 10 倍于此物品价值的价款。如果有人指控另一个人占有他的财产,无论财产价值大小,被告承认自己占有该财产,但却否认财产属于原告,那么,如果该财产曾依法在官员那里登记过,原告就要把被告叫到官员那里去,

914d 并出示该财产。出示财产后，如果发现它登记在争议双方之一的名下，此人就可以拿走它。如该财产登记为不在场的第三人所有，争议双方中能够提出可靠的保证人的一方，可以代表不在场的第三人把该财产拿走，之后再将其交还财产所有者。但是，如果争议的财产没有在官员处登记过，就要由 3 位年长的官员保管它，直至作出裁决为止。如果被保管的财产是动物，
914e 败诉的人应向负责保管的官员支付保管费。官员要在 3 天内作出裁决。

任何心智正常的人都可以在合法的情况下任意处置自己的奴隶。他可以替自己的朋友或亲属抓住逃跑的奴隶，确保占有这个奴隶。但如果有人想让被抓捕的奴隶获得自由，抓捕者就要释放被抓捕者，但要求释放的人提供 3 个可靠的保证人。
915a 如果提供了，就可以释放他。如果有人在违反这一条件的情况下释放了奴隶，就要承担暴力伤害罪的责任，如果被定罪，就要向因释放奴隶而受到损失的人支付财产登记价值双倍的赔偿金。获释的奴隶如果对释放他的人不敬奉或者敬奉得不够，就会被抓起来。这样的敬奉包括，获释的奴隶去释放自己的人家中，每个月去 3 次，去做力所能及的、应当做的事。获释的奴隶的婚姻也要征得前主人的同意。他的财产不得比前主人多，多
915b 余的财产要归前主人所有。获释的奴隶在城邦内居留不得超过 20 年，除非官员和前主人同意他继续居留，否则，到时他要像外邦人一样，带着自己的全部财产离开。如果获释的奴隶或外邦人拥有的财产多于第三等级的公民，在这种情况出现后
915c 30 天内，这个人就要带着自己的财产离开，而且无权请求官员允许他留下。若有人违反这些规则，就要被带到法庭定罪，他将被判处死刑，他的财产将被没收。除非双方的争议已在邻居

或双方选定的法官面前得到解决,此类案件应由部落法庭审理。

如果有人声称他人占有的牲畜或其他东西是自己的,占有 915d
者就要将该物交给其实际的和合法的物主,该物主曾将该物卖给、送给或以其他方式转让给占有者。如果物主是公民或者在城邦定居的客籍民,要在 30 天内交还。如果物品是从外邦运来的,要在 5 个月内交还,中间的月份为夏至之月。人们若买
卖货物,就要在集市上固定的地方交付货物,并在现场支付价 915e
款,就此了结此事。不得在其他地方交易,也不得赊账。如果有人以其他方式或在其他地方交易物品,并信赖与其交易的人,他这样做时应当明白,在未按现行规定买卖东西时,不能依法提起诉讼。同样,关于捐赠,任何人都能以朋友的身份向朋友募捐,但如果在此方面出现分歧,他必须明白这一点并据此行事,即就这些事项不可提起诉讼。如果有人收到不低于 50
德拉克马的货款,他就要在城邦内待 10 天,而且买方要知道卖 916a
方的住所,以便进行由此交易产生的诉讼以及依法退货。

依法退货和不退货的规定如下。如果出售的奴隶患有肺结核、结石病、淋病,或所谓的"神圣的疾病",或长期难以治愈而大多数人又看不出来的精神或身体上的疾病,那么,如果买
方是医生或教练,他就没有权利要求退货。如果卖方事先将真 916b
相告知买方,买方也没有退货的权利。但是,如果一个工匠将此类奴隶卖给了外行人,买方可以在 6 个月内退货,而如果奴隶患有"神圣的"疾病,买方应被允许在 12 个月内退货。案件应由双方共同选出的 3 名医生进行裁决。如果卖方败诉,就要
向买方支付双倍的出卖奴隶的价款。如果买卖双方都是外行 916c
人,退货的权利和审判与上述案件相同,但败诉方仅须原价赔

偿。如果把杀了人的奴隶卖给他人,而且买卖双方都知情,那买方就不能退货,但买方如果不知情,在他知道后,就有权退货。这种案件要由5位最年轻的法律维护者审判,如果判定卖
916d 方是故意为之的,卖方就要按照解释者的规定净化买方的房屋,并向买方支付3倍于买价的赔款。

如果用银钱换银钱,或用银钱交换其他活物或非活物,应依照法律给予和接受真实、不掺假的银钱。对于这方面的欺诈行为,要像对待其他法律一样,有一个序言。每个人都应该明
916e 白,掺假和撒谎、欺骗同属一类。许多人常常错误地认为,在适当的时间和地点,这种做法可能是正确的。但是,对于何时、何地是适当的,没有规定和界定,因此,他们这样说,往往会对自己和别人造成很大的伤害。因此,立法者不应该让这一问题悬而不决。他应该规定一定的界限,或大或小。规则如下。在召唤诸神作证时,一个人不得说或做任何虚假、欺骗或不诚实的
917a 事,否则他就会成为诸神最厌恶的人。因为,这样的人发假誓,不在乎诸神,而且还在高于自己的人面前撒谎。好人高于坏人,一般来说,长者高于年轻人。所以,父母高于子女,男人高于女人和孩子,统治者高于被统治的人。所有的人都应当尊敬有权威地位的人,尤其是那些担任官职的人。这就是我们说这
917b 些话的原因。集市上在商品中掺假的人都是在说谎和欺骗,他们召唤诸神,在市场管理者的法律和警告面前发誓,这样的人既不尊重人,也不敬畏神。当然,这是一个很好的习惯:不轻易提及诸神的名号,像大多数人在神圣事务中表现的那样,以纯洁和神圣的态度行事。

如果有人不遵守这条规则,法律要作出如下规定:在市场
917c 上出售物品的人不得对其出售的东西定出两个价格。他只能

定一个价格,如果没有卖到这个价格,就要把货物带走,当日不得提高或者降低价格。对于出售的东西,不得吹嘘,也不得用起誓来夸赞。如果有人不遵守这条规定,任何在场的30岁以上的公民都要责打他,而且不会因此受到惩罚,但如果遇到这种事的人对此置之不理,他就会因违反法律而受到谴责。若有
人不遵守这些规则,出售假货,而知道并能证明该事实的人在 917d
官员面前证明了这件事,那么,如果告发者是奴隶或外邦人,他就可以拿走掺假货物。如果知情者是公民,没有告发这一行为,那他就会被宣布为欺骗诸神的邪恶之人,但如果知情的公民告发了这一行为,他就要把货物献给掌管市场的神。凡出售此类物品的,一经发现,除要没收假货外,还要鞭打他,按他所
要的价格,每德拉克马抽打一鞭。传令官要在集市上宣布被鞭 917e
打者的罪名。对于出售者的欺诈和掺假行为,市场管理者和法律维护者应向各行业的专家咨询,制定卖方应当做什么和不得
做什么的规则,然后,把这些规则刻在市场管理者办公地点前 918a
的柱子上,为在市场做交易的人提供明确的指导。至于城邦管理者的职责,我们之前已经进行了充分的讨论。如果需要补充,市场管理者要咨询法律维护者,写下遗漏的内容,并在市场管理者办公地点前的柱子上刻上有关城邦管理者职责的已有的和后来补充的规定。

在掺假的主题之后,自然是零售贸易。关于这个问题,我
们首先从整体上提出建议和论证,然后制定法律。城邦的零售 918b
贸易自然不是为了要造成损失,而是恰恰相反。因为,如果一个人把以前不均衡、不平等的商品分配得均衡和公平,他怎能不是一个做好事的人呢?我们要说,金钱能产生这种效果,可以说,这是商人的使命。雇工、客栈老板以及许多从事其他职

918c 业的人,有些人比较受尊重,有些人不太受尊重,所有这些职业都有这样的功能,即满足人们的需要,使人们的财产均衡。那么,让我们尽力弄清楚,究竟是什么使零售贸易显得既不高贵也不受尊重,是什么使它受到轻视,这样,我们就可以用法律来改善它,即使不能全部改善,至少也可以部分改善。看来,这是一项非常重要的任务,而且需要很大的美德。

克莱尼亚:你是什么意思?

雅典人:亲爱的克莱尼亚,人类中只有一小部分人有天赋
918d 并受过很好的教育,在面对各种需求和欲望时,他们能够保持节制,在能赚很多钱的时候,他们是清醒的,愿意得到适度的而不是过多的钱财。但大多数人恰恰相反,他们的欲望是无限的,当他们可以有节制地获得利益时,他们却贪得无厌地获得更多的利益。这就是为什么各种零售贸易、批发贸易和客栈经
918e 营都被人指摘、名声不好。我相信,有件事从来没有发生过、将来也不会发生,但我还要做个假设,尽管这是荒谬的,那就是,强迫各方面都最优秀的人在一定时期内经营客栈,或从事零售贸易,或做诸如此类的事情,或者,由于某种命运或必然性,强迫女人从事这些职业,然后我们就会知道,这些东西是多么令人愉快、多么令人向往。如果按照一种不败坏的方式来进行这些活动,它们就会受到尊重,就像我们尊敬母亲和保姆一样。
919a 但是现在,有人为了经营零售生意,在荒凉的地方建造只有长途跋涉才能到达的房子,在这些受欢迎的休息场所接待困境中的陌生人,为那些被风暴袭击的人提供平静和安宁,在炎热中为人们提供清凉。在这之后,他并没有像对待朋友那样对待客人,不友好地赠送他们礼物,也不款待他们,而是把他们当作俘虏来勒索,就好像他们是他手中的敌人一样。客人要支付非常

高的不公平和不洁净的赎金,才会被释放。正是这样的恶行, 919b
使这种在危难中援助他人的行为受到谴责。对于这些恶行,立法者应该制定具体的法律。有句老话说得好,"同时对付两个敌人是很困难的",在疾病和许多其他事情上就是这样。事实上,我们目前在这个问题上的斗争,面对的就是两个敌人——
贫穷和财富。其中,一个用奢华败坏人的灵魂,另一个用痛苦 919c
使灵魂陷入无耻。那么,在一个有理智的城邦里,对于这种疾病,有什么药方呢?首先,零售商人应当尽可能地少。其次,从事这一行业的人,应是那些即使败坏也对城邦危害不大的人。最后,要找到一种方法,来防止从事这一行业的人的灵魂变得
无耻和卑鄙。 919d

在这个序言之后,愿命运保佑我们,我们的法律如下。在诸神正在修复和重建的马格尼西亚城邦中,所有拥有土地的5040个家庭,无论是自愿还是不自愿,都不得从事零售贸易或批发贸易,也不得为不能以同等的服务回报的人提供任何卑微
的服务,但可以除外的情况是,自由人为自己的父母、祖父母和 919e
同为自由人的其他长辈服务。让法律准确地规定,什么事是适合自由人做的,什么事是不适合的,这是很困难的,这应当由那些在憎恨后者而拥护前者方面享有盛誉的人作出判断。如果公民用某种技艺从事不体面的零售贸易,任何人都可以在被认为是品行最好的法官面前,以玷污种族的罪名控告他。如果因做了不肖之事而玷污了父亲的家族,就要被监禁 1 年,并被禁
止做这类事情。如果再犯,就要被监禁 2 年。以后每定罪一 920a
次,监禁期就增加一倍。第二条法律是这样的:从事零售贸易的人必须是客籍人或外邦人。第三条法律如下:居住在我们城邦的零售商人应尽可能地多做好事或少做坏事。为此,法律维

护者应该明白，自己不仅是那些出身良好、受到了良好教育的
920b 人的守护者（防止这类人违法或作恶很容易），他们更应该保卫另一类人，这些人从事的行业常常使人走上邪恶之路。零售行业是五花八门的，包括许多性质相似的行当，就那些因为在城邦看来是十分必要而被允许保留下来的行当而言，法律维护者应与零售贸易各分支的专家开会协商，就像我们早先在处理掺假时要求他们做的那样，因为掺假行为与此类似。他们要考
920c 虑，怎样的收入和支出标准才能使交易者获得适度的收益，并以书面形式确定合理的利润比例。之后，这一规则要交给市场管理者、城邦管理者和田地管理者负责实施。这样，零售贸易就能对所有的人都有好处，而对城邦中从事该行业的人造成的伤害也会非常小。

920d 当有人达成协议却没有履行时，除非协议是法律或议事会不允许的，或者是在某种不公正的强迫的影响下做出的，或者是由于某种意外事故而非自愿地不能履行，在除了这些情况的其他情况下，如果双方未能在仲裁人或邻居面前解决纠纷，对于未履行的协议，可向部落法庭提起诉讼。赫菲斯托斯*和雅
920e 典娜是那些用技艺为人们服务的工匠的保护神。而对于那些用防御技术保护工匠的产品的人，阿瑞斯和雅典娜是保护神，这些人理所当然地敬拜这些神。所有这些人都始终为城邦和民众服务，后者在战争中冲锋陷阵，前者有偿地为人们提供工
921a 具和物品。出于对神圣的祖先的敬畏，他们不应该在技艺的事情上撒谎。若有工匠因懒惰而不能在规定的时间内完成工作，就表明他不敬畏给他生计的神，他错误地认为，神是自己的神，

* 赫菲斯托斯：希腊神话中的火神和工匠之神。——译者注

必轻易饶恕他。那么,首先,他要受到神的惩罚;其次,针对这种情况的法律紧随其后。他要向雇主退还未能完成的工作的佣金,并在规定的时间内无偿地重新完成这些工作。对于承揽
工作的人,法律给他的建议与给卖主的相同,即不应索要高价, 921b
而应按实际价值定价。这条法律适用于承揽工作的人,因为工匠肯定知道自己工作的价值。在由自由民组成的城邦里,工匠不应该企图利用自己的技艺欺骗外行人,因为技艺依其自然本性是光明磊落和诚实无欺的。对于这类事情,受害人有权起诉
侵害者。另一方面,如果有人委托工匠工作,却没有按照约定 921c
支付报酬,此人无视城邦的守护者宙斯和城邦的伙伴雅典娜,为了一点点利益而破坏社会的根基,那么,在这种情况下,法律和诸神就要一起来捍卫将城邦维系在一起的纽带。接受了工匠完成的工作却未能在约定期限内支付价款的人,要支付双倍价款。如果 1 年后仍不付款,虽然所有其他的欠款都无须支付
利息,但此人应该支付利息,每个月每德拉克马的利息是 1 欧 921d
宝*。这类案件由部落法庭审理。

既然我们已经提到了一般的工匠,就应该顺便谈谈那些军事方面的工匠,包括军事指挥官和其他这方面的专家。他们自愿或非自愿地承担起保护我们安全的工作,就像其他的工匠从
事其他的公共工作一样。如果他们把工作做得很好,法律就会 921e
不厌其烦地赞扬那些给予他们荣誉的人,而这些荣誉正是他们应得的奖赏。但是,如果人们从高尚的军事行动中得到了好处,却不对此给予荣誉作为回报,法律就要谴责这种行为。应该制定如下与赞扬有关的法律:不是强迫而是建议广大公民,

---

* 欧宝:古希腊货币,6 欧宝相当于 1 德拉克马。——译者注

922a 授予那些以勇敢行为或军事技艺保卫城邦的勇士第二等的荣誉。因为，最高的荣誉应该授予那些能够极好地尊重优秀立法者制定的法律的人。

我们已经为人与人之间大多数重要的商业交易制定了规
922b 则。但是，现在还没有关于孤儿和监护人照顾孤儿的规则。在上述讨论之后，我们要以某种方式对这些事情作出规定。这些问题的起点是，一些人在临死时想要通过遗嘱来分配财产，或者出现意外，有些人没有立下遗嘱就死亡了。克莱尼亚，我说必须作出规定，就是考虑到了这些事情的麻烦和困难。对这些事情不得不作出规定，因为，一个人所立的遗嘱可能前后矛盾，
922c 或者违反法律，或者违反活人的意愿，或者违背立遗嘱之前死者自己的意愿。如果不管一个人在生命结束时的精神状态如何，他所立的任何遗嘱都被赋予绝对和不受限制的效力，那这是万万不能的。在意识到自己即将死亡的时候，大多数人在某种程度上都会失去理智并感到崩溃。

克莱尼亚：你是什么意思，先生？

雅典人：哦，克莱尼亚，人在临死的时候是很难对付的，他所说的话常常给立法者带来极大的烦恼和麻烦。

克莱尼亚：怎么会这样呢？

922d **雅典人**：他想要完全控制自己所有的财产，并且总是怒气冲冲地说话。

克莱尼亚：他会说什么呢？

雅典人："哦，诸神啊，"他会说，"如果我不被允许把自己的东西送给自己喜欢或不喜欢的人，那确实是一件可怕的事情。我要少留一些给对我不好的人，多留一些给对我好的人。在我生病、年老和遭遇各种不幸的时候，他们是好是坏，都经受

过了检验。”

克莱尼亚：那么，先生，你认为他说得不对吗？

雅典人：克莱尼亚，在我看来，过去的立法者似乎很软弱，922e
他们在制定法律时没有充分观察和考虑人类事务。

克莱尼亚：你是什么意思？

雅典人：我的意思是，我的朋友，他们害怕立遗嘱人的指责，所以通过了一项法律，大意是说，一个人应该被允许完全按
照自己的意愿处置自己的财产。但我认为，对城邦中那些临终 923a
的公民，你和我会给出更好的回答。

克莱尼亚：是什么？

雅典人：“啊，我的朋友们，”我们要对他们说，“你们的生命很短暂，现在，要知道什么是属于你们的，这对你们来说很困难，而且，如特尔斐神谕所说，你们要了解自己也是很困难的。因此，我作为立法者，要作出如下规定。你们自己和你们的财产都不属于你们，而是属于你们整个家族，包括你们的祖先和
后代，而且更确切地说，你们整个家族及其财产都属于城邦。923b
既然如此，如果有人在你们生病或年老时奉承和帮助你们，劝你们立一份有悖初衷的遗嘱，我决不会心甘情愿地答应。我在立法时，要从整体出发，着眼于对你们家族和整个城邦最好的东西，合理地把个人利益放在次要地位。我希望你们在和平和
善意中离开我们，走那条所有人都要走的路。你们身后的事务 923c
由我们来处理，我们会尽最大的努力照管好它们，不会忽视任何一个。”克莱尼亚，这是我们的序言，是对活着的人和临终之人的安慰。

法律规定如下。立遗嘱人如果是一个家庭的父亲，那他首先要把自己认为合适的一个儿子列为继承人。若将自己的儿

923d 女交给别人收养，也要记在遗嘱中。再者，如果立遗嘱人还有另外一个儿子，这个儿子没有被其他人收养作为份地的继承人，而且依照法律会被遣送到殖民地去，除了祖传的份地和所有器具，立遗嘱人可以按自己的意愿把剩余的财产分给这个儿子。若有别的儿子，立遗嘱人可以将剩余的财产按照自己意愿分配给他们，分配的比例由立遗嘱人决定。但如果儿子已经有
923e 了房屋，就不得将财产分给他。女儿也如此，若已许了婚，就不得将财产分给她，但若未许婚，就可以分给她财产。如果在立遗嘱之后，发现某个儿子或女儿在本地拥有份地，那么这个儿子或女儿就要把遗产让给立遗嘱人的其他继承人。若立遗嘱人没有儿子，只有女儿，他就可以从女婿中挑选一人作为自己的儿子，在遗嘱中立此人为继承人。如果亲生的或收养的儿子
924a 在未成年时就死亡了，在这种不幸的情况下，立遗嘱人要写明谁有好运能成为第二位的继承人。若立遗嘱的人没有子女，他就可以从自己财产中取出十分之一，愿意给谁就给谁，其余的财产要给自己依法收养的儿子，这样，立遗嘱人就无可指责，儿子也要善待他。

当一个人的孩子需要监护人时，如果父亲立了遗嘱，指明
924b 了自己希望哪些人和多少人作为孩子的监护人，如果这些人愿意并同意做监护人，那么就要按遗嘱选定监护人。但如果一个人死了却没有立遗嘱，或者遗嘱中没有指定监护人，那么父亲和母亲方面的近亲各两人，连同死者的一位朋友，是孩子的官方监护人。在孤儿有需要的时候，法律维护者要指定这些人担
924c 任监护人。一切有关监护和孤儿的事，都由 15 名最年长的法律维护者监督，他们按资历分为 3 人一组，一个 3 人组工作 1 年，然后第二个 3 人组再工作 1 年，5 组完成一个周期。这个

过程要尽可能地持续下去。

如果一个人没有立遗嘱就死了,留下需要监护人照顾的孩子,这些孩子也同样受到本法律的保护。如果一个人遇到了意 924d
外的不幸,留下了女儿,他要原谅安排女儿婚姻的立法者。立法者只会考虑三个方面中的两个,即血缘关系和份地的保留,而忽略了第三个方面。这个第三个方面父亲要考虑,那就是,从所有的公民中选出一个性格和品行合适的人,作为自己的儿 924e
子和女婿。我要说,如果立法者忽视了这个方面,父亲要原谅他,因为立法者无法考察这一点。对于这种情况,以下的法律是最好的。如果一个没有立遗嘱的人死后留下女儿,那么同父异母的兄弟,或者没有继承份地的同母异父的兄弟,就要娶这个女儿并继承死者的财产。若没有兄弟,只有兄弟的儿子,如果双方年龄相仿,也适用这个规则。若没有兄弟的儿子,只有姐妹的儿子,也要照此办理。第四顺位是立遗嘱人父亲的兄弟。第五顺位是父亲兄弟的儿子。第六顺位是父亲姐妹的儿子。如果一个父亲死后留下了女儿,亲属关系的权利应按血缘关系的远近排列,从兄弟姐妹到兄弟姐妹的儿子逐辈进行,在 925a
任何一代中,先是男性,后是女性。官员要考虑并确定婚姻的年龄是否合适。他要察看裸体的男子和半裸的女子。如果一个家族中没有死者兄弟的孙子,也没有死者祖父的孩子,那么,这名女子可以在其监护人的同意下,从其他公民中选择一个人。如果双方都愿意,该男子就可以成为死者的继承人和死者 925b
女儿的丈夫。但情况并不总能如人所愿,有时可能在城邦中会缺少这样的人。如果一个女子在城邦中找不到配偶,而她看上一个移民到殖民地的男子,她想让这个男子继承她父亲的财产,如果这个男子和该女子同族,他就可以依法继承遗产。但

925c 如果这个男子不是同族的人,并且在城邦内没有近亲,那么,依据死者女儿和其监护人的选择,该男子可以被授权回来结婚,并继承未立遗嘱的死者的财产。

如果一个无儿无女的人没有立遗嘱就死亡了,那么,这种情况也适用上述法律。要让同一家族的一男一女成婚后入住
925d 这座荒芜的宅子,这块份地就合法地归他们所有了。第一继承人是死者的姐妹,第二继承人是死者兄弟的女儿,第三是死者姐妹的女儿,第四是死者父亲的姐妹,第五是死者父亲的兄弟的女儿,第六是死者父亲的姐妹的女儿。按血缘关系远近和权利的大小,如前面的法律所规定的那样,这些人要与男性亲属成家。我们不要忽视这些法律的严苛,因为有时它会要求死者
925e 的近亲与死者的女性亲属结婚。而且,这样的法律似乎忽视了人类生活中成千上万的障碍。当被要求娶或被要求嫁给身体上或精神上有疾病或缺陷的人时,一个人宁愿做任何其他选择,也不愿意服从结婚这样的命令。有些人可能会认为,立法者没有考虑到这些,但他们错了。因此,让我们为立法者和立法对象作一个序言吧。请那些作为立法对象的人原谅立法者,因为立法者不可能在照顾公共利益的同时,又处理好私人事
926a 务。而且,请立法者原谅那些作为立法对象的人,因为,这些人有时自然不能执行立法者在不知情的情况下制定的法律。

克莱尼亚:先生,在这种情况下,怎样做才是最合理的呢?

雅典人:必须为这些法律和作为立法对象的人选择仲裁人,克莱尼亚。

克莱尼亚:你的意思是?

雅典人:我的意思是说,也许会出现这样一种情况。一个
926b 侄子,有个有钱的父亲,他很可能不愿意和他舅舅的女儿结婚。

他会心高气傲,希望攀一门高亲。在有些情况下,一个人可能会被迫不遵守法律,因为立法者的命令会给他带来巨大的灾难。例如,如果要求一个人娶疯了的或患有某种可怕的精神或肉体上的疾病的人为妻,这就会使他的生活无法忍受。因此,对这些问题法律应作出如下规定。如果有人对现行的法律关于遗嘱的内容、特别是涉及婚姻的内容提出抱怨,并且断言,如 926c
果立法者本人在场并且活着,绝不会强迫那些现在被强迫的人娶妻或嫁人,但亲属或监护人却还是强迫某人嫁娶,那么就要记住,立法者已经让 15 名法律维护者充当了仲裁人和男女孤儿的父亲。因此,在这类问题上有争议的人要去找法律维护者 926d
裁决,由他们作出权威的最终裁决。但是,如果有人认为,这样会赋予法律维护者过多的权力,他就要将此事诉诸由选任的法官组成的法庭,由法庭对有争议的事项作出裁决。败诉者将受到立法者的谴责和羞辱,对一个明智的人来说,这种惩罚比巨额罚款更重。

这样,孤儿就好像重获新生。他们第一次出生后,应该如 926e
何被抚养和教育,我们已经谈过了。现在,他们失去父母又重生后,我们必须想出一些办法,使成为孤儿的他们尽可能地不那么可怜。首先,我们要指定法律维护者作为他们的父亲,其地位不低于亲生父亲。我们每年都要指派 3 名法律维护者照管这些孤儿,他们要像对待自己的孩子一样对待孤儿们。对这些官员和孤儿的监护人,我们已经提出了适当的忠告,指导他们如何养育孤儿。在我看来,我们先前的说法很恰当。我们说 927a
过,人死后,其灵魂有某种力量来管理人类的事务。关于这一点,有很多故事和传说,虽然冗长,但却是真实的。鉴于这些说法如此之多、如此古老,我们必须相信它们。我们也必须相信

立法者,他们告诉我们,这些都是事实,并非无稽之谈。如果确
927b 实如此,人们首先应该敬畏天上的诸神,因为这些神关心孤儿的凄苦。其次要敬畏死者的灵魂,他们生性就特别关爱自己的子女,对尊重他们子女的人友善,对虐待他们子女的人充满敌意。最后,要敬畏那些年老的、德高望重的在世者的灵魂。凡是秩序良好、繁荣昌盛的城邦,子孙们都会充满爱意地尊敬老人,因此幸福地生活着。关于这些事,这些老年人听得很清楚,
927c 也看得很清楚,他们对那些公正对待孤儿的人很友善,而对那些粗野地对待孤苦无助的孤儿的人十分愤怒,因为他们认为,抚养孤儿是庄严和神圣的委托。对于所有这些事情,监护人和官员要是有理智的话,就会留心,在照顾和教育孤儿方面,就会像在帮助自己和自己的孩子一样,尽其所能,以各种方式为他们做好事。凡是相信先前的那个传说并且没有伤害孤儿的人,
927d 就感受不到立法者对这种事情的愤怒。但是,如果有人不服从,伤害失去父母的孤儿,就要双倍赔偿损失,即支付的赔偿金是伤害双亲在世的孩子应支付的赔偿金的 2 倍。

至于进一步的立法,关于监护人与孤儿关系和官员对监护人的监督,如果人们没有通过抚养自己的孩子和管理自己的财
927e 产获得抚养自由民儿童的范例,如果没有制定恰当地规定这些事情的法律,那么,就有足够的理由制定关于监护的法律,把其作为一种特殊的法律类别,通过特殊规定,把孤儿与非孤儿的生活区分开来。但是,就目前的情况来看,孤儿与有父亲的孩子并没有什么不同,尽管就公众的评价和给予儿童的照顾而
928a 言,这两者通常不尽相同。因此,关于孤儿的法律,要严肃地既劝诫又威胁。如下的威胁是非常恰当的。男女孤儿的监护人,以及监督监护人的法律维护者,应当像爱护自己的孩子一样爱

护这些不幸的孤儿,在管理孤儿的财产时,要像管理自己的财
产一样谨慎和勤勉,甚至更加地谨慎和勤勉。凡抚养孤儿的, 928b
都要遵守这条法律。在这些事情上违反法律的人,如果他是监
护人,官员应处罚他;如果他是官员,监护人要把他带到选任的
法官面前,如果他被定罪,就要支付法庭评估的损失的双倍的
赔款。如果孤儿的亲属或其他公民认为监护人忽视、虐待孤
儿,就要将该监护人送交法庭,造成损失的监护人要支付 4 倍 928c
的赔偿金,其中一半给孩子,另一半给胜诉的举报者。如果孤
儿成年后,认为自己曾经被监护人虐待,该孤儿就可以在监护
期满后的 5 年内提出有关监护的诉讼。如果监护人败诉,由法
庭决定处罚方式和赔偿数额。如果官员由于疏忽大意对孤儿
造成了伤害,法庭就要判决这个官员向孤儿支付赔偿金,但如 928d
果由于不正义的行为造成了损害,那么除了赔偿之外,该官员
还要被免除法律维护者的职务,城邦公共当局要为这个地区和
城邦指定另一个法律维护者取代他。

父亲和儿子之间有时会出现超出应有范围的分歧。父亲
们认为,立法者应该通过法律授权,如果父亲愿意,就可以通过
传令官向公众宣布,依法与儿子断绝关系。儿子们认为,当父 928e
亲因疾病或年老而陷入不光彩的境地时,儿子应该被允许起诉
父亲精神错乱。事实上,这些事情只有在人的本性极其恶劣的
时候才会发生。如果只有一半是邪恶的,例如,父亲不坏,但儿
子坏,或相反,这种仇恨就不会产生灾难性的后果。在其他政
治体制下,被父亲宣布断绝父子关系的儿子并不一定就非得离
开城邦。但是,在我们的城邦,法律是这样的:与父亲断绝关系 929a
的儿子必须移居到另一个城邦,因为在我们的 5040 个家庭中
不可能再增加一个家庭。因此,在法律上受到这种惩罚的人,

不仅他的父亲，而且整个家族都要同他断绝关系。这样的案件应该按照如下的法律来处理。如果一个人，无论正义与否，受到不幸的愤怒的驱使而想要把自己生养的儿子赶出家庭，他不
929b 应被允许轻易地立即这样做。首先，他要召集亲属，包括他自己方面和孩子母亲方面远至堂表兄弟的亲属，在这些亲属面前控诉自己的儿子，说明为什么要把儿子赶出家门。儿子也可以用同样的方式来争辩并且表明自己不应当受到这种对待。之后，如果父亲说服了他们，并获得了超过半数家庭成员的赞成
929c 票（投票人是除了父亲、母亲和被控诉的儿子外所有男女成年人），在这样的情况下父亲才可以赶走儿子，否则就不行。其他公民愿意收养这个被驱逐的儿子的，法律不得阻止，因为年轻人的性格在一生中自然会发生许多变化。如果 10 年之内没
929d 有人愿意收养他，负责将过剩人口送往殖民地的官员就要接管他，让他在殖民地能得到适当的照料。

如果疾病、年老、脾气暴躁或所有这些因素加在一起，使一个人变得异常精神错乱，但除了与他同住的人外，其他人都没有注意到这一情况，如果他认为自己是财产的主人，挥霍家产，
929e 而他的儿子感到不知所措，不敢以精神错乱为由起诉他，那么，在这种情况下，应为儿子制定一项法律。根据这项法律，这个儿子应首先到最年长的法律维护者那里，向他们报告父亲的情况。在充分调查后，法律维护者要建议这个儿子是否提起诉讼。如果他们建议他起诉，在他起诉时，他们就要做他的证人和辩护人。如果父亲败诉，他今后将无权管理自己的财产，哪怕是最小的一部分财产也不行。而且，他在余生中，都要像孩子一样受到监管。

930a 如果一个男人和自己的妻子不幸脾气不合，10 名中年的

法律维护者和10名负责婚姻的妇女要管理这件事。如果这些官员能够促成和解,这对夫妻就要和好。如果夫妻二人激愤高涨,无法和谐相处,官员们就要尽力为他们寻找其他合适的伴侣。这样的夫妻很可能没有温和的性格,因此,我们要尽力使他们与性格比较冷静和温柔的人结合在一起。那些没有孩子或者只有很少的孩子的人,在离异后选择新伴侣时,应考虑到 930b
生育孩子的问题。而那些有足够多孩子的人离异后再结婚时,就要找一个可以与之白头偕老、在年老的时候互相照顾的人。

如果妻子死后留下儿女,法律要建议但不是强迫,丈夫要抚养孩子,而不是为孩子找一个继母。但如果没有子女,鳏夫必须再婚,为家族和城邦生足够多的孩子。如果丈夫死了,留 930c
下许多儿女,孩子的母亲就要留下来,把孩子抚养成人。但如果妻子太年轻,不能在没有丈夫的情况下过健康的生活,她的亲属要与监管婚姻的妇女沟通,对此事作出最好的处理。如果子女不够多,那就要考虑到生孩子的问题。根据法律规定,2个子女,1男1女,才勉强够数。 930d

在孩子的父母是谁没有争议但需要确定孩子的归属时,规则如下。女奴隶与男奴隶、自由民男子或获得自由的男奴隶所生的子女,属于女奴隶的主人。自由民女子与男奴隶所生的子女,属于男奴隶的主人。如果孩子是男主人和自己的女奴隶所生,或者是女主人和自己的男奴隶所生,而且事情的真相很清楚,那么,监管婚姻的妇女就要把自由民女子的孩子和孩子的父亲遣送到外邦去,法律维护者要把自由民男子的孩子和孩子 930e
的母亲遣送到外邦去。

无论是神,还是有理智的人,都不会劝人怠慢自己的父母。人们应该意识到,下面这个关于侍奉诸神的序言,适用于对父

母的尊敬与不敬的问题。全世界关于诸神的古老习俗都包含
931a 两层含义：有些神，我们能清楚地看到并崇拜；对另一些神，我们将其塑造成雕像作为崇拜的对象，虽然这些神像没有生命，但我们相信，有生命的诸神会对我们怀有善意和感激。因此，一个人若有年事已高、卧病在家的父母或祖父母，他应当明白，家里这样的塑像，只要得到正确的照料，就比任何神像都有力量。

931b **克莱尼亚**：你怎么解释"正确的"？

雅典人：我会告诉你的，我的朋友，这些话确实值得一听。

克莱尼亚：请说下去。

雅典人：据传说，俄狄浦斯受到儿子们的侮辱时，他就会诅咒他们，大家都说，这些诅咒被诸神听到了，并应验了。阿莫托在愤怒中诅咒了自己的儿子菲尼克斯，忒修斯诅咒了希波吕托
931c 斯，还有无数其他的人也诅咒了自己的孩子。显然，诸神是会聆听父母的诅咒的。父母对子女的诅咒比任何诅咒都更有效，这样也最公正。我们认为，如果受到子女侮辱的父母，其诅咒会自然地被诸神倾听，那么，当父母受到尊敬、非常高兴并因此
931d 诚挚地为子女祈福时，诸神对这样的请求同样会认真地倾听，并赐福给子女。难道不是这样吗？如果不是这样，诸神就不能公正地分配福分，而这与诸神是极不相称的。

克莱尼亚：确实如此。

雅典人：那么，我们认为，正如我们刚才所说，在诸神的眼中，没有什么形象比年迈的父母或祖父母更值得尊敬的了。一个人如果尊敬他们，诸神就会高兴，就会愿意聆听他的祈祷。
931e 的确，先辈的活像是不同寻常的，远比没有生命的雕像强大得多。因为，活着的人，在受到我们照顾时，会为我们祈祷，在受

到我们侮辱时,会诅咒我们,而没有生命的雕像就不会这样做。因此,如果一个人正确地对待自己的父亲、祖先和所有的长辈,他就会拥有最强大的活像,就能受到诸神的保佑。

克莱尼亚:你说得好极了。

雅典人:有理智的人都敬畏并尊重父母的祈祷,因为他们清楚地知道,很多时候,在很多人身上,这些祈祷都应验了。自
然的法则是,对好人来说,年老的长辈在世的时候,是神赐的财 932a
富,如果长辈过早地离世,晚辈会感到非常痛惜。但对坏人来说,父母总是令人恐惧的原因。所以,每个人都应当听从这些劝诫,依照法律尊敬自己的父母。但是,如果有人对这样的序
言充耳不闻,下面的法律就适用于他们。如果本城邦有人怠慢 932b
自己的父母,对父母的照料在各方面都不及对子女、其他后代和他自己的照料,不能满足父母的愿望,受到这种对待的父母可以亲自或派人向 3 名最年长的法律维护者和 3 名监督婚姻
的妇女报告。这些官员要处理这件事,如果违法者是 30 岁以 932c
下的男人,就用鞭打和监禁惩罚他,如果是不超过 40 岁的妇女,也要受这样的惩罚。如果违法者已过了上述年龄,仍继续像以前那样怠慢父母,而且在某些情况下还虐待父母,就要把他带到由 101 名最年长的公民组成的法庭上。如果他被定罪,法庭要决定对他的罚款和惩罚,可以判处任何他可以承受的处
罚和能够支付的罚款。如果受虐待的人无法向官员报告,任何 932d
知道这件事的自由人都要去报告;如果不报告,就会被视为卑鄙之人,任何人都可以对此人提起损害赔偿的诉讼。如果告发者是个奴隶,他就能获得自由。如果告发者是加害人或受害人的奴隶,就由官员释放他;如果他属于其他公民,城邦就要替他向他的主人支付价款。官员们要留意,不要让告发者因检举而

受到他人的报复。

932e 用毒药伤害他人导致死亡的案件，我们已经充分讨论过了。关于故意和有预谋地使用食物、饮料或药膏伤害他人的案件，目前我们还没有充分讨论过。我们首先要说的是，对于人
933a 类来说，毒药有两种不同的类型。一种是刚才明确提到的，它依据自然的作用来伤害身体。另一种是所谓的巫术、咒语和符咒，这些东西不仅让那些试图造成伤害的人认为，他们自己确实有这种能力，而且还会使受害者也相信，自己确实是被那些会魔法的人伤害的。对于这些事情，要弄清楚什么是正确的并
933b 不容易。即使有人能够弄清楚，也很难说服他人。如果那些碰巧在门口、三岔路口或祖先的墓前看到了蜡像的人，对自己看到的东西熟视无睹，就没有必要试图说服他们忽视这些东西。由此，根据可能的投毒方式，我们要把关于投毒的法律分为两
933c 个部分。但首先，我们要请求、劝告和建议，任何人都不要企图做这种事，不要吓唬像孩子一样容易受到惊吓的大众，也不要迫使立法者和法官去消除人们的这种恐惧。我们要告诉人们，企图投毒的人不知道自己在做什么。除非他是医学专家，否则他就不知道自己的行为在身体方面的效力；除非他是先知或占卜者，否则他就不知道自己有什么魔法。

933d 关于投毒的法律如下。投毒伤害他人的，如果对被害人及其奴隶没有造成致命的伤害，对被害人的牲畜或蜜蜂也没有造成致命的伤害，如果违法者是医生，并被判犯有投毒罪，他就要被处以死刑。但如果违法者是一个外行，法庭要根据案情决定他应受到的惩罚和应支付的赔偿。如果有人使用魔法、咒语、
933e 符咒或类似的投毒方法伤害他人，如果投毒者是先知或占卜者，那他就要被处以死刑。如果被判犯了投毒罪的人不懂占卜

术，就要像前面犯投毒罪的外行人一样，由法庭决定他应受到的刑罚和应支付的赔偿。如果有人用偷窃或暴力的方式伤害他人，如果伤害较大，就要支付较多的赔偿，如果伤害较小，就支付较少的赔偿。但在所有情况下，无论伤害是什么，都要尽可能地弥补损失。除了对受害人的赔偿之外，违法者还要为所犯罪行支付额外的罚款，以促使其改正。如果由于他人的不理 934a
智而违法，即因年轻人的轻率或类似原因受他人的唆使而犯罪，就要受到较轻的惩罚。但是，如果伤害别人是由于自己的不理智，即由于对快乐和痛苦的放纵，或由于受到无法治愈的欲望、嫉妒和愤怒的巨大的影响，那就要受到较重的惩罚。

违法者要受到惩罚，不是由于做了错事，因为已经做过的
事是无法挽回的，而是为了在将来，他自己和那些看到他受到 934b
惩罚的人会完全厌恶不正义，或至少要尽量避免这种恶行。基于这些理由，并考虑到这些目标，法律要像优秀的弓箭手那样，针对每种情况设定惩罚，而且要设定适当的惩罚。当法律委托法官决定罪犯应受何种惩罚和支付多少赔偿时，法官就要协助
立法者完成这项任务。而立法者要像画家一样，对适用法律的 934c
案件作一个粗略的描述。梅吉卢，克莱尼亚，这就是我们要尽力去做的事，只要诸神和诸神之子允许我们在此方面立法，我们就要以最好和最公平的方式规定对偷窃和暴力行为的惩罚。

疯子不得在城邦里公开活动，他的亲属要尽量把他留在家 934d
里，否则，就要支付罚款。最高财产等级的人，无论他没有看管好的人是自由人还是奴隶，都要缴纳 100 德拉克马的罚款；第二等级的人要缴纳 80 德拉克马的罚款；第三等级的要缴纳 60 德拉克马；第四等级的缴纳 40 德拉克马。发疯有许多不同情况，我们现在讨论的是由疾病引起的发疯。但也有一些情况

是，发疯起源于邪恶和暴躁的天性，并因不良的教育使之加剧。
934e 这类疯子往往会因一次小小的争吵而彼此大骂一通。在一个有良好法律的城邦中，这样的事不应在任何场合发生。

那么，下面的法律适用于所有的诽谤。任何人都不得诽谤他人。在讨论中与他人争论时，要么发表观点，要么倾听学习，
935a 不能辱骂与自己争论的人和旁观者。当人们像泼妇一样互相诅咒和污蔑时，这些像空气一样轻的言语中会产生极大的敌意和仇恨。说这种话的人在发泄愤怒，这是他天性中粗野的部分。他以邪恶思想的盛宴来满足自己的愤怒，使灵魂中曾因受教育而变得有人性的那部分再次变得野蛮。在充满怨恨的一生中，他把自己变成了一头野兽，为愤怒付出了痛苦的代价。
925b 在这种情况下，几乎所有的人都会说出一些嘲弄对手的话。而凡是有嘲笑别人习惯的人，要么没能养成高尚的性情，要么在很大程度上丧失了以前的高尚品格。所以，无论何人，都不可在庙宇里、公共献祭中、竞赛时、市场上、法庭上和一切公众集会上，说这种嘲弄的话。否则，官员应惩罚违法者。如果官员
935c 这样做了，他就无可指摘；如果他没有这样做，就不能获得美德荣誉的奖赏，因为他漠视法律，不执行立法者的命令。如果有人在其他地方说这类谩骂的话，无论是主动骂人还是还击，在场的老年人都要维护法律，用鞭打来赶走那个不能抑制愤怒这个邪恶的伴侣的人。如果在场的人不这样做，就要受到规定的惩罚。

935d 我们认为，一个有骂人习惯的人，不可能不嘲笑他人。当有人出于愤怒这样做时，我们就会责备他。但是，如果喜剧作家在喜剧中对我们的公民使用这种语言，不带有任何愤怒，我们是否应该支持他们嘲笑公民的行为呢？或者，我们应该把嘲

笑分为“开玩笑”和“认真”两种类别,并允许任何人以开玩笑的方式、不带怒气地嘲笑他人,是吗?我们刚才说过,禁止任何人认真地、带着愤怒这样做,是不是呢?我们要坚持已经说过 935e
的话,但必须通过法律来规定,谁可以这样做,谁不可以。喜剧诗人、抑扬格诗或讽刺抒情诗的作者,无论是否带有愤怒,都不得用文字或模仿的方式嘲笑任何公民。如果有人不服从,主持比赛的人就要把他驱逐出城邦,如果没有这样做,主持人就要 936a
被罚 3 米纳,献给竞赛之神。只有事先得到许可的人才可以写诗互相嘲笑,但只能以不带有愤怒的、开玩笑的方式,不允许他们带着愤怒、严肃地这样做。作出这一区分的任务要交给负责教育的官员。经批准的作品,可以公开展示。未经批准的作品,不得向任何人展示,也不得教给任何自由人或奴隶,否则, 936b
作者就要被认定为坏人和违法者。

值得怜悯的人并不是那些遭受饥饿或类似痛苦的人,而是那些拥有节制或别的美德或某种美德的一部分而又遭遇不幸的人。因此,在一个秩序尚可的政治体制和城邦里,如果这类人,无论是奴隶还是自由人,竟被彻底抛弃,陷入极端贫困,那的确是一件怪事。针对这种情况,立法者制定如下法律是稳妥 936c
的。在我们的城邦里,任何人都不得做乞丐。如果有人想要乞讨,想靠无休止的乞求来维持生计,那么,市场管理者就要把他赶出市场,城邦管理者要把他赶出城,田地管理者要把他赶出城邦的其他地方,把他赶出边界,这样城邦就可以彻底清除这种人。

如果一个男奴隶或女奴隶损害了他人的东西,而遭受损失 936d
的人并不因缺乏经验或不当使用而承担任何责任,那么,造成损害的奴隶的主人要么足额赔偿损失,要么交出造成损失的奴

隶。但是,如果主人争辩说,这项指控是由受害人和奴隶串通产生的,目的是抢夺奴隶,那主人就要以共谋罪起诉那个声称
936e 自己受到损失的人。如果主人赢了官司,他就可以获得法庭确认的奴隶价格的两倍的赔款。如果他输了官司,他就要赔偿损失,并且还要交出奴隶。如果驮畜、马、狗或其他动物伤害了邻居的财物,其主人应以同样的方式进行赔偿。

如果有人故意拒绝作证,需要他作证的人就可以传唤他,被传唤的人要出庭作证。如果他知道事实并且愿意作证,那就让他作证。如果他说自己不知情,那就让他以宙斯、阿波罗和
937a 忒弥斯*三位神的名义发誓,说自己不知情,然后方可离开法庭。如果被传唤作证的人没有应传唤者的要求出席法庭,就要依法对由此造成的损害承担责任。如果法官被传为证人,该法官就不得在该案件中投票。身为自由民的妇女,如果年龄超过40岁,可以出庭作证、支持诉讼,如果没有丈夫,她还可以提起诉讼。但如果她的丈夫还活着,她就只能作证。只有在谋杀案
937b 中,男女奴隶和儿童才可以作证、支持诉讼。而且,他们必须提供可靠的担保,保证他们会坚持到审判结束,以防他们被控作伪证。如果诉讼中的一方认为,证人提供了虚假证词,他就可以对证人提出伪证罪的指控,否认全部或部分证词。但指控必须在案件最终判决之前提出。指控书经双方签字后由官员保
937c 管,并在审判伪证案时出示。如果有人因作伪证两次被定罪,法律就不再强迫他作证;如果因作伪证三次被定罪,就不再被允许作证。如果被三次定罪后,还胆敢作证,任何人都可以向官员告发。官员就要把此人交给法庭,如果他被判有罪,就要

* 忒弥斯:希腊神话中的法律和正义女神。——译者注

被判处死刑。在证据在审判中被判决是伪证的案件中，如果伪证使得一方获胜，而且一半以上的证据被判决是伪证，那么由 937d 此获得的胜诉判决就要被撤销。而且，对此要进行辩论和审判，以确定这些伪证是否是判决的主要依据。然后，先前的诉讼要以这个关于伪证的判决为依据作出裁决。

虽然人类生活中有许多美好的东西，但大多数都伴随着邪恶，这些邪恶毒害并腐蚀着这些美好的东西。正义是高尚的， 937e 它使人类变得文明，难道不是这样的吗？如果正义是高尚的，为正义进行的辩护也就是高尚的，不是吗？但是，这种高尚的东西却因为一种肮脏的技艺而声名狼藉，这种技艺用一个高尚的名称来掩盖自己。我们被告知，首先，存在一种处理诉讼的手段，无论诉讼请求是正义的还是不正义的，这种手段都能通过辩护和帮助别人辩护来赢得诉讼；其次，这种技艺本身和由 938a 此产生的论证是花钱就可以买到的礼物。这种所谓的技艺，无论是真正的技艺，还是仅仅是一种没有任何技艺的经验和实践，如果可能的话，绝不应在我们的城邦出现。它如果存在于我们之中，就要听从立法者的要求，到另一个城邦去，而不能在这里说违背正义的话。

如果人们服从，法律就不再说什么。但如果有人不遵守， 938b 法律要作出如下规定。如果有人试图扭曲法官心中正义的力量，过多地提起诉讼或帮助他人这么做，任何人都可以起诉他妨碍诉讼程序或协助妨碍诉讼程序，并由选任的法官开庭审理。如果他被判有罪，法庭就要判定，他的行为是出于贪财还是出于好斗。如果法庭认定，他是因为好斗这么做，就要规定一个期限，在此期间内他不得提起诉讼，也不得协助他人提起诉讼。如果他这样做是因为贪财，而且他是一个外邦人，那么， 938c

他就要离开这个城邦,永远不得回来,否则就要被处以死刑。如果他是一个公民,就要被处死,因为他是一个财迷,为了获取钱财不择手段。如果一个人两次因为好斗而被判决犯这种罪行,也要被处死。

第十二卷

雅典人：如果一个信使或使者从自己的城邦向其他城邦传递虚假的信息，或者未能传递他被派去传递的信息，或者被证明以使者或者信使的身份，从友邦或者敌邦带回了虚假的信息，那么，他就要被指控违反赫尔墨斯[*]和宙斯的告诫和戒律，如果他被定罪，就要决定他应受到的惩罚和支付的赔偿。 941a 941b

偷窃是卑鄙的，抢劫是无耻的。宙斯的儿子们都不喜欢欺骗和暴力，也从来不做这种事。因此，在这类问题上，不要被诗人或讲邪恶神话的人误导，不要错误地认为，一个人在偷窃或抢劫时，并没有做什么可耻的事，也不要认为，诸神自己也做这样的事。因为，这种说法既不真实，也不可能。违反法律偷窃

---

* 赫尔墨斯：希腊神话中诸神的使者，也是商业、旅者、小偷和畜牧之神。——译者注

或抢劫的,根本不是神,也不是神的儿子。关于这一点,立法者
941c 理应比所有的诗人都更清楚。所以,听我们话的人是有福的,
而且会永远有好运气。而不听从的,要受到以下法律的制裁。
凡偷盗公共财物的,无论物品大小,都要受到同样的惩罚。因
941d 为,偷小东西的人也有同样的贪欲,只是能力弱而已,而偷窃不
是自己存放的大的东西,则是完全不正义的。所以,法律判定
一个罪犯的刑罚比另一个轻,其依据并不是偷窃的东西的多
少,而是一个人仍可挽救,而另一个人则无可救药。在裁决一
942a 个外邦人或者奴隶偷窃公共财产的案件中,法庭在判决应该受
到的惩罚和应支付的赔偿时,要将违法者作为可以挽救的人来
对待。但是,在城邦受到应有教养的公民,如果被判决犯了盗
窃或抢劫城邦财产的罪行,无论是否被当场抓获,都要被处以
死刑,因为这种人是不可救药的。

关于军队的组织,需要很多的考虑和许多的法律。最主要
的原则是,任何人,无论男女,都不能没有指挥官。任何人,无
942b 论是在严肃的时候还是在游戏中,都不应该养成独自行动的习
惯。在任何时候,无论是战争时期还是和平时期,都要关注并
追随指挥官。即使在最小的事情上,也要听从指挥官的命令。
例如,根据命令,起立、行走、训练、洗澡、吃饭、夜间站岗、传达
信息。在危险时刻,如果没有指挥官的命令,就不得追击或撤
942c 退。总之,应该通过习惯来教导自己的灵魂,不得有与同伴分
离、独自行动的念头。所有人的生活要尽可能地在各方面都保
持一致和统一。因为,要想在战争中获得安全和胜利,现在没
有、将来也不会有比这更强大、更好、更巧妙的方法了。在和平
时期,从小时候起,我们就应该养成指挥别人和被别人指挥的
942d 习惯。无政府状态必须从人类的生活中根除,也必须从那些受

人类支配的动物的生活中根除。

此外，所有的合唱表演都应该着眼于战争中的出色表现。为此目的，要培养人们的柔韧性和灵巧性，以及对饮食缺乏、冬寒夏热和硬床的忍耐力。而且，最重要的是，不要用外部覆盖物包裹头部和脚部，这样会破坏头脚本来具有的能力并阻碍其 942e
自然生长。头和脚处于身体两端，如果它们能维持良好的状态，全身的力量就能保持在最佳的状态，但如果它们被损坏了，就会产生相反的效果。脚是整个身体的仆人，而头是主人，它 943a
天然地拥有支配身体的所有感官。这就是我们认为年轻人应该听到的对军事生活的赞美。

相关的法律如下。凡是被列入名单或被指定执行特殊任务的人，都必须服兵役。如果有人由于胆怯，没有得到指挥官的许可就不服兵役，在军队从战场返回后，他就要被以逃避兵役的罪名在军事指挥官面前起诉。法官是各个兵种的士兵，也就是，重装步兵、骑兵以及其他种类的士兵。重装步兵在重装 943b
步兵面前接受审判，骑兵在骑兵面前接受审判，同样，其他兵种在其相应的兵种面前接受审判。被判有罪的人，永远不得参加军事竞赛，也不得控告他人逃避兵役，不得在此类案件中成为原告。此外，法庭还要裁决此人应受到的惩罚和应支付的罚金。然后，在逃避兵役的诉讼结束后，各兵种的指挥官要举行集会，评定英勇奖。那些想要得奖的人，要在自己的部队中接 943c
受评判，但提出的证据和证人的证词，不能依据以前的战争，而只能根据刚刚参加的战役。各个兵种的胜利花冠是橄榄枝，获奖者在上面题字后把它挂在自己喜欢的战神的庙宇里，以证明自己曾得过第一、第二或第三等奖。

如果有人去出征，但却在指挥官撤回军队之前就回来了， 943d

那么,他就要被以逃兵的罪名起诉,审判他的人和审判逃避兵役的人一样,如果被定罪,受到的处罚和逃避兵役罪一样。提起此类诉讼的人,应当小心谨慎,无论有意还是无意,都不要错
943e 误地控诉他人。因为,正义女神正如人们所说的那样,是敬畏女神的女儿,而敬畏女神和正义女神天然地憎恨虚假。因此,每个人都应该非常小心,不要违背正义,尤其是在有关扔掉武器的事情上,必须要分辨出被迫扔掉武器的行为,不要将其作为可耻地丢弃武器加以谴责,也不要指控无辜的人。但是,要
944a 作出这种区分可能很困难。然而,法律还是要设法把它们区分开来。让我用一个古老的故事来解释我的意思。假如帕特洛克斯被带进营帐时没有了武器,后来他苏醒过来了。这种事在很多人身上都发生过。据诗人说,这些武器是珀琉斯和忒提斯结婚时,诸神作为嫁妆送给珀琉斯的,现在到了赫克托尔手中。那么,当时那些卑劣的人就会诋毁说,墨诺提俄斯的儿子丢弃
944b 了武器。* 此外,有一些人失去武器是因为被扔下悬崖,或者是由于在海上或在暴风雨中受到突然袭来的洪水的攻击。人们可以列举出无数这样的情形来减轻罪责,为容易遭人误解的不幸辩护。因此,我们必须尽力把较大、较严重的邪恶与较小的邪恶区分开来。指责时,用语的使用可以体现出这种区分。
944c "丢弃武器者"一词并不适用于所有情况,他可能只是"失去武器者"。因为,被强大的暴力夺取了武器的人与自愿丢弃武器的人之间,存在巨大的或确切地说是根本的差别。

法律规定如下。如果有人被敌人袭击,虽持有武器却不奋

---

* 帕特洛克斯、珀琉斯、忒提斯、赫克托尔、墨诺提俄斯:荷马史诗中的人物。——译者注

起反抗,而是自愿地放下或扔掉武器,用快速逃跑为自己赢得可耻的生路,而不是勇敢地选择高尚和幸福的死亡,对于这样一种丢弃武器的行为,应进行审判。但是,对于被迫扔掉武器 944d
的案件,法官在调查时要认真仔细。因为,坏人应该受到惩罚,以使其改过自新,但不幸的人不应该受到惩罚,因为这样的人没有因扔掉武器而获得什么好处。对于丢弃防御武器的人,应该有什么样的惩罚呢?据说,神曾经将色萨利人卡伊纳乌斯从女人变成了男人,但与此相反的事却超出了人类的能力。否则,把一个人从男人变成女人,也许是对"丢弃武器者"最恰当 944e
的惩罚。然而,这是不可能的。因此,我们要尽力制定一条类似的法律。对于这种贪生怕死的人,要让他在余生中不会遇到任何危险,这样他就会在尽可能长的时间里生活在怯懦的耻辱之中。以下法律适用于这类案件。凡因在战争中可耻地丢弃武器被定罪的,任何指挥官和其他官员都不得将其录用为士兵,不得指派其承担任何职务。对录用这种懦夫的官员,监察 945a
官要处以罚款。如果这个官员是最高财产等级的人,就要处以1000 德拉克马的罚款;如果他是第二等级的,就罚款 5 米纳;如果是第三等级的,就罚款 3 米纳;如果是第四等级,罚款 1 米纳。因怯懦被判有罪的人,根据他的本性,要被禁止从事需要男子汉气概的危险任务,而且,同前面的情况一样,他还要支付罚款。如果他是最高财产等级的人,罚款 1000 德拉克马;如果他是第二等级的人,罚款 5 米纳;如果他是第三等级的人,罚款 945b
3 米纳;如果他是第四等级的,罚款 1 米纳。

对于监察官,应该有什么规定呢?要知道,我们的官员,一些是由抽签决定的,任期 1 年,另一些是从预先选出的候选人选举出的,任期数年。如果有官员由于无法承受繁重的工作或

者无力胜任这份工作而做出不正义的行为，那么，谁可以成为
945c 审查他们的监察官呢？要找到在美德方面胜过其他官员的人
并不容易，但我们还是要努力找到这种神圣的监察官。事实
上，情况是这样的。政治体制，就像船只或动物一样，许多重要
的因素会使其分裂。这些因素虽然分散在各处，还有各自不同
的名称，例如支索、大梁、肌腱，但它们在本质上是一样的。对
945d 于政治体制的保全和分裂，监察员的职务是最关键、最重要的
因素。因为，如果监察官比官员好，能用无可非议的方式、依据
无可非议的正义履行职责，那整个城邦就会繁荣和幸福。但
是，如果不能正义地审查官员，那么，把政治组织结合在一起的
正义的纽带就会被割断。这样一来，各个职权就会被分离开
945e 来，它们不再趋向同一目的，城邦中就会充满不同的派系，一个
城邦被分裂成许多小城邦，然后整个城邦就会被摧毁。因此，
监察官必须是在美德的各个方面都令人钦佩的人。

让我们设计一种产生这种人的方式。每年夏至之后，整个
946a 城邦要在太阳神和阿波罗的共同区域举行集会，选出 3 个人呈
现给诸神。每个人要提名一个自己认为在各方面最好且年龄
不低于 50 岁的人，但不能提名自己。如果被提名者的总人数
是偶数，就要把他们平均分成两部分。如果总人数是奇数，就
要把得票最少的那个人去掉，使总人数成为偶数后，再将其平
分成两部分。然后，留下得票较多的那一半人，剔除得票较少
的一半人。如果有几个人的票数相等，使得候选人超过半数，
946b 就要去掉年纪较轻的人，以去除多余的票数。在剩下的候选人
中，再次投票，直到剩下 3 个票数不相等的人为止。如果这 3
个人或其中 2 个人得到了相同的票数，就要把这件事交给命运
和机会，通过抽签来选出第一名、第二名和第三名，并给他们戴

上橄榄枝花冠，授予他们荣誉，同时公开宣布，在诸神的保佑下，马格尼西亚城邦获得了拯救。3 个最优秀的人要呈现给太阳神，按照古代礼法，在他们履行监察职责期间，把他们作为第 946c
一批果实献给阿波罗和太阳神。第一年要任命 12 名监察官，他们都要任职到 75 岁。此后每年增加 3 人。他们要把所有的官员划分为 12 个部门，用适合自由人的方法审查这些官员。监察官在任职期间要居住在太阳神和阿波罗的选区，在审查城 946d
邦的官员时，他们可以自己单独或者和同僚一起行使职权。他们要在市场上以书面公告的形式宣布，根据监察官的裁决，官员应受到的处罚和应支付的罚款。如果有官员认为判决不公正，就可以把监察官带到选任的法官面前。如该官员被判无 946e
罪，只要他愿意，就可以起诉监察官。如果该官员被判有罪，而且监察官判处的刑罚是死刑，他应被直接判处死刑，因为死刑只能判处一次。但如果他被判处的是其他可以加倍的刑罚，他就要受到双倍的处罚。至于对监察官的审查，我们要研究一下，应该审查什么以及如何进行审查。

监察官在世时，被整个城邦认为是配得上最高荣誉的人， 947a
在每一个节日庆典上他们都坐在前排。被派去参加希腊人的共同祭祀、大会和其他神圣集会的神圣使团的团长，也要从他们中选出。在所有的公民中，只有他们才能戴上桂冠。他们还是阿波罗和太阳神的祭司。在每年被选中的监察官中，获得第
一名的是当年的大祭司。在城邦存续期间，每年要写下他的名 947b
字，作为计算年代的标准。此外，在监察官去世后，他的安置、送葬和坟墓，应当与其他公民不同。葬礼上所有的衣服都是白色的，而且没有挽歌和哭丧。由 15 名女孩和 15 名男孩组成的合唱队，站在灵柩的两旁，轮流唱颂歌，用歌声来祝福死者。第 947c

二天的黎明，死者亲属挑选的 100 名参加体育锻炼的青年，把
棺材抬到坟墓里去。送葬队伍最前面是未婚青年，他们都身着
戎装，骑兵骑着马，重装步兵带着武器，其他人也都是这样。在
947d 灵柩的四围，前面是男孩，他们唱着城邦的圣歌，后面是女孩和
已满生育年龄的妇女。男祭司和女祭司跟随其后，虽然他们被
禁止参加其他的葬礼，但皮提亚允许他们参加这个葬礼，因此
葬礼不会受到玷污。坟墓建在地下，为长方形，由结实的凝灰
947e 岩建造，里面有并排放置的石榻。人们在这里安葬这位受祝福
的人，并用一个圆形的土堆盖住坟墓，还在坟墓周围种上树，但
要留出一边来。在留出的那一边，坟墓可以随时扩大，而不需
要建一个新坟。每年人们都要举行音乐、体育和马术比赛，以
纪念死者。这是授予那些通过审查的监察官的荣誉。

但如果某个监察官认为审查已经结束，在当选后变得邪
948a 恶，显露出人性的弱点，法律要规定，任何人都可以起诉他。案
件的审判按以下方式进行。法庭的成员首先是法律维护者，其
次是在世的监察官，此外还有选任的法官。提出控告的人应在
其起诉书中声明，某人不配获得荣誉，不配担任这个职务。如
果这个监察官被判有罪，就要免除他的官职，剥夺其葬礼仪式
948b 和其他荣誉。如果原告未能获得五分之一的赞同票，就要支付
罚款。如果他是第一财产等级的，就要罚 12 米纳；如果他是第
二等级的，罚 8 米纳；如果他是第三等级的，罚 6 米纳；如果他
属于第四等级，罚 2 米纳。传说中的拉达曼迪斯的审判方式是
值得敬佩的。拉达曼迪斯知道，那个时代的人对诸神的存在深
信不疑。这是合情合理的，因为据传说所述，当时大多数人，包
括他自己，都是诸神的后裔。也许他认为，案件的审判不应该
交给任何人类法官，而应该交给诸神，这样就可以得到既简单

又迅速的判决。他让双方就争论的问题起誓,以此迅速而稳妥 948c
地处理案件。但是现在,正如我们所说的那样,有一部分人压根不相信诸神的存在,另一些人则认为,诸神根本不关心我们;最糟糕的是,多数人认为,诸神为了换取一点小小的祭品和几句奉承的话,会帮助人们盗窃大笔钱财,或使人们免遭许多可
怕的惩罚。在这种情况下,拉达曼迪斯的做法对当今的审判已 948d
不再适用了。既然人们对诸神的看法已经改变,法律也要改变。在诉讼中,凭理智制定的法律应废除双方当事人宣誓的做法。提起诉讼的人要写下指控,但无须宣誓。同样,被告也要写下自己的反驳并送交法官,但无须宣誓。可怕的事情是,城
邦里有许多诉讼,近一半的人都做过伪证,而这些人在公餐和 948e
其他公共和私人聚会上却毫无顾忌地彼此交往。法律要规定,
法官审判时必须宣誓,选举城邦官员的人,要么宣誓投票,要么 949a
带着从庙宇拿来的石子投票。需要宣誓的人还有:合唱队和音乐表演的裁判员,体育和赛马比赛的监督员和裁判员,以及其他事情(在这些事情上,人们认为发假誓没有任何好处)的裁判者。对于发誓否认某事明显会对发誓人有利的案件,应在不
经诉讼各方发誓的情况下判决,主审法官不得允许任何一方为 949b
使别人相信自己而发誓,不得允许咒诅自己和自己的家人,也不得允许不成体统地哀求或像女人一样哭泣。人们只能并且总是要用适当的语言陈述。如果有人不这样做,法官要制止他离题,并把他带回到争论的问题上来。但对于外邦人之间的诉
讼,应允许他们像现在一样互相宣誓,并互相接受具有约束力 949c
的誓言。因为,他们不会在这个城邦居住到老,而且按照惯例,也不会在这里生养后代,不会留下有权居住在这里的、和他们一样的人。外邦人之间的诉讼,审判的方式与公民之间的诉讼

一样。

对于自由民不服从城邦的行为，如果不是应受到鞭打、监
949d 禁或死刑处罚的情况，而是诸如不参加合唱队、游行或其他表
演和公共服务，涉及和平时期的献祭或战时的税款，在这些情
况下，首先要做的是赔偿损失。不服从的人，要向城邦和法律
授权收取罚款的官员提供抵押。对于那些仍然不服从的人，就
要卖掉他们的抵押物，所得钱款归城邦所有。如果需要更重的
949e 惩罚，官员要根据案情对不服从的人处以适当的惩罚，并将其
带到法庭，直到他愿意服从命令为止。

对于一个只靠耕种土地获利而不从事对外贸易的城邦来
说，必须考虑如何处理本邦人前往其他城邦和接纳来自其他地
方的外邦人的问题。立法者应该就这些问题提出建议，并且要
尽可能地有说服力。城邦之间的交往自然会导致各种习俗的
950a 混杂，因为外邦人会带来新奇的习俗。对于被良好的法律治理
得很好的城邦来说，这种混杂会造成巨大的伤害。但是，大多
数城邦并没有受到良好法律的治理，这样，本邦人接纳外邦人
或者本邦人去其他城邦（无论年龄大小，无论何时，想去哪里
就去哪里），由此产生的人口混杂并不会带来大问题。但另一
方面，如果拒绝接纳其他城邦的人，或者不让本邦人去其他地
950b 方，这是不可能的。而且，在其他城邦看来，这样做是不文明和
粗暴的，这会给我们带来"驱逐外邦人"以及态度顽固和严厉
的坏名声。而在别人眼中的声誉，无论是好的还是坏的，都是
一件不可轻视的事情。因为，虽然大多数人自己与真正的美德
相去甚远，但并不缺乏判断他人是好是坏的能力，甚至在恶人
身上也存在一种神圣而正确的直觉，而许多极其邪恶的人，在
950c 他们的言论和意见中，也能正确地区分好人和坏人。对大多数

城邦来说，要高度重视良好的公众声誉，这是一个正确的劝勉。如果想成为一个真正完美的人，最正确和最重要的是，做一个真正的好人，追求一种有好名声的生活，除此之外，别无他法。
在美德方面，我们在克里特建立的新城邦要从别人那里获得最 950d
好和最高贵的声誉。我们有充分的理由期待，如果一切都能按照我们的计划进行，这个城邦会跻身于太阳神和其他诸神所俯视的为数不多的受治于良好的法律的城邦之列。

在去其他城邦旅行和接纳外邦人的问题上，法律规定如下。首先，不满40岁的人不得去其他城邦。任何人不得以私人身份前往其他城邦，而只能以公务身份出访，如信使、使者和
观察员，但战争中的远征不属于这种公务旅行。对于特尔斐的 950e
阿波罗和奥林匹亚的宙斯以及在尼墨亚和伊斯忒墨的诸神，公民应该被派去参加献给这些神的祭祀和竞赛。我们要派遣尽可能多的而且是最高贵、最优秀的人，他们要在宗教集会与和
平集会中为城邦赢得良好的声誉，这是一种堪与勇士相媲美的 951a
光荣声誉。这些人回来后，要告知年轻人，其他城邦的政治制度不如自己城邦的。如果法律维护者同意，城邦还会派出观察员，这些人想悠闲地观察其他城邦的情况，对此，法律不应阻
止。因为，一个城邦如果没有与好人和坏人交往的经验，就不 951b
可能达到彻底和完全的文明，同样，仅仅凭习俗，而不依靠理智，法律也得不到维护。在芸芸众生中，总有一些神圣的人，与他们交往是非常有价值的，无论是在秩序井然的城邦还是在混乱无序的城邦，都会有这种人。一个治理良好的城邦中的不愿
堕落的公民，应该越过陆地和海洋，去寻找这些人，以使自己城 951c
邦里的好的制度得到巩固、有缺陷的制度得到修补。如果没有这种观察和调查，一个城邦就不能保持完美，如果观察进行不

当,结果也是一样。

克莱尼亚:那么,我们该如何做好这两件事呢?

雅典人:要这样做。首先,我们的观察员应该在50岁以
951d 上。如果法律维护者同意把他作为典范派往其他城邦的话,他必须在军事和其他事务上都有良好的声誉。但在60岁以后,他就不能再担任观察员的职务了。如果他愿意,可以就任10年,期满回来后,他要向审查法律的议事会报告。这个议事会由年轻人和年长者组成,每天从黎明到日出都要开会。议事会
951e 的成员首先是获得美德荣誉的祭司,其次是最年长的10名法律维护者,然后是现任的和已经离任的主管教育的官员。这些人不能单独参加会议,而是要挑选一个年龄在30岁到40岁之间的年轻人一起去。他们要讨论自己城邦的法律,他们听到的
952a 其他地方的特别好的法律以及其他相关事宜。此外,他们还讨论那些能够加深其研究的知识,学习这些知识的人能更清晰地理解法律,而对于不学习的人,与法律有关的事情就会显得暗淡和不清楚。对于这些事情,凡年长者认可的,年轻人就要勤奋地学习。如果某个被邀请参会的年轻人被认为不合格,整个
952b 议事会都要谴责那个邀请他的人。而对那些声誉良好的年轻人,城邦里的其他公民要特别重视、密切关注和认真观察,在这些人做好事的时候给予他们荣誉,但如果他们比大多数人坏,就要蒙受比其他人更大的羞辱。

考察过其他地方的法律制度的人,回来后要立即向议事会报告。如果他发现别人对立法、教育和教养有什么看法,或者自己在此方面有什么心得体会,他就要把这些情况向议事会报告。如果他回来的时候丝毫没有变坏或变好,那么,无论如何,
952c 因为他那热切的精神,也应该表扬他。如果他回来后变得比以

前好得多，那他在世时就应得到更多的赞扬，而在他死后，议事会也要授予他应有的荣誉。但是，如果他回来后明显已经堕落，但却装作聪明，那么，他就不得与任何人——无论老少——交往。如果他服从官员的命令，他就可以独自生活。如果他不 952d
服从，并且因为干涉教育和法律在法庭上被判有罪，他就要被处以死刑。如果他应该被起诉，而没有官员起诉他，那么，在评定美德的奖赏时，这些官员就要受到谴责。这就是关于出境者和出境程序的规定。

接下来是友好地接待来自外邦的客人的问题。有四种外邦人有必要讨论一下。第一种是每年夏天都来的人，就像候鸟 952e
一样。他们中的大部分人，为了赚钱，就像长了翅膀一样漂洋过海，在夏天飞往其他城邦。负责此类事务的官员，要在城市外的市场、港口和城市附近的公共场所接待这些人。官员们应 953a
该保持警惕，以防这些外邦人带来新奇的东西，并要公正地对待他们。与这些外邦人打交道是必要的，但这应尽可能地少。第二种外邦人仅仅是观察者，在音乐节日上，他用眼睛看，用耳朵听。对于这些人，要在庙宇为他们提供合适的住宿，祭司和庙宇看守人要关心和照顾他们。但他们逗留的时间不能过长。在他们看过和听过了自己想要看和听的东西后，如果他们没有造成伤害，自己也没有受到伤害，就让他们离开。如果他们中有人受到伤害，或者伤害了别人，如果赔偿额不超过 50 德拉克马，就由祭司来审判，如果赔偿额超过 50 德拉克马，就由市场管理者来审判。第三种外邦人是从另一个城邦来执行公务的，应受到公务接待。这类外邦人要由将军、骑兵指挥官和步兵指挥官来接待，而对他的照料要由他寄宿在其家中的官员和轮值官共同负责。第四种外邦人并不常见，类似于我们派到外邦的观察员，他们从另一个城邦来我们这里考察。首先，这种人的年龄不得小于 50 岁。其次，他们来这里是为了观赏某种特别美好的东西，或者是为了把这种东西展示给自己的城邦。这样的人可以不请自来地去拜访富有的人和有智慧的人，因为他自己就是这种人。例如，他可以去主管教育的官员的家中，自信自己是这样的主人的合适的客人，或者去那些获得美德声誉的人的家里，与他们交往，向他们学习，也教导他们。之后，他会离开，像朋友离开朋友一样，并接受合适的礼物和适当的尊荣。
953b 在接待来自其他城邦的男女外邦人时，以及将自己城邦的人派往其他城邦时，要遵守这些法律。要对外邦人保护神宙斯表示敬意，而不能像尼罗河流域的居民那样，用食物和祭品驱逐外邦人，也不能用野蛮的布告驱逐他们。

如果提供担保，必须明确地以书面形式约定整个交易，如果金额在 1000 德拉克马以下，见证人不得少于 3 人。如果金
954a 额超过 1000 德拉克马，见证人不得少于 5 人。不诚实或不值得信赖的卖方的代理人也负有责任。代理人和被代理人负同等责任。

如果有人想要搜查别人的住所，他必须脱掉衣服，只穿一件短上衣，不系腰带，并且要向习俗规定的神宣誓，表明他确实希望能找到那件东西。然后他就可以搜查，而对方也要打开自己的家门，无论封存的还是未封存的物品，都要让他搜查。但
954b 是，如果一个人想搜查，而对方拒绝，要求搜查的人要评估搜查物的价值并提起诉讼。如果拒绝被搜查的人被判有罪，就要支付两倍于搜查物的估价的赔偿金。如果房屋的主人碰巧不在家，家里人应当允许要求搜查的人搜查未封存的东西，对于封存的东西，搜查的人要加盖上自己的封印并交给他人保管 5

天。如果房子的主人5天后还没有回来,搜查的人就可以把城邦管理者请来,打开封存的东西,然后,当着被搜查人的家人和 954c 城邦管理者的面,用同样的方法再次封存。

对于有争议的所有权,必须有一个期限,在此期限届满之后,就不得对占有人的所有权提出异议。在这个城邦,关于土地和房屋是没有争议的。对于其他财产,如果有人在城里、市场或庙宇公开使用某物,但没有人索要或声称一直在寻找此物,那么,该物品的占有者显然没有隐藏此物。如果这种一方占有某物、另一方寻找的状况持续了1年,那么,1年的期限过 954d 后,任何人都不得再索要该物品。如果一个人不是在城里或市场上而是在乡村里公开使用某物,并且在5年内没有人向其索要该物品,那么,5年后,任何人都不得提出索要该物品的要求。在城内家中使用物品的,期限为3年。若在乡下隐蔽处使 954e 用,期限为10年。如果物品在外邦,就没有期限的限制,无论何时找到,都可以索要。

如果有人强行阻止当事人或证人出庭,如果被阻止的人是奴隶,不论是当事人自己的奴隶还是他人的奴隶,审判都要被取消并被宣告无效。如果被阻止的人是自由人,除了要取消审 955a 判外,那个阻止他人的人还要被监禁1年,而且任何人都可以起诉他犯了绑架罪。如果有人在体育、音乐或其他比赛中强行阻止竞争对手参赛,任何人都可以向竞赛主管报告,竞赛主管应允许想要参加竞赛的人自由地参赛。如果做不到这一点,并且阻止他人参赛的人赢得了比赛,那么,就要把胜利的奖品颁发给那个被阻止参赛的人,并把此人的名字作为胜利者的名字 955b 刻在他喜欢的庙宇里。阻止他人参赛的人不得作出任何有关该竞赛的献祭或题词,并且,不论在竞赛中失败还是获胜,他都要承担赔偿损失的责任。

如果接受明知是盗窃物的东西，就要受到和盗窃者一样的惩罚。如果隐匿被流放的人，要被处以死刑。每个人都应把城
955c 邦的朋友或敌人视为自己的朋友或敌人。如果有人未经城邦授权就与他方媾和或开战，他就要被处以死刑。如果城邦的某部分自行与他方媾和或开战，将军们就要起诉该行为的发起者，此人如果被定罪，就要被处以死刑。

为自己城邦效力的人不应该接受礼物。“做了好事就应该接受礼物，做了坏事不应该接受礼物”，这种说法既不是借口，
955d 也不值得称赞。作出明智的决定，并坚定地遵守自己的决定，并不是一件容易的事。最安全的做法是听从并遵守法律，“不可为得到礼物而效劳”。如果有人不服从并被法院定罪，就要被处死。

就征税而言，出于多种原因，每个人都应该评估自己的财产。同样，部落的成员也要向田地管理者提交年收入的书面记
955e 录。这样，公共财政的官员每年可以审议并决定使用两种模式中的一种：要么从评估的全部财产中征收，要么在除去公餐的花费后，从年度的总收入中征收。

至于献给诸神的祭品，有节制的人应当献上合适的祭品。土地和炉灶已经敬献给了诸神，因此，不应该再次把它们用于
956a 献祭。金子和银子，无论是私人拥有的还是庙宇里的，在其他城邦都是容易引起嫉妒的物品。象牙来自失去灵魂的躯体，不是纯洁的祭品。铜和铁是战争的工具。任何人都可以依照自己的意愿为公共庙宇献上木制品和石制品。一个妇女一个月内可以完成的编制品，也可以作为祭品。对于编织品和其他物
956b 品，白色是适合诸神的颜色，染料只能使用在用于战争的装饰

品上。献给诸神最虔诚的礼物是鸟类，还有一个画家在一天之内可以画完的图画。其他祭品，也要遵循类似的规则。

现在，整个城邦已经被划分成若干部分，这些部分的性质和数量我们已经讨论过了。关于所有最重要的商业交易的法律，我们也讨论过了。接下来的事情是司法程序。初级法庭由
被告和原告共同选出的法官组成，称他们为“仲裁者”比“法 956c
官”更合适。中级法庭由村民和被分为12个部分的部落的成员组成。如果案件在初审法庭未能解决，当事人可以在中级法庭继续争辩，但会面临惩罚加重的风险。如果被告在第二次审判中再次败诉，就要额外支付全部赔偿金的五分之一。如果对
第二次审判还是不满意，想要进行第三次审判，就要把案件交 956d
给选任的法官。如果被告再次败诉，就要额外支付全部赔偿金的一半。如果原告在初审法庭败诉后不满意，又去中级法庭起诉，如果他胜诉了，就可以多得五分之一的赔偿金，如果败诉了，就要支付同样数额的赔偿金。如果当事人对之前的判决不满意，上诉至第三个法庭，那么，如果原告胜诉，如前所述，被告要多支付一半的赔偿金，如果原告败诉，原告就要支付一半的
赔偿金。 956e

关于抽签选举法官、填补法官空缺、为法官任命助手、各种程序的时限、投票、休庭以及其他与诉讼有关的事情，例如确定审判的顺序、答辩和出庭的要求以及其他类似的事情，关于这
些，我们确实已经说过了，但对于正确的事情，重复两到三次也 957a
无妨。年长的立法者可能会忽略较小的和较容易制定的规则，而年轻的立法者应当填补这些遗漏。以这种方式建立处理私人案件的法庭，是合适的，而城邦的普通法庭，以及官员们在执行职务时要使用的法庭，在许多其他城邦都存在。优秀的人制

957b 定了许多优秀的制度，法律维护者应当从中选出适合我们的新城邦的制度，对其进行考察、修正并用经验加以检验，把每一条法律都令人满意地制定好。然后，这些法律要被最终确定下来，不可更改，并在今后一直使用下去。

关于法官沉默和慎言的规则和与此相反的规则，还有与其
957c 他城邦不同的有关正义、善和高贵的观念，我们已经讨论了一部分，另一部分会在临近结束时讨论。对于所有这些问题，想成为公正的法官的人应该认真地对待，要学习已有的关于这些事情的著作。在所有的知识中，好的法律知识对使学习者变好具有最大的力量。如果不是这样，神圣而神奇的法律拥有一个类似于理智的名称，就是有名无实。对于其他的言论，如对个
957d 人赞扬和谴责的诗歌或散文，无论是书面的还是在日常谈话中说的，无论是人们出于好胜而争论的，还是由于软弱而赞同的，对于所有这些，立法者的著作是明确的检验标准。好的法官要在心中牢记这些著作，以此作为其他言论的解毒剂，指导自己
957e 和城邦正确行事。对于好人，要让正义的东西在他们身上持久和增长；对于坏人，只要他们邪恶的心灵能被治愈，就要尽力把他们从无知、放纵、懦弱以及一切不义中解救出来。但是，对于
958a 那些命中注定死亡是对其灵魂的唯一解救办法的人来说，如果对他们处以死刑，那么，就像我们常说的那样，这样做的法官应得到城邦的赞扬。

当年的审判结束后，执行判决应适用的法律如下。首先，法官要把败诉方的全部财产交给胜诉方保管，但败诉方的必需
958b 品除外。在每一个案件中，要在投票结束后立即由传令官来做这件事。在案件审理结束一个月后，如果当事人不能达成双方满意的协议，审理该案的法官就要应胜诉方的要求，将败诉方

的财物移交给胜诉方。如果败诉方的财物不足以支付,而不足的金额不少于 1 德拉克马,那么,在偿还胜诉方的债务之前,败 958c 诉方不得对其他人提起诉讼(但他人仍有权对这些人提起诉讼)。如果被判有罪的人阻碍作出判决的官员执法,受到阻碍的官员就要将此人带到法律维护者的法庭上。如果此人被判有罪,就要因颠覆城邦和法律而被处以死刑。

一个人出生,然后长大,之后生下并抚养自己的孩子。他公平地从事商业交易,如果伤害了别人,就要赔偿,如果自己受 958d 到了伤害,就要获得赔偿。在遵守法律的生活中,他会变老,依据自然,最终在适当的时候,他会死亡。当有人——无论男女——去世后,关于需要举行的神圣仪式,无论涉及冥府的神还是这个世界的神,都要由神谕解释者作出权威的解释。无论墓碑大小,坟墓都不得建在可耕种的土地上,而只能建在依土 958e 地的自然条件仅适合掩埋死者的地方,以使其对生者的伤害尽可能地小。任何人,无论是活着的还是死去的,都不能剥夺生者的食物,这些食物是作为养育父母的大地依自然要为人们提供的。坟堆的高度,不得超过 5 个人在 5 天内能堆的高度。墓碑也不能过大,能容纳四行赞美死者的六韵步诗就足够了。尸 959a 体在家中不能停放过长的时间,不得超过足以区分昏迷和真正死亡的时限。一般来说,把尸体抬进坟墓的合适时间是死后的第三天。我们要相信立法者,他告诉我们,灵魂在各方面都优于身体,而且,在生命中,使我们成为我们自己的只有灵魂,而 959b 身体只是我们每个人的外表。当人死去的时候,尸体说得好听一点不过是死者的幽灵,而我们每一个人真正的自我,也就是所谓的不朽的灵魂,就像祖先的礼法告诉我们的那样,要去向另一个世界的诸神报告。这对好人来说是鼓舞人心的,但对坏

人来说却是非常可怕的。立法者还说,对于已死的人,没有什
959c 么是可以帮他的。但对于活着的人,亲人应该帮助他,使他虔诚而正义地活着,这样,他死后就不会因为自己的恶行而受到惩罚。既然如此,就不要在死者身上花太多的钱,不要认为被埋葬的尸体真的就是自己的亲人。我们要明白,子女、兄弟或其他我们悲伤地认为正在被埋葬的人已经离开,去完成和实现
959d 自己的使命了。我们的职责是,合理地安排后事,在冥府诸神没有灵魂的祭坛上,花费要适度。至于什么是适度,立法者会给出最恰当的解释。法律的规定如下。对于最高财产等级的人,整个葬礼的费用不得超过 5 米纳;对于第二等级的人,不得超过 3 米纳;对于第三等级的人,不得超过 2 米纳;对于第四等级的人,不得超过 1 米纳。

法律维护者要履行许多职责,监管许多事务,其中最重要
959e 的是,照管孩子、成人和各个年龄段的人。在一个人的生命结束时,亲人要请法律维护者来监管。如果死者的后事安排得适当又适度,这个法律维护者就获得好名声,如果安排得不好,他就会受到谴责。葬礼和其他事项应当按照习俗进行,但是对于
960a 以下事项,习俗要让位于法律。要求或禁止人们为死者哀哭都是不妥当的,但不得唱挽歌,也不得把哀哭的声音传到屋外。不得把尸体搬到大街上。送葬的队伍在穿越大街时不得大声哭喊,并且要在天亮前离开城市。以上就是与这些事情有关的法律。遵守的人,就不会受到惩罚。但若有人违反某个法律维
960b 护者的命令,就要受到全体法律维护者一致同意的惩罚。对于其他埋葬方式,以及在抢劫庙宇、杀害父母和类似案件中不予埋葬的情况,前面已经讨论过并制定了法律,所以我们的立法任务已接近尾声。但是,在任何情况下,目的都不在于做某件

事或获得什么或建立什么。只有我们确保自己创造的东西是完美的和持久的时,我们才有理由认为,自己已经做了所有应该做的事。在那之前,我们的工作都是不完整的。 960c

克莱尼亚:你说得很好,先生。但我希望你能更清楚地解释一下。

雅典人:啊,克莱尼亚,古时候的许多头衔都是用高贵的口吻说出来的,给予命运女神的头衔就是其中之一。

克莱尼亚:是什么头衔?

雅典人:据说,第一位是拉克西斯,第二位是克洛索,第三位是阿特洛波斯。第三位女神是我们所说的事物的保存者,我们把这些事物比作火编织的事物,它们(阿特洛波斯和火)都具有不可改变的性质。我所说的东西,在城邦和政治体制中, 960d
不仅要给身体带来健康和安全,还要给灵魂带来法律,或者更确切地说,是对法律的维护。而且,如果我没有弄错的话,我们的法律似乎缺少这一点,那就是,以正确的方式自然地把这种不可改变的性质植入到法律中。

克莱尼亚:如果真的不能找到使一切事物都获得这种性质的方法,这可不是一件小事。

雅典人:但做到这一点是可能的,我们现在对此看得很清 960e
楚。

克莱尼亚:那么,在把这一性质植入我们的法律之前,我们不要停下来。因为,如果我们在一件事情上耗费了大量的精力,却不把它建立在坚实的基础上,这是荒谬的。

雅典人:我赞成你的建议,与你的想法一致。

克莱尼亚:说得好,那么,你认为,什么是我们的政治制度和法律的保障,又该如何保障呢?

961a **雅典人：**我们说过，在我们的城邦里，要有这样一个议事会，10 名最年长的法律维护者和获得美德奖的人在一处集会。议事会还包括那些曾经去外邦了解对维护法律有用的东西的人，他们已经安全回来，经过检验被认定有资格参会。此外，每
961b 个成员都要选出一个年龄不少于 30 岁的年轻人，首先由他自己判断这个年轻人在天性和教育方面是否足够优秀，然后把这个年轻人介绍给其他成员，在得到全体成员的同意后，这个年轻人就可以参会。但如果其他成员不同意，这个年轻人最初被提名的事就要保密，尤其要对他本人保密。议事会的会议要在天亮前举行，那时大家都有时间，不会受到各种公、私事务的烦
961c 扰。我们之前说过这些，是吗？

克莱尼亚：没错。

雅典人：接着，回到议事会来，我想进一步说，如果我们把这个议事会作为城邦的锚抛下去，城邦为其配备所需之物，那么，它就能拯救我们渴望的一切东西。

克莱尼亚：你是什么意思呢？

雅典人：现在是时候了，我们要充满热情地说明接下来的事情。

克莱尼亚：说得好，就照你说的去做吧。

961d **雅典人：**克莱尼亚，要知道，一切事物，在它的每一种活动中，都有一个天生的救星，比如对于动物，灵魂和头脑是主要的救星。

克莱尼亚：再问一次，你是什么意思？

雅典人：很明显，这两个部分处于良好的状态，就能保护这个动物。

克莱尼亚：为什么呢？

雅典人:灵魂的良好状态取决于理智,头脑的良好状态取决于视觉和听觉。简而言之,当理智与最高贵的感官合二为一时,称之为万物的救星,那就再正确不过了。

克莱尼亚:是的,确实如此。

雅典人:的确是的。但是,什么样的理智与感官相结合,才 961e
能在风雨交加或风平浪静中拯救船只呢?在船上,船长和水手的感官与船长的理智结合起来,拯救了船上的人和这艘船,是吗?

克莱尼亚:确实如此。

雅典人:不需要很多例子来说明这一点,只需考虑一下,对
于将军或者医生,如果他们想要拯救某些东西,他们要设定什 962a
么样的目标。

克莱尼亚:非常好。

雅典人:将军的目标是在战争中取得胜利和战胜敌人,医生及其助手的目标是使身体健康,是吗?

克莱尼亚:当然是这样。

雅典人:如果一个医生不知道我们现在称之为"健康"的那种身体状况,或者一个将军不知道何为胜利,或者一个不知道我们前面提到的技艺的人,那么,能说这样的人对这些事情有理智吗?

克莱尼亚:当然不能。

雅典人:对于城邦,你们怎么看?如果一个人不知道政治
家应该瞄准的目标,那么,首先,他能被称为统治者吗?其次, 962b
他能拯救那个自己完全不知道其目标的东西吗?

克莱尼亚:不可能。

雅典人:因此,如果我们要完成这个城邦的建构,就要在建

构中包含一种要素。这种要素首先是,我们城邦的政治目标是什么,其次是,如何实现这个目标,哪些法律和哪些人能为此提
962c 出建议。但是,如果一个城邦缺乏这种要素,由于无理性和不明智,那么,它的一切行动都很随意,也就不足为奇了。

克莱尼亚:确实如此。

雅典人:那么,城邦的什么部分或部门可以提供这样的保障呢?我们能回答这个问题吗?

克莱尼亚:我不太清楚,先生。不过,我猜你指的是,你刚才说的那个夜间议事会。

962d **雅典人:**克莱尼亚,你完全理解了我的意思。我们假设,正如我们的谈话所显示的,这个议事会具备所有的美德。而最主要的是,它不能在许多目标之间摇摆不定,要坚定地锁定一个目标,做到有的放矢。

克莱尼亚:确实如此。

雅典人:那么,现在我们就明白了,各个城邦的法律差别很大,这一点也不奇怪,因为每个城邦的立法者都着眼于各自不
962e 同的目标。此外,还有一点也不足为奇:有人认为,正义是让某些人统治城邦,而不论这些人是好还是坏;也有人认为,正义是让人们获得财富,而不论人们是否被奴役;还有一些人,他们热切地追求自由的生活。有些人把两个方面同时作为立法的目标,也就是说,既要为自己争取自由,又要控制其他城邦。而那些自以为最聪明的人,他们的目标包括上述所有目标和其他类似的目标,而没有一个权威的目标。

963a **克莱尼亚:**那么,先生,我们之前确立的原则是正确的。我们说过,我们所有的法律必须始终针对一个目标。我们都同意,这个目标就是美德。

雅典人:是这样的。

克莱尼亚:我们说过,美德有四种。

雅典人:的确如此。

克莱尼亚:理智是这四种美德的领头者,其他三种美德和所有其他东西都应该着眼于理智。

雅典人:克莱尼亚,你跟上了我的论证,请继续说下去。我们已经说过,对于水手、医生和军队指挥官,他们的理智要指向 963b
一个恰当的目标。现在我们转到政治的理智上,我们把它看作是一个人,问这样一个问题:“啊,奇妙的人儿,你的目标是什么?医生能够说出自己人生的唯一目标,而你,自称是最聪明的人,却回答不上来吗?”梅吉卢,克莱尼亚,我经常代表其他人向你们解释,现在你们是否可以代表政治理智向我解释一下,它的目标是什么? 963c

克莱尼亚:不,先生,我们不能。

雅典人:好吧,难道我们不应该去了解它,去看看在什么地方可以找到它吗?

克莱尼亚:比如,在哪里呢?

雅典人:比如,当我们说有四种美德时,很明显,我们必须说每种美德都是一种,因为它们总共是四种。

克莱尼亚:当然了。

雅典人:但我们却用同一个名字称呼它们。我们常说,勇敢是美德,明智是美德,其他两种也是美德,仿佛它们实际上并 963d
不是多种,而仅仅是一种,即美德。

克莱尼亚:确实如此。

雅典人:不难看出,勇敢和明智这二者有什么不同,为什么它们有各自的名字。对于其他的美德,也是如此。但要解释,为什么我们用同一个名字称呼这两种美德和其他美德,就比较困难了。

克莱尼亚:你是什么意思?

雅典人:要弄清楚我的意思并不难。我们一个人提问,另一个人回答。

克莱尼亚:我还是不明白你的意思。

963e **雅典人:**你这样问我:"我们把这两者都称为'美德',然后又说它们是两种,一种是勇敢,另一种是明智。这是为什么?"那我就告诉你原因。其中之一,也就是勇敢,与恐惧有关。野兽和小孩子都有勇敢的性情,因为勇敢的性情是依据自然生成的,不需要理性。但是,如果没有推理,就永远不会有那种拥有明智和理智的灵魂,现在没有,将来也不会有,因为那是完全不同的东西。

克莱尼亚:你说得对。

964a **雅典人:**我已经向你解释了,这两者在什么方面是不同的,现在你是否可以反过来向我解释一下,它们在什么方面是相同的?假如我问你,为什么它们虽然有四个,但仍然是一个,当你回答了我的问题后,你就可以反过来问我,他们是怎样成为四个的。接下来,我们来探讨一下,对于那些既有名称又有定义的事物,如果只知道其名称而不知道其定义,是不是真正地了
964b 解这种事物呢?或者,对伟大而高贵的事情一无所知,这对于一个有价值的人来说,是不是可耻的?

克莱尼亚:的确是可耻的。

雅典人:对于立法者和法律维护者,对于那些自认为在美德上胜过其他人并因此获得荣誉的人,还有什么比我们现在所谈论的这些东西——勇敢、节制、正义和明智——更伟大的呢?

克莱尼亚：不可能有。

雅典人：那么，面对那些渴望学习和获得知识的人，或那些因邪恶的行为而要受到惩罚和谴责的人，解释者、教师、立法者 964c
和公民的护卫者，在教导和充分展示善与恶的本质方面，是不是应该胜过所有其他人？外邦来的诗人和自称是青年导师的人，难道会比那些获得各种美德奖的人更胜一筹吗？如果城邦的法律维护者在言语或行动上不合格，又不能充分认识美德，那么，这样一个没有受到保卫的城邦遭受现在许多城邦遭受的 964d
痛苦，我们会感到奇怪吗？

克莱尼亚：一点也不奇怪。

雅典人：那么，我们要照我们说的去做吗？我们是不是要设法让法律维护者在言行上比大多数人都更准确地掌握美德？否则，我们的城邦又怎能像一个有理智的人的头脑和感官，自身就具有类似的保护力量？

克莱尼亚：先生，你的比较有什么道理呢？

雅典人：我们把城邦比作躯干，那些因有天赋和敏锐思想 964e
而被选中的年轻的法律维护者，就像眼睛一样，被安置在城邦的头部，环视着整个城邦。他们在环视城邦时记下自己的感知，向年长的法律维护者报告城邦里发生的一切事情。我们把 965a
那些年长的法律维护者比作理智，因为他们有许多智慧的思想。年长者应听取年轻人的意见，在商议时把年轻人作为助手，这样才能真正地保卫整个城邦。我们就这样安排，还是应该想出别的办法？我们所有的公民在学识方面都应该平等吗？还是应该让一些特殊的人接受更精心的训练和教育？

克莱尼亚：我亲爱的先生，全都平等是不可能的。

雅典人：因此，我们必须进一步探讨那种比前面所说的教 965b

育更高级的教育。

克莱尼亚:我也这么认为。

雅典人:我们刚才提到的那种教育,是不是就是我们需要的呢?

克莱尼亚:当然了。

雅典人:我们说过,一个在各方面都完美的工匠或护卫者,不仅能看到许多目标,而且要向一个目标努力,他要找到这个目标并以此来安排一切。是吗?

克莱尼亚:的确是的。

965c **雅典人:**比起从许多不同的事物中发现一个样式,有没有其他的方式,能够更准确地考虑或思考任何事情呢?

克莱尼亚:也许没有。

雅典人:亲爱的朋友,不是"也许没有",而是"当然没有",这才是正确的回答。对任何人来说,没有比这更正确的方式了。

克莱尼亚:我同意你的话,先生。我们就按你说的方式来讨论吧。

雅典人:那么,我们要使神圣政体的护卫者认识到,这四种
965d 美德的共同之处是什么。我们认为,把勇敢、节制、正义和明智中共同的东西称为美德,这是很恰当的。我的朋友们,如果我们愿意的话,现在要紧紧抓住这一要素,在我们充分说明要瞄准的对象的本质之前,决不能松手,也就是说,要弄清楚,它是一个,还是一个整体,还是两者兼而有之,还是以另外一种形式
965e 存在。如果我们无法做到这一点,无法说明美德是多个,还是四个,抑或一个,我们能充分地把握美德的本质吗?当然不能。那么,如果我们按照自己的想法行事,我们就要想办法让这种

东西出现在我们的城邦里。但是,如果我们决定放弃这个主题,那就要放弃它。

克莱尼亚:先生,以外邦人之神的名义起誓,我们不能放弃,因为在我们看来,你所说的非常正确。但我们想知道,如何才能实现这个目标。

雅典人:这个问题等一会儿再说。我们首先要一致同意, 966a
必须要实现这个目标。

克莱尼亚:当然,如果可能的话,我们当然要这么做。

雅典人:那么,关于善和高尚,我们的看法一致吗?我们的法律维护者应该只知道它们每个都是"多",还是也应该知道它们是怎样和以什么方式成为"一"的?

克莱尼亚:必须知道,它们是如何成为"一"的。

雅典人:他们只是知道这一点,却不能用言辞来说明它,是 966b
吗?

克莱尼亚:当然不是!奴隶才会那样。

雅典人:对于所有严肃的事情,真正的法律维护者必须要知道其中的真理,还要能用言辞来解释它,并把它付诸行动,要能够依据自然来判断什么是好的,什么是不好的。

克莱尼亚:当然了。

雅典人:我们曾认真地阐述了关于诸神的主题,即在人类 966c
力量所及的范围内,相信诸神的存在,知晓他们的力量有多大,这难道不是最高贵的主题之一吗?我们确实可以原谅只知道听从法律的大多数人,但对于法律维护者,如果他们不努力获
得证明诸神存在的所有证据,我们就不会认可他们。一个人不 966d
在此方面努力,又没有神圣的天赋,就不能当选为法律维护者,也不能获得美德方面的荣誉。

克莱尼亚:这当然是公正的,正如你所说,对这类事情懒惰或无能的人不能从事那种高贵的事情。

雅典人:我们是否知道,有两种东西可以证明诸神的存在?这两种东西我们已经讨论过。

克莱尼亚:是什么呢?

雅典人:一个是关于灵魂的论点,这一点我们已经说过。
966e 灵魂是最古老和最神圣的事物,它的运动产生推动力,使万物永世长存。另一个是关于恒星和所有其他物体的运动井然有序的论点,这些东西都受到理智的支配,理智控制着整个宇宙。如果一个人仔细地、专业地观察这个世界,就不会像多数人怀
967a 疑的那样不相信诸神的存在,而是会恰恰相反。多数人认为,那些致力于天文学及其伴随的技艺的人不相信诸神的存在,因为在这些人看来,所有的事物都是由于必然性产生的,而不是由于趋于善的理智产生的。

克莱尼亚:那事实是什么呢?

雅典人:我说过,以前人们普遍认为,天体是没有灵魂的,
967b 而事实却与此相反。即使是在那个时代,人们也对天体感到好奇,仔细研究天体的人猜测到了现在已经得到确认的东西,那就是,如果天体没有灵魂,就不会有理智,天体就不可能如此精确地运动。在那个时候,有些人大胆地猜测,使宇宙井然有序的是理智。但这些人却错认了灵魂的自然本性,认为身体先于
967c 灵魂,而不是灵魂先于身体,这样,他们推翻了一切,或者更确切地说,推翻了他们自己。在他们看来,在天上运动的物体都是由石头、泥土和许多其他无生命的物质组成的,他们认为这些物质是整个宇宙的起源。这些观点在当时招致了许多指责,
967d 说这是无神论,诗人也借机谩骂,把哲学家比作嚎叫的狗,还用

其他无意义的诽谤来辱骂他们。但现在,正如我们所说,情况完全相反。

克莱尼亚:怎么会这样?

雅典人:一个凡人,如果不懂得现在所说的这两个真理,就不可能是真正的敬神者。第一个是,灵魂是所有事物中最古老的,它是不朽的,并且支配着一切物体。第二个是我们曾多次
说过的天体中的理智。一个人如果不懂得这些,没有掌握初步 967e
的基础知识,不知道音乐与这些知识的联系,不能将其与法律
和制度结合起来,那他就无法对那些能够解释的事物作出合理 968a
的解释。如果一个人不具备这种能力,而仅拥有公民的一般美德,那他就很难成为一个优秀的统治者,而只能做统治者的助手。因此,克莱尼亚,梅吉卢,让我们考虑一下,是否要在已经讨论过的法律上加上这一条:夜间议事会要接受我们所说的教
育,应当依据法律成为拯救城邦的护卫。我们可以这样提议 968b
吗?

克莱尼亚:当然,如果可以的话,先生,我们应该这么做。

雅典人:那么,让我们共同努力吧,我乐意与你们一同尝试一下。在这方面,我有很多经验,并经常研究,而且,也许我还能找到其他人来相助。

克莱尼亚:我同意,先生,我们应该沿着神指引的道路前
进。我们现在需要探讨和说明的是,应该采取什么方法才是正 968c
确的。

雅典人:梅吉卢,克莱尼亚,在现阶段,在议事会成立之前,我们还不能为其制定法律,而要在议事会成立之后,再决定其成员有什么权力。目前,要为此做充足的准备,这需要教导和充分的交流。

克莱尼亚:什么意思?怎么理解?

968d **雅典人**:首先,我们要列出一份名单,列出那些在年龄、智力、性格和习惯方面适合担任法律维护者的人。接下来的问题是,有件事对他们来说不太容易,那就是,发现自己应该学习什么,或者成为一个已经发现这些东西的人的学生。除此之外,还有时间的问题,在什么时候、花多少时间来学习每一个科目。对此制定书面规则是徒劳的。因为,在通过学习而获得的知识
968e 进入每个人的灵魂之前,即使是学习者自己也不能确定他们是否在适当的时间学习。认为这些事情是"无法描述"的,这是不正确的,但它们却是"无法规定"的,因为预先规定它们并不能说明我们正在讨论的问题。

克莱尼亚:那么,先生,在这种情况下,我们该怎么办呢?

雅典人:显然,我的朋友们,正如俗话所说的那样,我们必须"在人群中碰碰运气"。如果我们愿意拿整个政治体制冒
969a 险,扔出人们所说的三个六或三个一,那我们就要这么做。我愿意和你们分担风险,再次提出教育和养育这个主题,陈述和解释我的看法。但实际上,这个风险并不小,也非比寻常。克莱尼亚,我请你来负责这件事。如果你能正确地管理马格尼西亚城邦(或者不管神给它取的什么其他名字),你就会获得最
969b 大的荣誉,或者无论如何,你都会被认为是所有后继者中最勇敢的人。亲爱的朋友们,如果能够建立这个神圣的议事会,我们就把城邦交给他,而现在的立法者们,没有一个人会对此提出异议。这样,我们的城邦就会完善起来,变成一个清醒的现实。就在不久前,我们试图把它作为一个梦,只在思想中创造出来。我们要把头脑和理智融合在一起,精心挑选出议事会成
969c 员,让他们受到正确的教育。在教育完成后,他们要住在城邦

的卫城,成为护卫者。在一生中,我们从未见过如此卓越的护卫者。

梅吉卢:亲爱的克莱尼亚,从以上所说的一切来看,我们要么放弃建立这个城邦的想法,要么就必须把这位客人留在这里,并通过恳求和一切可能的方法让他参与这座城邦的建立。

克莱尼亚:确实如此,梅吉卢,我会照你说的做,你也要帮助我。

梅吉卢:好,我会的。